Jürgen Petry Ostpreussen

Vergessene Geschichte

Jürgen Petry

Ostpreussen

Geschichte
eines unbekannten Landes
von den Anfängen
bis 1945

lkg eae

Der Verlag
dankt dem Bildarchiv Preußischer Kulturbesitz, Berlin, der Sächsischen Landesbibliothek, Abteilung Deutsche Fotothek, Dresden und dem Verlag Dr. Barthel, Panitzsch bei Leipzig, für freundliche Unterstützung.

Die Deutsche Bibliothek - CIP-Einheitsaufnahme:

Petry, Jürgen:
Ostpreussen : Geschichte eines unbekannten Landes von den Anfängen bis 1945 / Jürgen Petry. - Leipzig : LKG, 1996 (Vergessene Geschichte)
ISBN 3-376-05028-7

Alle Karten wurde nach Vorlagen des Autors im Verlag Dr. Barthel, Panitzsch bei Leipzig, entwickelt.

Gesamtgestaltung: Lothar Reher

Druck: Westermann Druck Zwickau GmbH
Printed in Germany

ISBN 3-376-05028-7

Gewidmet meiner Mutter,
Frau Hedwig Petry, geborene Labusch,
aus Mensguth, Kreis Ortelsburg

Vorwort

Dieses Buch will Geschichte erzählen. Und es will dazu beitragen, Geschichte zu verstehen und zu akzeptieren.

Warum gerade Ostpreußen, dieses Land hoch im Nordosten, das politisch heute auf drei Staaten aufgeteilt ist, das abseits der großen Touristenströme liegt und das nur wenige wirklich kennen?

Nicht Emotionen waren es, die mich, obwohl in Königsberg geboren, veranlaßt haben, den Publikationen über Ostpreußen eine weitere hinzuzufügen. Der Reiz des Themas lag auch nicht darin, das Für und Wider seiner Geschichte, das scheinbare Recht oder Unrecht, seinen Glanz und sein Elend zu betrachten. Das alles kommt in diesem Buch vor. Aber es würde Ostpreußen nur wenig von anderen Landstrichen unterscheiden.

Ostpreußen war viel mehr: Es war ein Vorläufer heutigen europäischen Denkens. Landschaftlich bevorzugt, fruchtbar, friedlich besiedelt mit Leuten aus aller Herren Länder, konnte es sich früh zu einem Zentrum europäischer Kultur entwickeln, zu einem blühenden Land mit beispielhafter Infrastruktur und hohen sozialen Leistungen. Unter Obhut des Deutschen Ritterordens durften sich Sprache und Wirtschaft, Kultur und Lebensweise, Wissenschaft und Kunst entfalten.

Diese Entwicklung geriet in Gefahr, als Ostpreußen immer mehr zum politischen Spielball der großen Mächte wurde, die ihre Interessen auch gewaltsam, also mit kriegerischen Mitteln austrugen. Das wurde für das Land umso verhängnisvoller, je niedriger die politischen Instinkte wurden, die man glaubte, durchsetzen zu müssen und endete schließlich im Inferno.

Ostpreußen, das ist die Geschichte des europäischen Kontinents in einer Kristallkugel. Sensibel, zerbrechlich und nur mit zarten, behutsamen Händen berührbar.

Aus der Verantwortung für die Geschichte Ostpreußens kann uns niemand entlassen, auch wir selbst uns nicht. Inwieweit uns ein ehrlicher, politischer und menschlicher Verzicht auf jegliches Anspruchsdenken von einer moralischen und materiellen Mitverantwortung für die Zukunft frei spricht, vermag ich nicht zu beantworten. Ein von mehreren bewohntes Haus jedenfalls wird ja nicht dadurch stabiler, wenn jeder nur seine Wohnung erhält. Wird eine davon - warum auch immer - unbewohnbar, muß sie saniert werden, soll das Haus insgesamt bewohnbar bleiben.

So sei es ganz ausdrücklich hier formuliert: Dieses Buch will nichts beschwören, was für einen neuen, gutnachbarlichen Anfang schädlich ist, will nichts beanspruchen, was verloren ist.

Wer heute besucht, was einmal Ostpreußen war, gleich ob er Polen, Rußland oder Litauen bereist, wird ein Stück von der Geschichte Europas sehen. Mögen es immer mehr werden, die sich selbst ohne Vorurteil für die Gegenwart engagieren und damit Hoffnung auf gutnachbarliche Beziehungen in der Zukunft wachsen lassen.

Leipzig, im Mai 1996 J.P.

Ein unbekanntes Land

D*as Reich der Pruzzen.* Das Land, das später einmal für einen historisch begrenzten Abschnitt den Namen Ostpreußen tragen würde, hatte zu Beginn seiner Geschichte eine lange, ruhige Periode, in der die Zeit still zu stehen schien.

Produktion und Tausch von Waren hatten sich in den Jahrhunderten vor der Zeitenwende zunächst im wärmeren Süden und im Westen Europas entwickelt. Die aus dem Norden überlieferten Nachrichten sind spärlich und lückenhaft. Und wenn schon vereinzelte Überlieferungen existieren, so beschreiben sie meist das Leben der kriegerischen Nordländer, der Wikinger, die jenseits des baltischen Meeres zu Hause waren und gelegentlich begehrliche Blicke auf die Gegenden hinter der gegenüberliegenden Küste warfen.

Etwa um das Jahr 1000 vor der Zeitenwende, so weiß man heute, siedelten baltische Stämme, mit hoher Wahrscheinlichkeit dem Volk der Esten zugehörig, in dem schwer zugänglichen Gebiet zwischen den Strömen, der Weichsel im Westen und der Memel im Osten. Sie gründeten einige feste Ansiedlungen, zogen aber meist halb nomadisierend durchs Land.

Von einer kalten Gegend und wilden Menschen berichtete 400 v. Chr. ein Händler, der das Pruzzenland bereist hatte.

Das Gebiet war dünn besiedelt, unwirtlich, die Kultur niedrig und eine Warenproduktion kaum vorhanden. Etwa um das Jahr 400 vor Christi berichtete der Händler Pytheas aus Massilia, dem heutigen Marseille, der östlich der Weichsel erfolglos einen Handelsstützpunkt zu gründen versucht hatte, von einer kalten Gegend und wilden Menschen, die nur wenige Haustiere kennen und sich von Wurzeln, Waldfrüchten, Wildhirse, Fischfang und Jagd ernähren. Keine interessante Kundschaft demnach für einen Händler seines Formats.

Der Ostseebernstein lockte die Römer in den unwirtlichen Norden.

Etwa 500 Jahre später, um das Jahr 100 n. Chr., so berichten die Historiker Plinius der Ältere und Tacitus, haben Römer im Auftrage des Kaisers Nero das Gebiet um das spätere Königsberg bereist und dort Bernstein zu erwerben versucht. Vielleicht als Schmuck für römische Damen oder Gladiatoren. Sie waren offenbar erfolgreich, denn verschiedene römische Münzen wurden später in pruzzischen Grabhügeln gefunden.

Doch nichts deutet auf einen intensiven Handel. Ebensowenig werden Einfälle fremder Völker verzeichnet. Nichts reizte fremde Begehrlichkeiten. Es gab nichts zu holen, nichts was die Strapazen eines langen, risikoreichen Reiseweges für die Händler, nichts was die Unbequemlichkeiten eines militärischen Einmarsches Wert gewesen wäre. Die Pruzzen waren durch ihre eigene Armut geschützt. Die spärlichen Zeitzeugnisse belegen es.

Der zweite, ebenso wirksame Schutz waren die Unbilden der Natur.

Im Norden stellten die Frische und die Kurische Nehrung für Schiffe schwer zu überwindende Hindernisse dar. Sie bildeten einen natürlichen Schutz gegen die Wikinger. Schmale, urwaldbestandene Landstreifen trennten das Meer vom breiten, flachen Haff. Dem mutigen Seefahrervolk, das gleichermaßen Handel wie Raub betrieb, waren solche Fallen nicht geheuer. Seetüchtige Schiffe durch eine der schmalen, seichten Passagen in das westlichere oder das nordöstliche Haff zu lenken, war riskant. Im flachen Haff liefen die sonst gut manövrierfähigen schweren Schiffe schnell auf Grund. Man kam zwar in ein Haff hinein, aber, wenn überhaupt, nur mit schweren Verlusten wieder hinaus. Diese Erfahrungen hatten die Wikinger auf ihren Raubzügen schon gemacht. Entlang der Flußläufe des Pruzzenlandes hatten sie bis zum 9. Jahrhundert n. Chr. einige Ansiedlungen gegründet, doch besaßen sie diese nie dauerhaft. Sie wurden entweder von den Pruzzen wieder vertrieben oder nach wenigen Generationen assimiliert. Dörfer oder Handelsstützpunkte mit dauerhaften Bindungen nach Norden gab es nicht. Die Begegnungen miteinander blieben für beide Episoden, für die Wikinger ebenso wie für die Pruzzen.

Wie das Haff nach Norden, so schützte im Westen die Weichsel das Pruzzenvolk vor umherziehenden Goten. Die breiten und tiefen Sümpfe waren nur bei großer Kälte, wenn sie vollständig zugefroren waren, oder nach ausgedehnten Trockenheitsperioden passierbar. Nur wenige kleinere Stämme hatten es gewagt, die Weichsel zu überschreiten und am Ostufer zu siedeln. Auch sie, obgleich mit den Pruzzen offenbar in Frieden lebend, wurden nach und nach von ihnen aufgesogen.

An ihrer östlichen Grenze war die Situation für die Pruzzen nicht weniger günstig. Der Memelstrom und seine damals breiten, undurchdringlichen, morastigen Ufer und Wälder waren vielleicht für Jäger zu überwinden, nicht aber für Reisende mit Wagen und unmöglich für Soldaten samt Troß. Handelsstraßen von europäischem Rang führten zu jener Zeit nicht durch das Pruzzenland. Nur wagemutige Händler versuchten, auf dem Landweg entlang der Flüsse oder über die Seen, die Verbindung zu dem weiter östlich lebenden Hauptvolk der Esten sowie zu den Litauern und Polen zu erhalten.

Im Süden schließlich waren die Pruzzen geschützt durch eine verwirrende Kette von Seen und Torfmooren. Da fanden wandernde Völker weder Weg noch Steg. Es gab nur wenige und saure Weiden für das bei solchen Wanderungen mitgeführte Vieh, dafür lauerten überall Gefahren, und es winkte kaum nennenswerte Beute. Waren die Eindringlinge einmal im Moor, waren ihre Chancen, hier zu überleben, bereits ins uferlose gefallen.

Undurchdringliche Wälder und Sümpfe schützten das Pruzzenland.

Die Landschaft rings um das Pruzzenland war fremdenfeindlich. Die undurchdringlichen dunklen Wälder gingen in eine Wildnis über; die später vom Deutschen Orden sogar als Schutzwall gegen die Litauer unberührt gelassen, ja gewollt vergrößert und verdichtet wurde. Kaum besiedelte Gebiete vervollständigten den natürlichen Schutz auf dieser Insel des Friedens, die nicht viel größer war als das Land Brandenburg heute. Ringsum aber tobten erbitterte Völkerschlachten, die Länder und Völker vernichteten.

Es war, als ob das Land zwei Jahrtausende Kraft speichern durfte für eine Zeit, in der es selbst zum Schauplatz der Weltgeschichte werden und viel, sehr viel Kraft brauchen würde.

Bei der Völkerwanderung blieb das Land der glasklaren Seen und dunklen Wälder unberührt.

Doch zunächst blieb das Pruzzenland unberührt, als die Hunnen mit ihren Vernichtungskriegen direkt an seinen Grenzen eine über vier Jahrhunderte andauernde Völkerwanderung auslösten. Alle umgingen im Südbogen das Land der dunklen Wälder und glasklaren Seen. Tod und Vernichtung verschonten die Pruzzenstämme. Nur die Goten im Westteil zogen, das Reich der Pruzzen berührend, aus den von ihnen mitbesiedelten westlichen Landesteilen gen Rom.

Königsberg (Kaliningrad). Gut zu erkennen sind bei dieser Luftaufnahme Reste der alten Stadtbefestigungsanlagen. Zwischen 1840 und 1890 wurde Königsberg zur Festung ausgebaut. Hier der Wrangelturm. Im Dohnoturm befindet sich heute das Bernsteinmuseum.

Im Jahr 375 n. Chr., so wird berichtet, gab es dann einen Handelsweg für Bernstein vom »Mare Balticum« nach Rom. Die Römer nannten den geschätzten Bernstein Glasum oder Glaesum.

Es gilt als gesichert, daß die Pruzzen mit dem nun einsetzenden Handel auch Befestigungen anlegten, die das Land und seinen Bernstein vor Räuberbanden und fremden Heeren schützen sollten. Holzburgen entstanden in Ragnit, Strowangen, Riesenburg, Memel, Marienwerder, bei Königsberg, in Heiligenbeil, Gerdauen und anderswo.

Um 890 berichtete ein englischer Seefahrer namens Wulfstan, den es im Sturm an die Samländische Küste verschlagen hatte, von einfachen blonden Menschen, Erdbefestigungsanlagen und Bernstein. Im Jahre 965 beschrieb der arabische Reisende Ibrahim Ibn Jacub die Pruzzenstämme zwischen Weichsel und Memel. Bei ihm tauchen zum ersten Mal die Territorialnamen Pomesanien, Pogesanien, Warmien (später Ermland), Galinden, Barten, Sudauen, Natangen, Nadrauen, Schalauen und Samaiten auf. Den Volksnamen Pruzzen verwendete er offenbar als Oberbegriff.

Der berühmte arabische Reisende Ibrahim Ibn Jacub beschrieb die Pruzzenstämme genauer.

Dennoch waren – einmal abgesehen vom bescheidenen Handel mit den Nachbarn entlang der Ostseeküste und vom noch bescheideneren mit denen hinter der Wildnis aus Wäldern, Mooren, Seen und Strömen – die Kontakte der Pruzzen mit der Welt gering. Sich sicher wähnend, lebten sie als Bauern und Jäger, wählten nach wie vor ihre Stammesführer, gründeten keinen Staat und hielten sich keine Kriegsknechte. Es kümmerte sie nicht, was außerhalb ihrer Grenzen vor sich ging. Doch die Welt rings um sie entwickelte sich. Zunächst von ihnen unbemerkt, und als sie es bemerkten, kämpften sie dagegen, ohne etwas an den inneren Zuständen zu ändern – bis es zu spät war.

Es sollte fast 1.000 Jahre nach der Geburt Christi dauern, bis die ersten Herren mit der humanen Botschaft des unsichtbaren Gottes den Weg in das geschützte friedliche Land der Pruzzen fanden. Sie waren zu ihrem und der Pruzzen Schaden nicht geduldig und sicher auch nicht überzeugend genug. Die Macht ihres Wortes und die Lauterkeit ihres Charakters reichten nicht, den Pruzzen die Lehre eines einzigen Gottes überzeugend nahezubringen. Irgend etwas müssen sie falsch gemacht haben. In lange angestauter Wut erschlugen die Pruzzen den Verkünder der ihnen fremden Botschaft Adalbert, Bischof von Prag, am 23. April 997 im Dorf Tenkitten im Samland. Elf Jahre später ereilte den Deutschen Brun von Querfurt beim Wiederholungsversuch das gleiche Schicksal. Danach unterblieben weitere Versuche für 200 Jahre.

Im Jahre 966 waren die polnischen Nachbarn der Pruzzen unter Miezko I. Christen geworden. Mit dem Christentum ausgestattet, kamen sie auch weiter über die Grenze, um einmal Vieh, ein andermal Frauen zu rauben. Das kam vor unter Nachbarn. Darüber sah man hinweg. Auf einmal aber begehrten die Polen nicht nur Frauen und Vieh. Sie begannen, über die Götter der Pruzzen zu spotten und wollten, daß die Pruzzen ihre Sitten ändern und auch glauben sollten, was die Polen glaubten – an einen einzigen Gott. Das war der erste Versuch, die Pruzzen zu unterwerfen.

Er erbitterte die Pruzzen. Sie fielen nun ihrerseits öfter und häufiger und tiefer bei den Nachbarn ein, erschlugen viele Polen im Zorn und nahmen mehr Frauen, als es den Nachbarn Recht war. Und sie nahmen sich auch Weiden und Vieh und Land und zerstörten die verhaßten Kultstätten des verhaßten unsichtbaren Gottes und verbrannten seine Priester. Das wiederum erbitterte die Polen. In ihrem Zorn wollten die Pruzzen nicht sehen, daß die Polen anders zu leben begannen. Das 1. Polnische Großreich unter Boleslaw Chrobry (992-1025) war entstanden, es gab Fürstentümer an festen Plätzen. Städte wurden errichtet, Klöster befestigt und immer mehr Wehrkirchen gebaut. Die Pruzzen fielen immer tiefer in Polen ein, und diese wehrten sich mit Beutezügen gegen die Pruzzen. Doch letztere hatten noch einmal Glück. Trotz Fürsten und Staat und Klöstern und Wehrkirchen zerfiel das 1. Polnische Großreich acht Jahre nach dem Tode Chrobrys. Die Wirren halfen den Pruzzen und schadeten den Polen. So täuschten sich die Pruzzen darin, wie groß die Macht des unsichtbaren Gottes inzwischen tatsächlich geworden war.

1025 war das 1. Polnische Großreich entstanden, ein christlicher Staat und damit eine Bedrohung für die heidnischen Pruzzen.

Während also an der pruzzisch-polnischen Grenze permanent Kleinkriege stattfanden, wurde über die Zukunft der Pruzzen bereits entschieden. Das geschah nicht an Weichsel oder Memel, sondern in jenem viel weiter entwickelten Süden

Europas. Die Pruzzen waren dabei nichts weiter als ein Steinchen im Spiel der großen Weltkirchen. Und ihr Schicksal war besiegelt, noch bevor der Papst etwas von ihrer Existenz wußte, geschweige denn sie etwas von der des Papstes ahnten.

Über das Schicksal der Pruzzen wurde in Rom entschieden.

Inzwischen gingen die Pruzzeneinfälle weiter. Die christlichen polnischen Fürsten organisierten Vergeltungsaktionen, die aber meist mit einem Debakel endeten. In dieser Lage wandte sich der verzweifelte Herzog Konrad I. von Masowien mit einem dringlichen Gesuch um Hilfe an den Deutschen Orden.

Der geheimnisvolle Orden. Die Faszination Ostpreußens liegt in seiner urwüchsigen Landschaft, in der Eigenart seiner Menschen, vor allem aber in seiner Geschichte, die lange auch die Geschichte des Deutschen Ordens war. Mit einem Orden verbindet sich immer etwas Geheimnisvolles, erst recht, wenn er so bedeutend ist, wie es der Deutsche Orden war.

Aus dem genauso fernen wie geheimnisvollen Orient kommend, eroberte er den Landstrich, der später zu Ostpreußen wurde, christianisierte ein kleines Volk, dessen Geschichte auch heute noch weitgehend im Dunkeln liegt, gründete einen Staat mit einem neugeschaffenen Volk, dessen Namensgeber die Pruzzen waren, das sich aber – und das ist einmalig in dieser Zeit – aus Deutschen, Franzosen, Tschechen, Polen, Litauern, Russen, Esten und Masuren zusammensetzte. Er baute Burgen und Schlösser von einmaliger Schönheit. Er gewährte den Einwohnern Rechte, die anderswo erst Hunderte Jahre später eingeführt wurden und dann sichtbar das Leben erleichterten. Er führte Wirtschaft und Kultur zu einmaliger Blüte. Er gründete Hospitäler, Schulen, Klöster und Manufakturen, wurde Mitglied der Hanse, führte erfolgreiche Kriege gegen seine Nachbarn, entwickelte eine noch erfolgreichere Diplomatie. Als der Orden schließlich aus seinem Staat und damit aus der preußischen Geschichte verschwand, war noch nicht einmal die Hälfte der Zeit abgelaufen, die Gott und die Menschen dem Land in der von Deutschen geprägten Geschichte zugestanden hatten.

Was blieb sind Legenden, Bauten und eine überwucherte, halbvergessene Geschichte. Aus ihr ersteht jene Faszination, die zunächst Preußen und Deutsche, nun aber auch die neuen Herren des Landes – Polen, Russen und Litauer – zu erfassen beginnt. Wer das Land bewohnt, den holt früher oder später dessen Geschichte ein. Er wird sich ihr stellen müssen, denn kein Volk kann ohne Geschichte leben. Die ostpreußische hat die Chance, zu einem wichtigen ersten Kapitel europäischer Geschichte zu werden.

Fast 200 Jahre lang unternahm die abendländische christliche Kirche Kreuzzüge ins Heilige Land.

Ein kurzer Rückblick auf den Orden, bevor er das Land zwischen Weichsel und Memel christianisierte: Vom Ende des 11. Jahrhunderts an über das 12. und fast das ganze 13. Jahrhundert hindurch unternahmen im Auftrag der christlichen Kirche europäische Fürsten Kreuzzüge nach Palästina. Ihr Ziel war immer das gleiche: Das Heilige Land sollte wieder von der christlichen Kirche und christlichen Fürsten beherrscht werden. Besorgt über den sich ausbreitenden und rasch erstarkenden Islam versuchte die Kurie, ihn mit militärischer Gewalt zurückzudrängen und bediente sich dazu abendländischer Könige, Ritter und Abenteurer. Hier soll nicht im einzelnen untersucht werden, ob ehrlicher Missionseifer, Abenteuerlust oder Versprechungen des jeweiligen Papstes das ausschlaggebende Motiv für einzelne Kreuzritter war. Wichtig ist, daß sie die abendländische Kultur bedroht sahen und sie verteidigen wollten. Sicher, es gelang ihnen nicht, den Islam im arabischen Raum dauerhaft zurückzudrängen, wohl aber, seine Ausbreitung nach Mittel- und Westeuropa zu verhindern. Das ist nicht wenig. Beiläufig weitete sich der europäische Gesichtskreis durch die Begegnung mit arabischer Kultur, und das war von nachhaltiger Bedeutung.

Eine Weltkirche – wie die christliche – mit einem eindeutigen Christianisierungsauftrag aus der Bibel: »Gehet hin in alle Welt und lehret allen Völkern ...« kann und darf es nicht zulassen, daß eine andere Religion immer mehr an Einfluß und Macht gewinnt, und das gerade dort, wo die Ursprünge der eigenen Geschichte liegen. Sie muß handeln, und sie handelte.

Der erste, der das erkannte und in Taten umsetzte, war Papst Urban II. Unter dem Vorwand, die Seldschuken würden die Christen in Palästina unterdrücken und verfolgen, rief er im Jahre 1095 von Clermont aus zum 1. Kreuzzug auf. Bereits ein Jahr später, 1096, brach eine Truppe unter Peter von Amiens und Walter von Habenicht in Richtung Palästina auf. Doch der Weg war lang und voller Strapazen. Da für Verpflegung nicht ausreichend gesorgt war, wurde unterwegs die Zivilbevölkerung ausgeplündert. Die aber wehrte sich. Noch bevor der wilde Haufen überhaupt einen Sarazenen zu Gesicht bekommen hatte, ging er irgendwo zwischen der großen ungarischen Tiefebene und Serbien schmachvoll zugrunde.

Die Erfahrungen aus dem ersten Kreuzzug führten bald zu Siegen der Ritterheere.

Doch aus Niederlagen kann man lernen. Dieser Feldzug ist ein Beispiel dafür. Erstens begriffen Papst und Ritter, daß sich ein Heer nicht marodierend durch fremde Länder bewegen darf, deren wohlwollende Unterstützung ein solch groß angelegtes Unternehmen dringend braucht. Zweitens wurde erkannt, daß ein Kreuzzug diplomatisch und – heute würde man sagen – durch eine geschickte Öffentlichkeitsarbeit vorbereitet werden muß. Nicht nur im eigenen Land, sondern auch in den indirekt mitbetroffenen. Drittens mußte man bitter zur Kenntnis nehmen, daß ein Kreuzzug über Tausende von Kilometern, der mehrere Klimazonen durchqueren mußte, nicht vergleichbar war mit bisherigen Kriegszügen in europäischen Ländern. Man benötigte dafür neben einer präziseren Vorbereitung vor allem auch ingenieurtechnische Truppen, die Brücken bauen, Schneisen in Wälder schlagen, Berge sichern konnten und vieles andere mehr. Und die für dieses Buch hier wichtigste vierte Erkenntnis bestand darin, daß die eigentlichen Schlachten weit weniger Verluste brachten als die zahllosen Krankheiten und Unfälle, denen die Ritter auf ihrem langen Wege ausgesetzt waren. Es hieß, daß man vier Söldner mitnehmen mußte, um einen kampffähigen am Einsatzort zu haben.

Die neugewonnenen militärischen Erfahrungen setzten die Brüder Bouillon noch im gleichen Jahr um. Sie eroberten bis

1099 Nikäa, Antiochia, Edessa und 1100 sogar Jerusalem, dessen erster christlicher König Balduin von Bouillon wurde. Doch das Umsetzen der Erkenntnis, daß man sich den Krankheiten, Unfällen und Verwundungen intensiv widmen müsse und die Betroffenen nicht ihrem Schicksal überlassen dürfe, dauerte 100 Jahre länger.

1191 wurde der Deutsche Ritterorden als geistlicher Orden zur Krankenpflege in Akkon gegründet.

1191 wurde als jüngster von drei geistlichen Ritterorden zur Krankenpflege der »Orden der Ritter des Hospitals Sankt Marien des Deutschen Hauses oder der Deutschen zu Jerusalem« gegründet. Das geschah, als die Verluste bei der Belagerung von Akkon furchtbar geworden waren. Deutsche Kaufleute hatten das eilends errichtete Hospital gestiftet und dessen Pfleger sich eine geistliche Organisation nach den Regeln der Johanniter und einen Namen gegeben. Die Stiftung der Kaufleute wurde im gleichen Jahr durch Papst Klemens III. bestätigt und die päpstliche Zustimmung am 21. Dezember 1196 durch dessen Nachfolger, Coelestin III., wiederholt.

Das Kriegsglück war schwankend und durchaus nicht nur auf Seiten der Christenheere. Die Eroberungen der Brüder Bouillon aus dem 1. Kreuzzug waren nach und nach von den Türken zurückgeholt worden. Bereits 1144 war Edessa gefallen. Der 2. Kreuzzug (1147-1149) unter König Konrad und König Ludwig VII. von Frankreich brachte nichts als furchtbare Verluste. Am 3. Oktober 1187 hatte Saladin Jerusalem zurückerobert. Immerhin: 88 Jahre war es christlich gewesen. Aber es hatte sich nicht halten können, genauso wenig wie die anderen christlichen Lehensfürstentümer.

Am 3. Kreuzzug hatte sich die Blüte der abendländischen Ritterschaft beteiligt. Zwar wurde 1191 Akkon gewonnen, doch um welchen Preis. Das Kreuzfahrerheer war stark dezimiert, Jerusalem und Edessa blieben verloren. Friedrich I. Barbarossa ertrank, Richard Löwenherz wurde jahrelang gefangen gehalten und schließlich durch ein ungeheures Lösegeld freigekauft. Die Kreuzzüge forderten hohe Opfer. Erst der 1202-1204 tobende 4. Kreuzzug endete mit der Eroberung Konstantinopels und der Gründung des Lateinischen Kaisertums.

Doch zurück zum Deutschen Ritterorden. Bevor die deutschen Fürsten ins Abendland heimkehrten, wandelten sie am 5. März 1198 in Akkon den Krankenpflegeorden in einen kämpfenden Ritterorden um. Papst Innozenz III. bestätigte am 19. Februar 1199 diesen entscheidenden Schritt in der Ordensgeschichte. Er war ein kluger, kühl kalkulierender Politiker und hatte vielleicht als erster erkannt, daß die christlichen Fürstentümer im Heiligen Land zu schwach bleiben würden, wenn sie allein auf sich gestellt waren. Die Nachschubwege für Heere und Material aus Europa waren zu lang. Der erstarkende Islam würde seinen Platz wohl auf Dauer behaupten. Außerdem waren die europäischen Fürsten durchaus nicht so bereitwillig, im Interesse der Kurie teure Kriege zu führen. Diese Erkenntnis beeinflußte Roms Politik. Gebraucht wurde eine christliche, von wankelmütigen Fürsten unabhängige Kampftruppe im Namen des Herrn. Eine Speerspitze der Christenheit. Eine Armee, die ihm selbst, dem Papst, gehörte als oberstem Lenker, nicht als Befehlshaber. So könnte man die eigenen Interessensphären von denen des Islams abgrenzen.

1198 wurde der Deutsche Ritterorden in einen kämpfenden Orden umgewandelt. 1199 bestätigte Papst Innozenz III. diese neue Christianisierungsstrategie der Kurie.

Somit war eine neue Strategie der Kurie geboren. Dessen Folgerung: einen kämpfenden Orden, den Deutschritter-Orden zu schaffen. Sitz des Hochmeisters war zunächst Akkon, ab 1291 Venedig und ab 1309 die Marienburg.

Gleich den Tempelrittern übernahmen die Mitglieder – neben dem Mönchsgelübde – die Verpflichtung zum Kampf gegen die Heiden. Sie erhielten als Kleidung den weißen Mantel mit dem schwarzen Kreuz. Der Orden wurde von einem Hochmeister, der wie ein absoluter Fürst regierte, geleitet. Die Verpflichtungen zur Krankenpflege behielt er bei. Aus dem reinen Pflegeorden aber war ein christlicher Kampforden, eine puritanische, disziplinierte Armee geworden.

Nun zeigte sich, daß es Kaufleute waren, die den Orden gegründet hatten. In wenigen Jahren erwarb er durch Erbschaften, Schenkungen und Spenden ein Riesenvermögen an Burgen, Schlössern, Klostergütern und anderem mehr, verteilt

Marienburg (Malbork).
Der Pelikanbrunnen im Innenhof des Hochschlosses.
Die Burg wurde ab 1274 vom Deutschen Orden erbaut.
Ab 1309 war sie Sitz des Hochmeisters.

im Orient und über ganz Europa – vor allem aber in Deutschland. Die Krankenpflege und der geistige Zuspruch in Stunden der Not waren human, aber auch einträglich. Selbst als der Orden bereits einen eigenen Staat besaß, teilte er in seinen Hoheitsgebieten mit niemandem das Recht, Kranke zu pflegen.

Struktur des Ordens:

Der Hochmeister *(magister generalis) Er war der absolute Herrscher des Ordens und wurde vom Beirat der Brüder und den sieben »großen Gebietigern« auf einem Generalkapitel gewählt. Die Abwahl war möglich, kam aber nur einmal unter merkwürdigen Umständen vor.*

Beirat der Brüder: *Beratungsorgan des Hochmeisters mit sehr begrenzten Befugnissen, aber auch Kontrollorgan bei Verletzung der Ordensregeln.*

Dem Hochmeister unterstellte höchste Ordensbeamte:
die grossen Gebietiger: *(Jeder von ihnen war zugleich der Leiter einer Ordensstruktureinheit, deren Gliederungen das ganze Land überzogen. Zum Beispiel unterstanden dem Trapier alle Rüstungsbetriebe, Werkstätten, Verteidigungsanlangen und Kasernen etc.)*

1. Grosskomtur: *Vertreter des Hochmeisters und verantwortlich für Wirtschaft.*
2. Marschall des Ordens: *Heerführer, verantwortlicher Militärausbilder, Befehlshaber der Mönchritter in Friedenszeiten und Bauherr aller Verteidigungsanlagen.*
3. Tressler: *Schatzmeister des Ordens.*
4. Trapier: *verantwortlich für Rüstung, Bekleidung und Vorratswirtschaft des Ordens.*
5. Grossspittler: *ein mit außergewöhnlichen Vollmachten ausgestatteter, für die Krankenpflege verantwortlicher höchster Beamter. Er hatte als einziger seinen Sitz nicht beim Hochmeister, sondern in Elbing, und er war dem Beirat der Brüder als einziger nicht rechenschaftspflichtig, sondern nur dem Hochmeister.*
6. Landmeister von Livland:
7. Deutschmeister: *beide gehören als Vorsteher des Tochterordens zu den großen Gebietigern – mehr aus Zweckmäßigkeit denn aus Strukturgründen.*

Landmeister *Vertreter des Hochmeisters in Gebieten außerhalb des Ordens. (Bis zur Verlagerung des Hauptordenssitzes von Venedig in die Marienburg wurde auch der Ordensstaat durch Landmeister regiert.)*
Landkomture: *Verwalter des Ordensbesitzes in entlegenen Gebieten von Palästina bis Italien, England bis Deutschland etc.*
Komtureien: *von einem dem Hochmeister unterstellten Komtur geleitetes Gebiet um ein Kloster.*
Grossschäffer: *mit weitreichenden Vollmachten ausgestattete Verantwortliche für den Handel.*

Die herausragende Stellung des Spittlers, der die Krankenpflege leitete, unter den fünf großen Gebietigern zeigte sich vor allem darin, daß er selbst in diesem engsten Rat nicht zur Rechenschaftslegung verpflichtet war. Er besaß als einziger das Recht, nur dem Hochmeister selbst rechenschaftspflichtig zu sein. Daran änderte sich bis zum Ende des Ordens nichts.

Der sehr bald über Tausende von Kilometern verzweigte Ordenssitz bedurfte einer ausgefeilten Organisation. Alles unterstand dem Hochmeister. An die Spitze größerer Bezirke wurden Landmeister gestellt, jede Burg verwaltete ein Komtur, der wiederum vom Konvent, das waren die zu jeder Burg gehörenden Ordensritter, beraten wurde. Die großen Gebietiger und die Landmeister bildeten das Generalkapitel, das jährlich einmal zusammentraf und das auch den Hochmeister – in der Regel auf Lebenszeit – wählte. Doch er konnte unter besonderen Umständen auch durch das Generalkapitel abgewählt werden. Das allerdings geschah nur einmal, kurioserweise mit dem Retter des Ordens nach der Niederlage von Tannenberg am 15. Juli 1410. Heinrich von Plauen, so hieß dieser kluge Mann, auf den noch einzugehen sein wird, hatte erkannt, daß nur tiefgreifende Reformen den Ordenstaat retten konnten und zu handeln versucht.
Bereits etwa 20 Jahre nach Gründung des Ordens und nur 12 Jahre nach seiner Umwandlung fühlte er sich militärisch und

finanziell stark genug, um mit der Christianisierung durch den Einsatz militärischer Mittel zu beginnen. Dabei finanzierte er sich selbst. Zusätzlich erhielt er bei seinem ersten militärischen Einsatz einige vage Zusagen des ungarischen Königs, später aber bindende durch Papst und Kaiser, das eroberte Land für sich nutzen zu können, das heißt, es als christliches Fürstentum zu behalten und auszubeuten. Man kann nur ahnen, wo die Finanzquellen des Ordens lagen, die ihn in den Stand versetzt hatten, bereits 20 Jahre nach seiner Gründung derartige großangelegte militärische Aktionen zu planen, zu denen ansonsten nur regierende Fürsten mit bedeutenden Ländern und ebenso bedeutenden Einnahmen in der Lage waren.

Bereits 20 Jahre nach seiner Gründung und 12 Jahre nach seiner Umwandlung in einen kämpfenden Orden fühlte sich der deutsche Ritterorden militärisch und finanziell stark genug, um mit militärischen Aktionen zu beginnen.

Eine Einnahmequelle waren die Ordensritter selbst, die nach Ablegen ihres Gelübdes in der Regel auf persönlichen Besitz zu Gunsten des Ordens verzichteten. Die zweite Einnahmequelle waren die Pflegebedürftigen, die den Orden aus Dank nach ihrer Genesung beschenkten oder zum Erben einsetzten. Darunter gab es durchaus vermögende Ritter und Kaufleute. Anders lassen sich die weit über Europa verstreuten Besitzungen nicht erklären. Die dritte Quelle waren die zahllosen, namenlosen Glücksritter, die an simplen Krankheiten, Unfällen oder Verwundungen starben und deren persönlicher Besitz im Orden verblieb, vielleicht auch deshalb, weil Angehörige im fernen Europa kaum ausgemacht werden konnten und der Transfer kleinerer Besitztümer wie Pferde, Waffen, Schmuck dorthin kaum möglich war. In Kriegszeiten sprudelten diese Quellen kräftig.

Die kurzen Friedenszeiten waren weniger ergiebig. Vielleicht entschloß sich der Orden auch deshalb, jenen Vorschlag des ungarischen Königs Andreas II. anzunehmen. Dieser hatte dem Orden 1211 das Land Burza in Siebenbürgen versprochen, wenn er die dort räubernden Kumanen befrieden und christianisieren würde. Das Geschenk fiel dem ungarischen König leicht, denn er besaß das Land de facto nicht mehr. Die Vorbereitungen für diesen Kreuzzug traf noch der Hochmeister Heinrich Bart. Vielleicht war er damit persönlich überfordert. Auf jeden Fall war der Orden noch unerfahren. Er wagte sich mit diesem Feldzug in die Nähe des eigentlichen Weltgeschehens, das heißt, bis auf wenige Kilometer an die damals alles vernichtenden Mongolenheere.

Was in Siebenbürgen wirklich geschah, liegt auch heute noch weitgehend im Dunkeln. Der Orden besiegte die Kumanen, schuf Frieden im Land und gab es ohne wirkliche Not, nur auf Bitte des Königs, im Jahre 1225 an Andreas zurück. Warum eigentlich? Sicher, zu Beginn des Kreuzzuges im Jahre 1211 war die Rechtslage des Ordens noch relativ unsicher gewesen.[*] Doch am 15. Dezember 1220 hatte Papst Honorius III. in einer Bulle alle dem Orden bis dahin verliehenen Privilegien und Versprechungen zusammengefaßt und bestätigt, dazu gehörten sehr weitreichende Regelungen zu Gunsten des Ordens:

1220 bestätigte Papst Honorius III. in einer Bulle die Privilegien des Ordens.

1. Die Garantie für die Unabhängigkeit des Ordens von den Bischöfen in den zu erobernden Gebieten, falls es dort bereits solche geben sollte.
2. In den den Ungläubigen abgenommenen Gebieten durften Kirchen, Klöster, Burgen errichtet, Ländereien erworben und unterhalten werden.
3. Alle Eroberungen gehörten dem Orden. Dieser war nur dem Heiligen Stuhl verantwortlich.
4. Nur der Orden durfte im von ihm eroberten Gebiet Kranke pflegen usw.
5. Der Papst erklärte es für ein christliches Gebot, Ungläubigen Land und Besitz zu nehmen.

Aus alldem ergab sich nun eine sehr viel stärkere Rechtsposition – auch gegenüber König Andreas -, ganz abgesehen von der Macht des Faktischen. Der Orden verfügte über ein starkes, diszipliniertes Heer, das eine enorme Schlagkraft besaß, viel mehr als die nomadisierenden Kumanen aufbringen konnten, und schon mit denen war König Andreas nicht fertig geworden. Keinesfalls hatte der Orden zum Abzug gezwungen werden können.

Marienburg (Malbork). Das Denkmal stellt Hermann von Salza dar, der von 1209 bis 1239 Hochmeister des Deutschen Ritterordens war, Ostpreußen aber nie betreten hat.

Doch es gab zwei, eigentlich drei Ereignisse, die im Nachhinein vieles erklären. Zum ersten war unmittelbar vor dem Beginn des Unternehmens, Hermann von Salza (1210-1239), nach Heinrich Walpot (1198), Otto von Kerpen (1203) und Heinrich Bart (1209), zum Hochmeister gewählt worden. Dieser kluge Staatsmann hatte bereits über lange Jahre als Berater Friedrichs II. gewirkt und sollte der fähigste Hochmeister in der Ordensgeschichte werden.

Das zweite Ereignis war die immer unsicherer werdende Lage zwischen Kaspischem und Schwarzem Meer. Von 1219 bis 1221 hatten die Mongolen das Riesenreich des Choresm-Schahs (zwischen Aralsee, Meer von Oman und Schwarzem Meer) vernichtet, wenig später standen sie bereits zwischen Don und Dnepr sowie am nordwestlichen Ufer des Schwarzen Meeres, fielen in südrussische und bulgarische Gebiete ein.

Es ist vollkommen ausgeschlossen, daß Hermann von Salza nicht über den unendlichen Flüchtlingsstrom, die militärischen Niederlagen der verzweifelt Aufbegehrenden, die Schlagkraft und die Greueltaten der Mongolen unterrichtet war. In einer solch schwierigen politischen und militärischen Lage einen Staat – praktisch in Schußweite der mongolischen Bogenschützen – zu errichten, dafür war er zu klug. Daher kam er der Bitte Königs Andreas so bereitwillig nach und übergab ihm das Land Burza. Der Orden zog sich, vielleicht mit ein wenig Prestigeverlust, vielleicht auch etwas verstimmt, aber mit einem intakten, inzwischen kriegserfahrenen Heer zurück.

Der polnische Herzog Konrad von Masowien, Kujawien und Krakau bat den Orden um Hilfe gegen die Attacken der heidnischen Pruzzen.

Und von einem dritten Ereignis hatte Hermann von Salza erfahren. Ebenfalls um 1225 wurden die christlichen Polen durch die heidnischen Pruzzen so stark attackiert, daß sich Herzog Konrad von Masowien an den Orden um Hilfe wandte. Und das war 2.000 Kilometer nördlich von den Spitzen der Mongolenheere! Die Versprechungen des polnischen Herzogs klangen nicht weniger interessant als die des ungarischen Königs, und das zu erobernde Land war viel sicherer und lag bedeutend näher und günstiger zu den Ordensbesitzungen in Deutschland und denen im übrigen christlichen Europa, von dem im Falle eines Falles dann auch der militärische Nachschub kommen müßte. Die Entscheidung war leicht. Doch Hermann von Salza übereilte nichts. Er vertrat den Standpunkt, daß ein Krieg immer eine ungewisse Sache sei. In den stürze man sich nicht ohne Sicherheiten. Dem Orden sollte das von den Pruzzen besiedelte Kulmerland (östlich der Weichsel) gehören, falls er es denn erobern könne, hatte Herzog Konrad versprochen. Hermann von Salza verhandelte geschickt und erhielt auch noch die Besitzgarantien dafür von den anderen polnischen Fürsten und Bischöfen. Doch auch das genügte dem klugen Hermann von Sałza noch nicht. Er erbat und erhielt noch eine Garantieurkunde durch den Staufer-Kaiser Friedrich II. in der Bulle von Rimini. Nun genügten die Garantien, die Kriegsvorbereitungen begannen. Hermann von Salza, vom Kaiser soeben zum Reichsfürsten erhoben, trug den schwarzen Adler auf weißem Grund im Wappen. Der Orden wollte dies Zeichen nach Pruzzen tragen und dort für ewige Zeiten unter ihm regieren.

Mit der Bulle von Rimini erhielt der Orden eine »Garantieurkunde« des Kaisers, daß das eroberte und christianisierte Land ihm gehören solle.

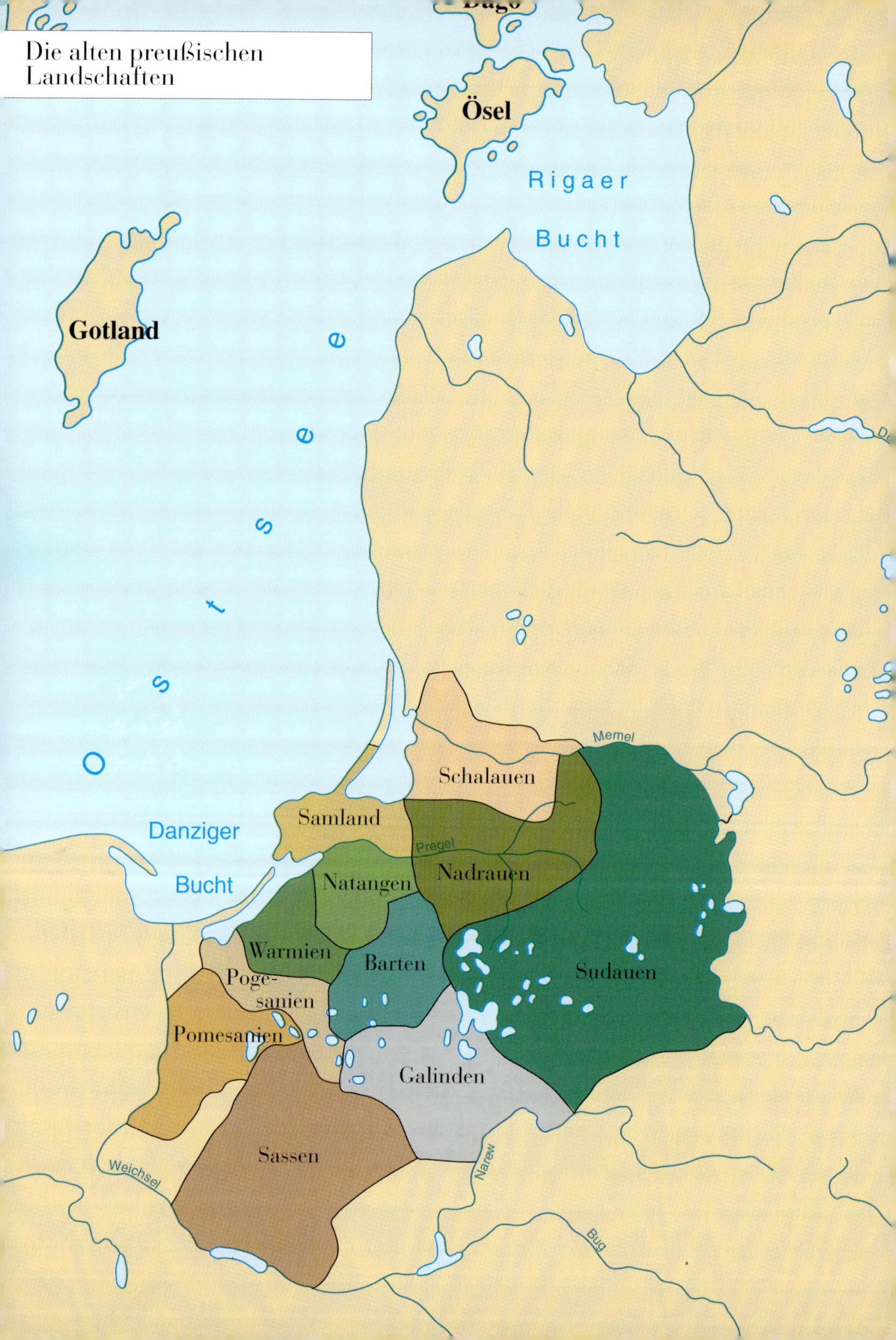
Die alten preußischen
Landschaften
Ösel
Rigaer
Bucht
Gotland
O s t s e e
Danziger
Bucht
Memel
Schalauen
Samland
Pregel
Nadrauen
Natangen
Warmien
Barten
Sudauen
Poge-
sanien
Pomesanien
Galinden
Sassen
Weichsel
Narew
Bug

Die Christianisierung

I*m Auftrag der Kurie.* Die ersten Versuche, die Pruzzen zu christianisieren, hatte der Nachbar Polen unternommen. Im Auftrage der polnischen Krone wirkten der Tscheche Adalbert von Prag und der Deutsche Brun von Querfurt als Missionare in Pruzzen. Natürlich nicht allein. Begleitet von Eiferern und Ehrgeizlingen, war es ihnen nicht gelungen, Gottes Wort wirkungsvoll zu vermitteln. Sie reizten die kriegerischen Pruzzen so lange, bis ihre um Lebensart, Weiden, Herden und Götter gleichermaßen besorgten Gastgeber genug hatten. Sie wollten Götter, die sie sehen und anfassen konnten. Sie wollten ihre Tradition pflegen und ihre Lebensart nicht ändern. Die Herren Missionare wurden zum Verlassen des Landes aufgefordert. Da sich die ungebetenen Gäste trotzdem nicht freiwillig zurückzogen, hieß man sie bleiben. Herr Adalbert lebte bis zum Jahre 997, danach wurde er erschlagen und in pruzzischer Erde beigesetzt, bis sein Leichnam später nach Gnesen überführt wurde. Herrn Brun von Querfurt beeindruckte auch das nicht. Er christianisierte weiter bis 1009. Dann wurden er und seine eifrigen Helfer verbrannt. Die Asche blieb im Pruzzenland. Die »Heiden« verlängerten durch diese Morde noch einmal für 200 Jahre ihre Lebensweise, doch sie hatten auch die Aufmerksamkeit des Heiligen Stuhls erregt. Die Kirche sprach die beiden Missionare als Märtyrer heilig. Tot waren sie zu einem Erfolg gekommen, der ihnen lebend verwehrt geblieben war.

Die ersten friedlichen Missionare waren am Widerstand der Pruzzen gescheitert.

1216 setzte der Papst mit Unterstützung der polnischen Krone den Mönch Christian von Oliva als Bischof von Pruzzen ein. Doch auch er kam mit der friedlichen Christianisierung der Pruzzen nicht recht voran. Als sein Versuch gescheitert war, weil die Pruzzen mißtrauisch und böse seine Bemühungen verfolgten und ihn schließlich zum Verlassen ihres Gebietes aufforderten, erklärte er seine Mission für verloren.

Noch bevor sich die Kurie zu einem größeren Engagement in Europas Norden entschloß (seit 1203 etwa wirkte in Livland bereits der Schwertbrüderorden, gestiftet vom livländischen Bischof Albert von Appeldern), entschloß sie sich zur diplomatischen Fühlungnahme mit dem unbekannten neuen Stern des fernen Ostens – Dschingis Khan. Sie schickte etwa ab 1220 Emissäre, deren bekanntester Plano Corpini war. Aber der schlaue Mongole ließ sich nicht auf ein Bündnis gegen den Islam festlegen. Inzwischen waren die Ereignisse im Pruzzenland reif für eine Entscheidung im christlichen Sinne.

Hermann von Salza selbst hat Ostpreußen nie betreten. Er setzte Hermann Balk als Landmeister ein und leitete von Venedig aus, geschickt zwischen Kurie und Kaiser taktierend, die Eroberung des Pruzzenlandes. In Hermann Balk fand er einen würdigen, klugen und militärisch begabten Vertreter. Wahrscheinlich war es ein Ergebnis dieser ersten ungewöhnlichen Konstellation, daß die Macht im Ordensland stärker vom örtlichen Landmeister als dem entfernten Hochmeister ausgeübt wurde; zumindest galt das für die Zeit nach dem Tode Hermann von Salzas bis zum Jahr 1309, als dann der Hochmeistersitz von Venedig in die Marienburg verlegt wurde.

Noch einmal zögerte der polnische Herzog und gründete überhastet einen eigenen Ritterorden, um die Pruzzen zu schlagen.

Alles war vorbereitet, da plötzlich stockte das Unternehmen noch einmal. Herzog Konrad kamen Bedenken. Vielleicht wurde ihm bewußt, daß der Orden als Nachbar gefährlicher werden könnte, als es die in Stämme zersplitterten Pruzzen ohne zentralen Staat und ohne Heer gewesen waren. Überhastet gründete er einen eigenen Ritterorden, die »Brüder vom Ritterdienst Christi«. Vorschnell zog er seine Bitte um Hilfe an den Ritterorden zurück. Dieser aber hatte Warten gelernt. Wie bei fast allen Unternehmungen, die überhastet und zu zweckbezogen begonnen werden, ging auch Herrn Konrad alles schief. Er konnte nicht unbedingt die besten der stellungslosen Ritter um sich versammeln. Seine Schar, vorwiegend aus dem Mecklenburgischen, aber auch aus anderer Herren Länder kommend, war durch vorhergegangene Niederlagen demoralisiert. Sie zogen vor allem aus, um zu plündern. Sie kämpften lustlos, sahen sich schon vor der Schlacht nach dem Troß der Gegner um, und Gehorchen war nicht ihre Stärke. So kam es, wie es kommen mußte. Die Pruzzen schlugen die »Ritter vom Brüderdienst Christi« in mehreren Schlachten, bis sie aufgerieben waren. Einige wenige retteten sich zu Herzog Konrad, andere zu Hermann Balk. Der neu gegründete Orden hörte, kaum gegründet, auf zu existieren.

Jetzt war Herzog Konrad in einer schwierigen Lage. Die zu Recht erbosten Pruzzen zeigten sich unversöhnlich, die eigenen Heere des Herzogs waren zu schwach. Er brauchte den Ritterorden um jeden Preis. Hermann von Salza, mit seinen Verträgen inzwischen auf sicherem Boden, konnte mit der Christianisierung des Pruzzenlandes beginnen.

Der Krieg des Ordens gegen die Pruzzen, den ein polnischer Fürst veranlaßt, der Papst vorbereitet und möglich gemacht und ein deutscher Kaiser wohlwollend gefördert hatte, begann im Jahre 1230.

Nach dem gescheiterten Versuch Konrads begann der Deutsche Ritterorden 1230, das Pruzzenland zu christianisieren.

Von nun an sollte das kleine Volk, das über 2000 Jahre friedlich gelebt hatte, nicht mehr zur Ruhe kommen. Noch einmal, im Jahre 1234, erteilte der Papst in der Bulle von Rieti dazu den Segen der Kurie.

Hermann Balk führte die Ritter in den Kampf. Die nachfolgenden Stadt- und Wehrburgengründungen mögen für das Tempo, die Organisation und auch die Konsequenz sprechen, mit denen der Ritterorden und die ihm zuströmenden französischen, englischen und deutschen Kreuzfahrer die Christianisierung in Pruzzen vorantrieben.

Jetzt bekamen die unglücklichen Pruzzen die Rechnung für ihre Abgeschiedenheit präsentiert. Von den Nachbarn militärisch isoliert, in losen Stammesverbänden lebend, ohne zentralen Staat und Landesheer waren sie zwar für Einfälle

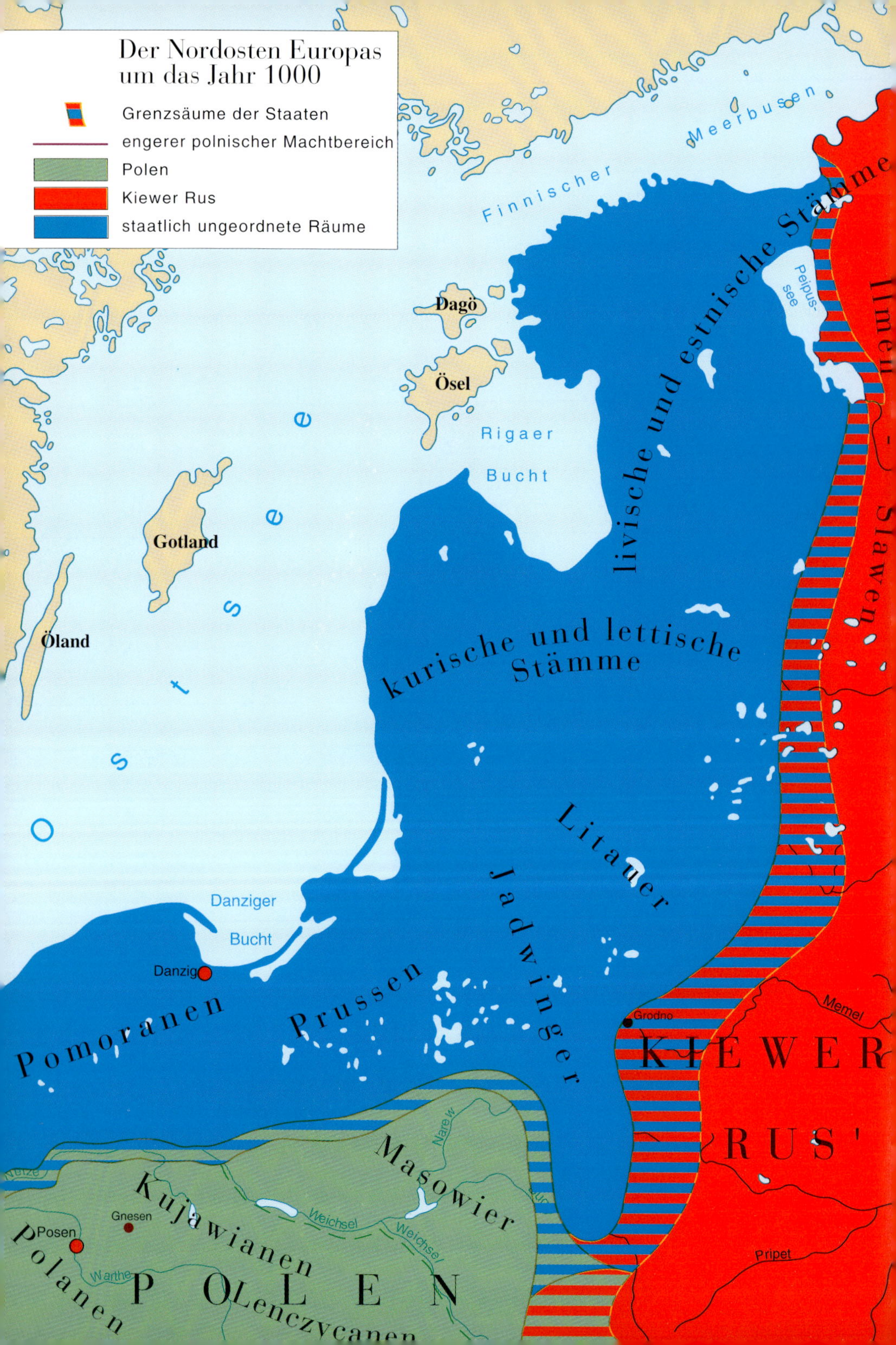
Der Nordosten Europas um das Jahr 1000
Grenzsäume der Staaten
engerer polnischer Machtbereich
Polen
Kiewer Rus
staatlich ungeordnete Räume
Finnischer Meerbusen
Ostsee
Dagö
Ösel
Gotland
Öland
Rigaer Bucht
Peipus-see
livische und estnische Stämme
Ilmen-Slawen
kurische und lettische Stämme
Litauer
Jadwinger
Danziger Bucht
Danzig
Prussen
Pomoranen
Grodno
Memel
KIEWER RUS'
Masowier
Narew
Netze
Weichsel
Kujawianen
Gnesen
Posen
Polanen
Warthe
POLEN
Lenczycanen
Pripet

Marienwerder (Kwidzyn). Das historische Foto von 1920 zeigt das ehemalige Ordensschloß von Marienwerder und den Dom. Vom Deutschen Orden 1233 als Burg Insula Sanctae Marieae erbaut, war es von 1254 bis 1527 Sitz der Bischöfe von Pomesanien und ab 1772 Sitz der Regierung Westpreußens. Nach schweren Zerstörungen 1945 durch Polen wiederhergestellt.

ihrer polnischen Nachbarn ausreichend gerüstet; einem disziplinierten Ordensheer aber nicht gewachsen. Der Bauer war kein Soldat; nur wenn es sein mußte, griff er zum Schwert. Der Mönchsritter aber war nur Soldat, geübt, grausam und diszipliniert.

Die Kreuzritterheere fielen von Südwesten in das Pruzzenland ein und folgten der Weichsel und dem Lauf des Nogat nordwärts. Sie sicherten das Land durch Befestigungsanlagen, Burgen und Klöster. Thorn wurde 1231 als erste Befestigung gegründet, Kulm folgte 1232, Marienwerder 1233 und Elbing 1237. In der Regel wurden die Befestigungen dort verstärkt, wo die Pruzzen bereits Verteidigungsanlagen angelegt hatten; gelegentlich ließen die Ordensritter auch neue, in besserer strategischer Lage errichten. 1239 eroberte der Orden die starke pruzzische Festung Balga. Der zweite Stoß ging entlang des Frischen Haffs. Braunsberg entstand 1240, Bartenstein ebenfalls, Heilsberg 1242. Bereits im Jahre 1252 wurde Memel gegründet. Die Pruzzen waren vom Westen und Norden her eingeschlossen, und im Süden lebten die feindlichen Polen.

All das geschah ohne Schlachten oder bedeutende Gefechte. Nur ein einziges Mal geriet das Ordensheer in Gefahr und entging der physischen Vernichtung nur knapp und durch glückliche Umstände.

Was war geschehen? Weiter nördlich, in Livland, war bereits 1202 der »Livländische Schwertbrüderorden« gegründet und tätig geworden, ein Ritterorden, der schon einige Zeit länger versuchte, diese Region zu christianisieren. Wenn irgend möglich, sollte er auch Nowgorod für den Papst gewinnen. Dabei mußte er auch Niederlagen hinnehmen. Mehr abenteuerlich als planvoll vorgehend, war der »Livländische Schwertbrüderorden« 1235 von den Litauern an der Soule geschlagen und vertrieben worden. Dafür machte der Papst allein den Orden verantwortlich und ordnete 1237 an, die Schwertbrüder sollten mit dem Deutschen Orden verschmelzen.

1237 wurde der Livländische Schwertbrüderorden mit dem Deutschen Ritterorden vereinigt.

Hermann von Salza versuchte zunächst, diesen folgenreichen Schritt zu verhindern. Politisch denkend, hatte er vor der Abhängigkeit des livländischen Ordens vom Bischof von Riga gewarnt. Nach der Niederlage an der Soule reiste Hermann Balk voll Bitterkeit nach Livland, um zu retten, was noch zu retten war. Als Salza schließlich dem Papst selbst die Vereinigung vorschlug, die dieser am 12.5.1237 zu Viterbo vollzog, glaubte er sicher, den Schwertbrüderorden so besser unter Kontrolle halten zu können. Das war ein Irrtum. Fast wäre das ganze pruzzische Unternehmen in Folge des Zusammenschlusses gescheitert. Der Schwertbrüderorden mischte sich in die Interessensphäre Nowgorods ein und eroberte die russische Stadt Pleskau (Pskow), obwohl nach der Niederlage gegen die Litauer sein Hinterland ungesichert war und die Mongolen in der Nähe operierten. Auf einen Feind mehr oder weniger kam es dem Schwertbrüderorden offenbar nicht an. Hermann von Salza und der Deutsche Ritterorden fürchteten einen Konflikt mit dem starken Nowgorod, das gleichzeitig mit Litauen und den Mongolen paktierte. Und all das in einer Situation, wo die vorrückenden Mongolen Furcht und Schrecken verbreiteten. An Waffenhilfe aus dem Westen war nicht zu denken. Die Pruzzen verteidigten sich zäh, banden starke Truppenverbände des Ordens und fügten ihm herbe Verluste zu.

Nowgorod war Republik und damals der mächtigste Staat Rußlands. Seine Grenzen reichten von Estland bis zum Weißen Meer. Er wurde von der Wetsche, einer Art Parlament, regiert. Die Verbindungen zur Hanse machten Nowgorod wirtschaftlich und militärisch zu einer Großmacht. Außerdem fürchteten die Nachbarn seine politische Unberechenbarkeit. Der Schwertbrüderorden ignorierte all das genauso wie die durch den Einfall der Mongolen immer unsicherer werdende europäische Lage.

Vor zehn Jahren, 1227, war der Gründer des Mongolischen Weltreiches, Dschingis Khan, gestorben. Jetzt fiel sein Enkel Batu Khan erneut in Europa ein. Zuerst waren die Bulgaren vernichtet worden, dann die Mordwinen und ab 1237 traf Rußland der bis dahin schwerste und folgenreichste Schlag in seiner Geschichte. Rjasan, Moskau, Wladimir, Susdal, Twer, Torshak – alle seine Großfürstentümer – wurden in wenigen Monaten überrannt und ausgelöscht.

1238 standen die Nowgoroder im Bündnis mit Litauen den schwer berechenbaren Mongolen allein gegenüber. Indirekt verbündet und zugleich verschanzt hinter ihren nur bei strenger Kälte passierbaren Sümpfen, verhandelten und paktierten, schmeichelten und drohten sie geschickt. Schließlich erreichten sie, daß die Horden nach Süden abschwenkten und sich Ungarn und dem Fürstentum Kiew zuwandten. Beide wurden trotz starken Widerstandes vernichtet.

Nowgorod fühlte sich gleichzeitig von den Schweden bedroht, die sich hinter dem Meer vor den Mongolen sicher glaubten. Im Nordwesten stand der Deutsche Ritterorden als möglicher Gegner bereit, durch seine Fusion mit dem Schwertbrüderorden scheinbar stärker geworden. In dieser Situation erhob die Nowgoroder Wetsche Alexander von Susdal in den Großfürstenstand und bestimmte ihn zum Oberbefehlshaber des Heeres. Zu etwa der gleichen Zeit traf den Orden ein harter Schlag: 1239 starben Hermann Balk und Hermann von Salza. Der Orden war seiner Führung beraubt. Blitzschnell wandte sich Alexander von Susdal 1240 den Schweden zu und schlug sie an der Newa schwer. Er erhielt dafür den Ehrennamen Alexander Newski. Die Bedrohung Nowgorods von Norden her war gebannt.

Für seinen Sieg über die Schweden an der Newa erhielt der Nowgoroder Fürst Alexander von Susdal den Ehrennamen Alexander Newski.

Für den Orden wurde die Situation jetzt schwierig. Immer die Mongolen im Auge behaltend, gruppierte Newski sein Heer um und wandte sich gemeinsam mit den Litauern dem Deutschen Orden zu.

Dieser aber besaß die Klugheit eines Hermann von Salza nicht mehr. Nach dessen Tod war der Landgraf Konrad von Thüringen für wenige Monate Hochmeister. 1240 folgte ihm Gerhard von Malberg (bis 1244). Schon die kurzen Regierungszeiten lassen darauf schließen, daß beide Ordensfürsten wenig Gelegenheit hatten, sich zu profilieren.

Alexander Newski übereilte nichts. Er kannte die Mongolen und fürchtete sie. Er kannte auch den Orden und fürchtete ihn jetzt offenbar weniger. Ob Gerhard von Malberg sich der Gefahr bewußt war, ist schwer zu sagen. Jedenfalls bereitete er sich nicht auf eine militärische Konfrontation mit Nowgorod vor. Newski rückte langsam auf Pleskau (Pskow) vor und wartete zunächst den Ausgang der bevorstehenden Schlachten zwischen den Mongolenheeren und denen der Europäer ab, ungerührt von den ihn zum Kampf drängenden Litauern. Die Mongolen, aus Ungarn kommend, brannten 1241 Krakau nieder und zogen mordend und plündernd durch die Städte und Dörfer Polens.

Newski und auch der Orden taten nichts, um den Polen zu helfen.

Anfang April 1241 schlossen die Mongolen den Herzog Heinrich von Schlesien und Polen vor Walstatt bei Liegnitz ein. Der erwartete Unterstützung vom böhmischen König. Dazu kam es nicht mehr. Am 9. April begann die Schlacht. Liegnitz wurde eingenommen und nur der Kopf Herzog Heinrichs zog noch einmal, auf eine Mongolenlanze gespießt, in seine brennende Hauptstadt ein. Jetzt wurde die Situation für Alexander Newski und den Orden gleichermaßen kritisch. Niemand konnte mit Sicherheit voraussagen, wohin sich die Mongolen wenden würden.

Da trat ein Ereignis ein, das weder Alexander Newski noch der Hochmeister Gerhard von Malberg begriffen, geschweige denn hätten voraussehen können. Die Mongolen machten bei

Liegnitz nicht nur Halt, sie drehten ab und kehrten um. Im Frühjahr 1242 war der Nachfolger Dschingis Khans, Ogodai, gestorben, und die mongolischen Fürsten wurden zur Trauerfeier und zur Wahl eines neuen Khagans zurückgerufen. Batu Khan erreichte der Befehl während der Schlacht. Ihm nicht sofort Folge zu leisten, bedeutete den sicheren Tod. Er überließ die Europäer ihrer lähmenden Angst, wendete und zog sich zurück. Es dauerte nicht allzu lange, bis sich die Deutschen, Polen und Böhmen abwechselnd als Retter Europas vor dem Mongolensturm in den Geschichtsbüchern feiern ließen. Der wirkliche Hintergrund wurde erst viel später bekannt.

Den plötzlichen Rückzug der Mongolen konnte sich damals niemand erklären. Alle glaubten an eine List und warteten ab. In dieser komplizierten Situation begann der erste große Pruzzenaufstand. Der forderte sofort den vollen Einsatz des Ordens. Die Pruzzen hatten den Zeitpunkt gut gewählt und kämpften mit großer Erbitterung. Der Orden verlor eine Reihe von Befestigungsanlagen und Städte.

Alexander Newski erkannte die für ihn einmalige militärische Lage: die Mongolen weit, die europäischen Heere zer-

Balga (Weselnoje). Die Burgruine legt noch immer von der hochentwickelten Militärbaukunst der Ordensritter Zeugnis ab. Die alte Pruzzenfestung wurde 1239 vom Orden erobert, ausgebaut und befestigt. 1250 war sie die stärkste Burganlage. Heute ist sie zerstört.

schlagen, der Orden in die Aufstände verwickelt. Wieder schlug er blitzschnell zu und erobert Pskow. Am 5. April 1242 – fast auf den Tag ein Jahr nach der Mongolenschlacht bei

Die verlorene Schlacht auf dem Eis des Peipussees beendete die Versuche der Kurie und ihrer Armeen, Rußland für die Papstkirche zurückzugewinnen und setzte die Ostgrenze für die Germanisierungspolitik des Reiches im Baltikum.

Liegnitz – stellte sich der Deutsche Ritterorden den Nowgoroder und Litauischen Heeren zum Kampf auf dem Eis des Peipussees. Gerhard von Malberg eröffnete den Kampf in der traditionellen Schlachtordnung der Ordensheere. Die schwer gepanzerte Reiterei im Zentrum, die leichten Truppen auf den Flügeln. Newski tat das Gegenteil. Er verstärkte die Flügel und stellte im Zentrum Bogenschützen auf. Gleich zu Beginn des Kampfes durchstießen die Ordensritter das Nowgoroder Zentrum. Die Flügelkräfte Alexander Newskis waren nicht so stark, wie er selbst annahm. Die Schlacht schien verloren. Da traf den Orden eine Katastrophe. Das bereits brüchige Eis des Peipussees hielt dem wiederholten Ansturm der schwer gepanzerten Reiter nicht stand. Es brach. Für die gepanzerten Ritter gab es keine Chance. Sie versanken in den Fluten. Jetzt brach Panik im Ritterheer aus. Das Schlachtenglück hatte sich gewendet, der Orden schien verloren. Zum ersten Mal in der Geschichte war den Russen ihr natürlicher Alliierter – die Natur – zu Hilfe gekommen. Die leichte russische Reiterei umging die gefährdeten Einbruchstellen und zerschlug das sich auflösende Ritterheer.

Die Litauer wollten einen vollständigen Sieg und das zerstreute Ordensheer verfolgen, solange es sich noch nicht wieder gesammelt hatte. Das aber erlaubte Newski nicht. Er war mehr als ein Heerführer. Er dachte politisch. Weit vorausschauend, nutzte er, zum Unwillen der Litauer, seinen Sieg nicht in ihrem, sondern in seinem Sinne. Der Drang des Ordens nach Nordosten war nach menschlichem Ermessen jetzt gestoppt, Nowgorod nicht mehr bedroht. Warum sollte er die Kraft des Ordens brechen?

Newski beunruhigten die besiegten, nicht aber vernichteten Schweden und die unberechenbaren Mongolen viel stärker. Ein langer Kampf mit dem Orden hätte ihn zu weit nach Westen, zu dicht an die militärischen Reserven des Ordens geführt und letztlich nur den Litauern, nicht aber Nowgorod genützt. Alexander Newski behielt eine kampfbereite, schlagkräftige Armee, und der Orden bekam sein erstes Menetekel. Weitere sollten folgen.

1243 erstickte der Orden den ersten Pruzzenaufstand.

Der Rückzug Alexander Newskis besiegelte nebenbei das Schicksal der unglücklichen Pruzzen und brachte dem Orden die immer währende Feindschaft der litauischen Heiden ein. 1243 gelang es dem Orden, den ersten Pruzzenaufstand zu ersticken. Er sollte allerdings später erneut ausbrechen und seine Bekämpfung sich in einen Vernichtungskrieg wandeln, der erst 1283 endete.

Doch jetzt, 1243, kehrte Frieden im Pruzzenland ein. Die Pruzzen, die sich unterwarfen, wurden human behandelt. Sie erhielten Land, Rechte und relative Sicherheiten. Die Taufe genügte als Zeichen der Unterwerfung und Anerkennung des Christentums. Aus den schweren Rückschlägen hatte der Orden gelernt. Er hatte verstanden, daß ein Volk von außen zwar besiegt, aber nicht christianisiert werden kann. Das mußte von innen heraus geschehen. Der Orden brauchte ein eigenes Volk. Nicht ein unterdrücktes, das stets und ständig zum Aufstand bereit war, sondern ein williges, leicht zu führendes. Und da es ein solches nicht gab, mußte er es erschaffen. Dazu brauchte er einen Staat. Ein Volk, das der Orden für sich, für Gott, für den Heiligen Stuhl erschuf, eine Basis der Christenheit, ein christliches Staatsvolk. Das war der entscheidende politische Schritt. Zu den eingeborenen Pruzzen wanderten andere christliche Völker ein: Deutsche und Polen, Franzosen und Skandinavier, dazu Heiden aus Litauen und Russen, die zwar Gott, aber nicht den Papst anerkennen wollten – daraus sollte ein Gott wohlgefällig lebendes, ein christliches Volk, eine Gott gleiche, zweite Schöpfung werden.

Die Bindung an ein Fürstenhaus war in dem von feudalen Strukturen geprägten Mittelalter die übliche staatliche Existenzform, in ihr lag auch die Vorstufe zu einem Zentralstaat. Im Ordensstaat war das ausgeschlossen. Da die Hochmeister als Kirchenfürsten im Zölibat lebten, gab es keine natürliche Erbfolge; die Führungsschicht konnte sich nicht selbst regenerieren. Also bedurfte es eines anderen einigenden Bandes. Das konnte nur der Glaube sein. Dazu kam die gleiche Lebensweise. Arbeiten und beten. Was tat es, wenn man zunächst Gott in verschiedenen Sprachen pries. Daß dieser Weg schwer war, wußte man im Orden. Wie lang er war, konnte man nicht einmal ahnen. Der Orden selbst war bereits aus der Geschichte des Pruzzenlandes verschwunden, als es das Volk Preußen dann wirklich gab. Deshalb wurden die Pruzzen nicht einfach niedergehalten, sondern mit Menschen aus anderen Völkern vermischt.

Was nach den Aufständen folgte, war die Kolonisation. Einwanderer wurden ins Land geholt. Sie gründeten Städte und Dörfer in den Pruzzengebieten. Christliche Ritter erhielten Grundeigentum; Einheimische, die sich gutwillig unterwarfen, Landbesitz. Vorherrschend wählte man die Vermischung, aber es gibt auch Beispiele für die erbarmungslose Vernichtung der Ureinwohner, denn Gewalt blieb nicht aus. Der später verwendete, nach dem Zweiten Weltkrieg negativ belegte Begriff Germanisierung gibt das, was der Orden wollte, nur unvollkommen wieder. Ziel des Ordens war nicht die Schaffung eines germanischen, sondern eines »neuen künstlichen Volkes«. Da der Orden deutsch war, holte man sich natürlich auch deutschsprachige Einwanderer, lehnte solche aus anderen Ländern aber keineswegs ab. Deutsch war eher zufällig bestimmend.

Durch Vermischung mit den zahlreichen Einwanderern wurde das Urvolk der Pruzzen nach einigen Generationen assimiliert.

Nach einigen Generationen gab es das Urvolk der Pruzzen nicht mehr. Was von einer Geschichtsepoche von über 700 Jahren blieb, war ihr Name und eine Sprache, die auf deutschem Grundstock pruzzische, polnische, tschechische, russische und französische Elemente aufnahm. Die Einwohner Ostpreußens waren Preußendeutsche, durch Erziehung, Anerkennung des Herrscherhauses, Geschichte, durch Glauben und durch eigenen Willen – nicht durch die Herkunft.

In den Wirren der Kolonisation führte König Ottokar II. von Böhmen zur Unterstützung des Ordens ein Kreuzfahrerheer in die heidnischen Gebiete. Er unterwarf das Samland und gründete 1255 am Pregel eine Burg. Die günstige Lage zum Meer, zum Fluß und zum Handelsweg von Natangen nach Samland ließ eine städtische Siedlung rasch folgen, die ihm zu Ehren später Königsberg genannt und zur Hauptstadt Ostpreußens wurde. Doch der kurze Friede nach dem Kreuzzug diente nur der Erholung. Entscheidenden Einfluß auf die Befriedung der Pruzzen hatte Ottokars Kreuzzug nicht.

Die Pruzzenfürsten durchschauten natürlich die Politik des Ordens, und sie erahnten auch das Ziel, das über die Taufe hinausging und ihre Herrschaft und ihre Herkunft bedrohte. 1260 erhoben sich die Pruzzen erneut und nun zum letzten Kampf. Führer des Aufstands war Heinrich Monte (1225-1273), ein geborener Natanger. Als Kind war er vom Orden nach Magdeburg geschickt und dort erzogen worden. Es gehörte zur klugen Politik des Ordens, einheimische Fürstensöhne in ihrem Sinne zu erziehen und so Verbündete unter den Pruzzen zu gewinnen und die Verschmelzung zu beschleunigen. Was sich tausendfach bewährt hatte, mißlang bei Heinrich Monte. Er wurde zum unversöhnlichen Gegner des Ordens.

Heinrich Monte führte 1260 die Pruzzen in ihren letzten Aufstand.

Nach seiner Rückkehr wählten ihn die Natanger zum Heerführer. Er entfachte einen Aufstand, dessen Kraft alles mitriß und zerstörte. 1261 schlug er den Orden bei Pokarben. Ein Jahr später belagerte er Königsberg und wurde schwer verwundet, doch er überlebte und erholte sich. Noch einmal schlug er ein Ordensheer bei Löbau. Schließlich wurde er ergriffen und 1273 mit zahlreichen Getreuen gehängt. Die Erbitterung der Pruzzen war gewaltig gewesen, ihre Kampfkraft ebenso. Der Orden, der ständigen Aufstände müde, verteidigte mit dem Mut der Verzweiflung sein »Werk«. Erst mit dem Tode Heinrich Montes verlor der Aufstand an Kraft. Führerlos und erschöpft ergaben sich die Pruzzen auf Gnade und Ungnade.

Doch der Aufstand war auch für den Orden ein Kampf auf Leben und Tod gewesen. Fast alle Burgen wurden zeitweilig verloren. Der Aderlaß auf dem Peipussee war so schwer, daß es auch in Friedenszeiten Jahre gedauert hätte, ihn auszugleichen. Mit Hilfe herangeholter Kreuzritterheere konnte nur ein geringer Teil der erlittenen Verluste zurückerobert werden. Erst als 1273 die Kraft der Pruzzenaufstände erloschen war und der Tod ihrer tapferen Führer ein schnelles Aufflammen

Schwetz (Swiecie). Stadttor und Teil der alten Stadtbefestigungsanlage. Die Stadt an der Weichsel, 1198 gegründet, gehörte ab 1309 zum Ordensstaat. Zwischen 1466 und 1772 war sie und seit 1945 ist sie polnisch.

unwahrscheinlich erscheinen ließ, zog der Orden militärische und bevölkerungspolitische Konsequenzen. Die Christianisierung fremder Völker wurde zu Gunsten der inneren Stabilisierung zurückgestellt. Wurden Einwanderungen bis dahin lediglich gefördert, ging man jetzt zu regelrechten Werbefeldzügen über. Bevorzugt wurden Ritter und christliche Familien aus Deutschland, Skandinavien und der Schweiz.

Außerdem änderte der Orden seine Taktik bei Friedensschlüssen. Bis zum Aufstand von 1260 waren alle in Pruzzen Lebenden, unabhängig von ihrer Stammes- und Volkszugehörigkeit, gleich behandelt worden. Der Frieden nach einem Aufstand galt für alle und war zugleich so etwas wie eine Amnestie. Diese Fairneß hatte es den Pruzzen erlaubt, sich immer wieder zu erholen und mit neuer Kraft gestärkt loszuschlagen. Das mußte der Orden aus Selbsterhaltungsgründen jetzt ändern.

Der letzte Natanger-Fürst Skomand erhielt keinen Friedensvertrag mehr. Sein Volk und die am Rande lebenden Schalauen, Nadrauen und Sudauen bekamen von den Siegern ein eigenes Recht, das sie von den deutschen Einwanderern unterschied. Die geschlossenen, Kommunikation und damit Aufstände begünstigenden Großsiedlungsflächen wurden nach und nach durchbrochen und mit Kolonisatoren durchsetzt. Die Vermischung als Ziel blieb bestehen, stützte sich aber stärker auf eingewanderte Westeuropäer. Den Pruzzen verwandte und befreundete Stämme wurden nicht mehr gefördert.

Zum ersten Mal wandte der Orden auch massiven Druck gegen die Götter und Riten der Pruzzen an und begann im Inneren wirklich zu christianisieren. Der gemeinsame christliche Glaube mußte Schritt für Schritt die Grundlage werden, auf der ein neues Volk entstehen und gedeihen konnte – ohne gemeinsamen Glauben, kein einheitliches Volk. Das war nach dem Aufstand allen in der Ordensführung klar geworden. Nach der Unterwerfung der Pruzzen hatte der Orden den ersten wichtigen Teil der ihm übertragenen Mission erfüllt. Jetzt wollte er mehr, er mußte beweisen, daß er nicht nur ein Volk mit Gewalt christianisieren, sondern auch einen Staat gründen und über Generationen erhalten konnte.

Ein Glaube - ein Volk. Danach handelten die Ordensritter.

Der Ordensstaat

Die Staatsgründung der Eroberer. 1283 – zehn Jahre nach dem Tode Heinrich Montes und der Niederlage der Pruzzen – war der Ordensstaat eine Tatsache. Ein Volk war niedergeworfen, christianisiert und ein Land, trotz welterschütternder Ereignisse im direkten Umfeld, zu einem christlichen Gottesstaat umgewandelt worden. Ein einziger Wimpernschlag der Weltgeschichte hätte genügt, um diese Mission scheitern zu lassen. Doch jede der Prüfungen ging vorüber.

Nur gestreift von den furchtbaren Kämpfen der Zeit, eroberte der Orden am Rande der sich überschlagenden Ereignisse ein weit von seiner früheren Basis entferntes Land und christianisierte es. Das war keine der üblichen, mehr oder weniger kurzfristigen territorialen Erweiterungen bestehender Reiche. Hier war etwas einmaliges, beispielloses, nämlich ein künstlicher Staat geschaffen worden. Dafür gab es kein Vorbild. Geplant beim Heiligen Stuhl, war das Unternehmen folgerichtig und konsequent durch den Orden, durch ein Heer von Ritterpriestern ausgeführt worden.

Unbeirrt von Mißerfolgen, Rückschlägen und zufälligen Glücksumständen verfolgte der Orden sein Ziel und erreichte es in der historisch kurzen Zeit von fünfzig Jahren. Reiche wurden schneller gegründet, erobert und brachen oft auch schneller zusammen. Besonders die infolge militärischer Eroberung gegründeten Großreiche erwiesen sich in der Geschichte als recht kurzlebig. Doch darum handelte es sich hier nicht. Die Eroberung war nur die erste, die Inbesitznahme die zweite, die Sicherung die dritte, die Christianisierung erst die vierte und der neue Volks- und Staatsaufbau schließlich die fünfte Stufe – und das alles in fünfzig Jahren. Eine ungeheure Leistung – nicht die einer starken Persönlichkeit, nicht die eines bedeutenden Feldherrn infolge gewonnener Kriege, sondern eine – gestützt auf eine Ideologie – von sieben Hochmeistern und ihren Beratern umgesetzte Idee. Die Basis war der christliche Glaube, das Schwert die unerschütterliche Überzeugung von ihrer Mission und das Schild, Gott »im Bündnis« zu wissen. Das Neue, das Einmalige war, daß an die Stelle einer Persönlichkeit, dem Willen eines Herrschers eine herrschende Ideologie getreten war. Zum ersten Mal zeigt sich die Stärke der Ideologie, die handelnde Persönlichkeit und deren Wille trat zurück. Das war etwas, was Jahrhunderte Bestand haben konnte – unabhängig von der zufälligen Befähigung eines Menschen in einer vorgegebenen Erbfolge.

Der Orden begann sein Jahrhunderte währendes Werk nach Plänen, die einmal für gut erkannt, über Generationen von Ordensrittern wie Gebietigern weitergeführt, planvoll umgesetzt, verbessert, geprüft und neu bestätigt wurden. Nicht das zufällige Glück einer gewonnenen großen Schlacht, nicht eine günstige Sekunde der Geschichte, nicht ein überragender Herrscher, sondern harte Arbeit, Geduld, Glaube und Kampf ließen das bis dahin beispiellose Werk – einen künstlichen Staat mit einem künstlichen Staatsvolk zu schaffen – gelingen. Schlachten hat der Orden gewonnen und auch verloren. Was ihm Erfolg brachte, war das planvolle Vorgehen. Erobern, sichern, befrieden, lehren – so etwa war die Reihenfolge seiner Expansion.

Der erste Schritt war zumeist der militärische. Pruzzenbefestigungen wurden genommen und ausgebaut. Um sie herum entstanden Städte, Klöster, Schulen, Gewerbe wurde angesiedelt, Lebensgrundlagen für die Besiegten und die von weither geholten neuen Bevölkerungsteile geschaffen. Die Besiegten wurden befriedet, aber nicht versklavt. Ins Land wurden Handwerker und Bauern, Lehrer, Priester, Kaufleute

Die Besiegten wurden befriedet, aber nicht versklavt.

geholt, weil sie gebraucht wurden. Sie mußten sich – trotz Förderungen – selbst ernähren und zum Aufbau des neuen Gemeinwesens beitragen. Es kamen Familien und nicht bereits in ihren Heimatländern entwurzelte Einzelpersonen voll krimineller Energie, denen das Gefüttertwerden aus den Sozialkassen des Gastgebervolkes für eine immerhin einfachere Art zu leben erscheint, als der Kampf um Arbeit und Verbesserungen in ihren Heimatländern, und die dann in Gettos gepfercht, Rechte einfordern, ohne Pflichten zu kennen, deren gestörtes Verhältnis zum Recht des Gastgeberlandes sich früher oder später zu explosionsartiger Gewalt von der einen oder anderen Seite entladen muß. Weil hier – im Gegensatz zur Politik des Ordens – unter humanen Vorwänden Entwurzelungspolitik betrieben wird.

Die Zugewanderten bekamen Land, Sicherheiten und auch Rechte. Nicht sofort alle, aber genügend, um sich die ausstehenden erarbeiten zu können. Von den Zugewanderten wurde nicht mehr erwartet, als Sitten und Gebräuche der Gastgeber zu achten, die Gesetze des Ordens zu befolgen, den christlichen Glauben anzunehmen und zu verteidigen. So wurden sie schnell willkommene Bürger des Ordensstaates. Natürlich mußten viele die eigene Lebensart, den eigenen Glauben, eigene Sitten und Gebräuche aufgeben. Dafür bekam jeder Einwanderer Arbeit, Land, Sicherheit, Schutz. Aber auch nur, wenn er gebraucht wurde und bereit war, mit ganzer Kraft für das neue Gemeinwesen zu wirken. Ethnische Mischung war die Ordenspolitik, nicht ethnische Vertreibung. Wer bereit war, den alten Göttern abzuschwören, die christliche Religion zu praktizieren, die Gesetze und Regeln des Ordens anzuerkennen, war willkommen. Der Orden mischte Deutsche, Franzosen, Skandinavier, Polen, Böhmen, Litauer, Esten und Pruzzen. Einmal getauft, hatten alle die gleichen Rechte und Pflichten. Vorausgesetzt, sie erkannten die Hoheit des Ordens und die Lebensregeln des Staates an, und sie verschmolzen in der neuen Nation: Preußen. Ein Gedanke blieb staatstragend. Wer in das Land kam, wurde Teil des dort geschaffenen Volkes. Das war die Bedingung, das war die

Ethnische Mischung war Ordenspolitik, nicht ethnische Vertreibung.

Grundlage für gleiches Recht, gleiche Pflicht, Sicherheit und Heimat.

In der Mehrzahl kamen Einwanderer aus dem Deutschen Reich, zu dem der Orden Bindungen unterhielt. Aber auch sie nahmen in einer historisch kurzen Zeit eine neue eigene Identität, Kultur und sogar Sprache an. Sie wurden Preußen. Das aber ist mit Gewalt allein nicht zu erreichen. Es war nicht so, daß die Einwanderer nur Herren und die Einheimischen nur Knechte sein konnten oder gar blieben. Die Einwanderer wurden zunächst privilegiert, denn sie begannen neu, und anders hätte es keine solchen gegeben. Doch jeder Einheimische konnte den gleichen Status für sich gewinnen, so er das »eherne Prinzip« des Ordens anerkannte und bereit war, danach zu leben.

Einwanderer aus dem Deutschen Reich waren im Ordensland immer willkommen.

Das vor allem nach 1283 einsetzende Aufbauwerk des Ordens rechtfertigt nachträglich Ziele und Methoden des Heiligen Stuhls. Es bringt Verständnis für die Politik des Ordens in der Christianisierungsphase im Pruzzenland. Eingeräumt werden muß, daß die in losen Stammesverbänden lebenden und deshalb zu schwachen baltischen Pruzzen eine wirkliche Alternative zur Christianisierung durch den Heiligen Stuhl nur in der durch die russisch-orthodoxe Kirche gehabt hätten, oder sie hätten als kleines Heidenvolk eine Existenz zwischen dem Kampf der Weltkirchen versucht. Ob das für die Betroffenen letztlich von Vorteil gewesen wäre, darüber kann heute nur spekuliert werden.

Da die Pruzzen durch ihre Abgeschiedenheit hinter ihren Sümpfen und Mooren keinen über mehrere Stämme regierenden Herrscher und kein Heer hatten, war eine friedliche Christianisierung wie in Litauen, wo das Herrscherhaus sich zum Christentum bekannte und damit ein Signal fürs Volk gab, kaum möglich.

Selbst konnten sich die Pruzzen in ihrer bisherigen Lebensweise nicht erhalten. Das politische, wirtschaftliche, strukturelle Umfeld begann, sich durch das Aufkommen des Christentums als Staatsreligion und neuer wirtschaftlicher wie politischer Strukturen unwiederbringlich zu ändern.

Der Hochmeister zieht nach Norden. Nach der inneren Befriedung mußte sich der Orden zwangsläufig außenpolitischen Fragen zuwenden, weil diese bereits zwei Jahrzehnte schwelten und eigentlich überfällig waren.

Da war zunächst das Litauen-Problem. Die Litauer beobachteten die Entwicklung in Pruzzen mit wachsender Unruhe. Die fremden Symbole, der fremde Gott und das Geschick ihrer Nachbarn irritierten sie. Immer häufiger fielen sie in das früher verschwommene, jetzt gesicherte, wohlhabendere Grenzland ein, um zu plündern und zu rauben. Das artete bisweilen in langwierige kleinere und deshalb destabilisierende Grenzkriege aus. Der Orden versuchte zunächst, diese Frage durch die Anlage von Wildnisstreifen, Ordensburgen und Wehrdörfern zu lösen. Als durchgreifende Erfolge ausblieben, entschloß er sich zu Strafexpeditionen nach Litauen und zum Eingreifen in Streitigkeiten der polnischen Duodez-Fürsten. Zunächst kam es zu keiner Lösung. Der Konflikt schwelte weiter und verschlechterte die Beziehungen des Ordens zu Litauen.

Im Streit um Pommerellen eskaliert der Konflikt des Ordens mit Polen.

Gewichtiger als alle Grenzkonflikte mit Litauen wurde aber der Streit zwischen dem Orden und Polen über Pommerellen. Dabei ging es nicht um diesen oder jenen Landverzicht oder -gewinn. Im Pommerellenstreit wurde die existentielle Interessenlage beider Staaten deutlich. Ein Kompromiß war kaum möglich, es sei denn, daß eine Seite auf die Durchsetzung ihrer Ziele verzichtet und sich umorientiert hätte. Polen wollte einen Zugang zum Meer, der Orden eine Landverbindung zum Reich. Beide Ziele zugleich waren nicht durchsetzbar.

Das, was nun begann, sollte die deutsch-polnische Geschichte immer wieder neu belasten. Pommerellen war der unglückliche Stern, der über allen deutsch-polnischen Beziehungen schwebte. Kurios ist dabei lediglich, daß das Land keinem von beiden gehörte.

Pommerellen war bis 1295 ein selbständiges slawisches Herzogtum zwischen Weichsel und Persante. Nach dem Tode des dort regierenden Herzogs Swantopolk (1266) brach ein

Erbstreit unter seinen Nachfolgern aus, in den sich der Orden und Polen zugleich einmischten. Dem Orden ging es um seine Landverbindung über Danzig zum Deutschen Reich. Handelsverbindungen, Hilfstruppen in künftigen Kriegen, vor allem aber der Zustrom deutscher Einwanderer wären leichter zu organisieren gewesen. Pommerellen war für den Orden wichtig.

Die polnischen Ansprüche waren rechtlich keineswegs sicherer. Herzog Swantopolk hatte mit Polen zwar oft Streit gehabt, mit dem Orden dagegen Frieden gehalten. Doch das bedeutete wenig. Angeblich soll Swantopolk eine deutsche Siedlung, Danzig, mit deutschem Stadtrecht ausgestattet haben. Das führte in Polen zur Verärgerung. Unabhängig davon, ob dies zutreffend war oder nicht, war dies zunächst eine innere Angelegenheit des Herzogtums Pommerellen. Wichtig für Polen war dieser Landstrich aus zwei Gründen: Erstens würde mit der Einverleibung dieser Region ein Unruhefaktor weniger an Polens Grenzen existieren; zweitens war der Zugang zum Meer für Polen immer eine Frage der Staatsräson.

Der Zugang zum Meer war für Polen eine Frage der Staatsräson, für den Orden die Landverbindung zum Reich Voraussetzung seiner Christianisierungsversuche.

Unbestritten ist, daß der Orden mit seinem Griff nach Pommerellen in die wichtigste, sensibelste Interessensphäre Polens einbrach und Polen umgekehrt in die des Ordens. Die wahre Bedeutung Pommerellens für die künftige geschichtliche Entwicklung wurde mit ziemlicher Sicherheit erst viel später erkannt und interpretiert. Und zwar auf beiden Seiten.

Einer der Söhne Swantopolks, Mestwin, der mit seinem Bruder Wartislaw im Erbstreit lag, übertrug im Vertrag von Arnswalde am 1. April 1269, seinen Anteil am Landerbe seines Vaters den askanischen Markgrafen von Brandenburg als Lehen. Diese waren durch die Erwerbung der Neumark in der Mitte des 13. Jahrhunderts Nachbarn von Pommerellen geworden und hatten Danzig besetzt. Nach dem Tode seines Bruders Wartislaw und ihres gemeinsamen Onkels wurde der bereits erwähnte Sohn Swantopolks, Mestwin, Herrscher in Pommerellen. Wohl aus Furcht vor den Polen und den Brandenburgern zugleich schenkte er Pommerellen am 15. Februar 1282 dem Polenherzog Przemyslaw II. (1279-1295), der daraufhin die Brandenburger aus Danzig hinauswarf. Eigentlich eine klare Sache. Der Orden aber erkannte die Schenkung nicht an und die Brandenburger auch nicht. Der päpstliche Legat wurde als Schiedsrichter bestellt. Keine leichte Angelegenheit für die Kurie, ging es doch um zwei christliche Staaten. Man kam, wie in solchen Fällen üblich, zu einem Kompromiß.

Der päpstliche Legat versuchte 1282, per Schiedsspruch einen Kompromiß zu erreichen.

Auf Grund des Schiedsspruches des päpstlichen Legaten vom 18. Mai 1282 mußte Mestwin das Ländchen Mewe und die Frische Nehrung dem Orden übertragen, der nachwies, daß er diese Gebiete bereits 1276 von dessen Onkel Samber geschenkt bekommen hatte. Ob richtig oder nicht, der Orden hatte damit den Fuß auf dem linken Ufer der Weichsel. Der Streit war zwar vorerst geschlichtet, der Groll blieb.

Mit Mestwins Tod 1294 starb das pommerellische Herzogshaus aus. Ihm folgte automatisch als Herrscher der Pole Przemyslaw II., der Pommerellen geschenkt erhalten hatte. 1295 wurde er zum Polenkönig gekrönt und ein halbes Jahr später ermordet. Doch damit hatte Polen Pommerellen. Nach einer kurzen Interimslösung boten die Polen 1298 König Wenzel II. von Böhmen die polnische Krone an. Durch seine Heirat mit der Tochter des ermordeten Königs Przemyslaw II. wurde er auch Anwärter auf Pommerellen.

Für dessen Verwaltung setzte er einen Pan Swenza aus Danzig ein und übertrug dem Orden eine Art Aufsichtspflicht. Eine merkwürdige, heute nicht mehr nachvollziehbare Entscheidung. Auf Pan Swenza folgte dessen Sohn Peter als Verwalter, ein selbstsüchtiger, skrupelloser Mensch, der dort mit seinen Brüdern wie ein freier Fürst herrschte, persönlich riesige und reiche Ländereien »erwarb« und sich um die polnische Krone genauso wenig scherte wie um die Aufsichtsrechte des Ordens.

Da brach das bisher mehr oder weniger ausgewogene Kräftegleichgewicht durch die Ermordung Wenzels III. im Jahre 1306 zusammen. Wladislaw Lokietek von Kujawien, der schon einmal nach dem Tode Przemyslaws II. eine Art Interimskönig geworden und vom eigenen Volk wegen seiner

Gier zu Gunsten des Böhmen Wenzels II. verjagt worden war, erschien plötzlich erneut und bemächtigte sich Pommerellens. Nun trat wohl zum ersten Mal in der polnischen Geschichte das ein, was sich leider nur zu oft immer dann wiederholte, wenn das Land sich nach außen sicher fühlte: Chaos. Folgerichtig kam Lokietek mit dem Stadthalter Peter Swenza in Konflikt. Allein zu schwach, intrigierte er mit den askanischen Markgrafen aus Brandenburg, indem er ihnen einredete, sie könnten, weil sie inzwischen die Stadt Danzig erneut besetzt hielten, die Situation nutzen und ihre Ansprüche auf Pommerellen geltend machen. Swenzas Verhalten war zweifelsfrei Landesverrat gegenüber Polen.

Wladislaw Lokietek hatte sich am 1. September 1306 in Krakau zum Erben Polens erklärt und die Herzogsburg Danzig, nicht die Stadt, an sich gebracht. Jetzt rief er den Orden zu Hilfe, der in seinem Sinne zunächst nur vermitteln sollte. Dieser, sonst außenpolitisch eher vorsichtig taktierend, witterte jetzt wiederum seine Chance, nutzte das allgemeine Chaos und bemächtigte sich mit Gewalt und List Pommerellens. Damit war das relativ gute Verhältnis zu Polen erst einmal schwer gestört.

Der Orden gewann Pommerellen und zugleich die Feindschaft Polens.

Es ist wahrscheinlich nicht übertrieben zu sagen, daß die politische Entscheidung des Ordens von 1309 die Katastrophe von 1410 heraufbeschwor. Polen war zum Gegner geworden.

Der Landmeister Heinrich von Plotzke war mit überlegener Macht nach Danzig gekommen, hatte die Burg erobert, zuerst Lokietek vertrieben und später die brandenburgische Besatzung der Stadt zum Abzug gezwungen. Danach wurden die Polen aus dem Land Pommerellen geworfen, die Städte Dierschau und Schwetz besetzt.

Lokietek protestierte laut, doch er stieß auf taube Ohren. Da er auf eine Geldentschädigung nicht eingehen wollte, kaufte der Orden im Soldiner Vertrag vom 13. September 1309 Pommerellen, mit Ausnahme der Bezirke Stolp und Schlawe, für 10.000 Mark von den Markgrafen von Brandenburg, denen Pommerellen nicht gehörte. 1313 bestätigte

Der Nordosten Europas im 14. Jahrhundert
Grenze des mittelalterlichen Deutschen Reiches
Grenzen der Reichsterritorien
Grenzen geistlicher Territorien im Ordensland
Grenzsäume
Ordensland
Ordenswildnis
Kern-Litauen (politisch)
Großlitauen
geistlicher Besitz im Reich und im Ordensland
Großnowgorod
Polen
Bottnischer
Finnischer Meerbusen
Reval
Peipus-see
Dagö
Ösel
Dorpat
U. PLESKAU
Rigaer Bucht
ORDEN
Gotland
Riga
Livland
Öland
O s t s e e
DEUTSCHER
Memel
KERNLITAUEN (politisch)
Kauen
Wilna
Danziger Bucht
Königsberg
Pregel
GROSS-FÜRSTEN-TUM LITAUEN
Pommern
Danzig
Elbing
Marienburg
Preussenland
Kulm
Thorn
Neumark
Netze
MASOWIEN
Narew
Bug
Plozk
Gnesen
Posen
Plowce
Warschau
Pripet
POLEN
Warthe
Weichsel
Wolhyni
Kalisch

Kaiser Heinrich VII. dem Orden die »Erwerbung«, was er rechtlich nicht konnte, denn Pommerellen war kein Reichsgebiet.

Die späteren luxemburgischen Herrscher von Böhmen und Rechtsnachfolger der polnischen Przemysliden verzichteten zwischen 1329 und 1337 in mehreren Verträgen und gegen Entschädigung auf ihre Erbansprüche auf Pommerellen. Im Treutschiner Vertrag von 1335 löste sich Schlesien endgültig aus dem polnischen Reichsverband. Diese Vereinbarung hatte immerhin 610 Jahre gehalten. Es trat nun in ein Lehnsverhältnis zur böhmischen Krone. Unter diesen Umständen stand die polnische Sache schlecht. Doch erst der Polenkönig Kasimir der Große schloß nach Verzögerungen am 23.7.1343 den Friedensvertrag zu Kalisch, in dem er auf Pommerellen zu Gunsten des Ordens verzichtete. Auch die Swenzas wurden entschädigt und verkauften ihre Ländereien an den Orden. Wladislaw Lokietek erhielt nichts, sein Name spielte in der Geschichte keine Rolle mehr. Er starb 1333 enttäuscht und verbittert.

Im Friedensvertrag zu Kalisch verzichtete der Polenkönig 1243 endgültig auf Pommerellen.

Die »Landnahme« Pommerellens durch einen Rechtsbruch des Ordens brachte einen tiefen Schnitt in den Beziehungen zwischen dem Ordensstaat und seinem Nachbarn.

Bis zu diesem Zeitpunkt hatten die polnischen Fürsten den Orden als einen zwar nicht immer liebenswerten, wohl aber einen diese unruhige Region stabilisierenden Nachbarn betrachtet. Das war aus der Sicht der christlichen polnischen Fürsten kein unwichtiger Faktor. Er hatte die lästigen, in der Abwehr aufwendigen und viel Blut kostenden Einfälle der heidnischen Nachbarn lokalisiert und weg von Polen, auf sich selbst gelenkt.

Mehrfach hatte der Ordensstaat zwischen Litauen und Polen einerseits und Pommerellen und Polen andererseits vermittelt, ohne sich mehr als in dieser Zeit üblich an den Gewinnen zu beteiligen, wenn es solche gab. Außerdem war der Orden ein willkommener und ökonomisch wie militärisch kompetenter Partner gegen die permanent über Osteuropa schwebende Mongolengefahr.

Das Erstarken des Ordens, sein Reichtum, gestützt auf seine riesige Besitzungen von Deutschland bis Palästina, und seine »kurzen Verbindungen« zum Heiligen Stuhl wiesen ihn als einen Bundesgenossen in den Kämpfen der Zeit aus, dem es an der wichtigsten Kompromißvoraussetzung, Geld, nie zu mangeln schien. Er war, trotz gelegentlicher Kriegszüge, eigentlich ein potentieller Verbündeter Polens.

Nach der Einnahme Pommerellens, die das polnische Nationalgefühl gedemütigt hatte, glaubte man in Polen, eine langfristige Strategie des Ordens zu erkennen, die gegen Polen gerichtet war. Selbst wenn der Orden sie damals nicht besaß. Mit Sicherheit gab es kein Bestreben, sich auf Kosten Polens, über die Landverbindung hinaus, zu vergrößern. Das hätte schon der Christianisierungsauftrag nicht gestattet.

Weder der 1309 amtierende Hochmeister Siegfried von Feuchtwangen noch der den Kaufvertrag mit den Brandenburgern zu Soldin unterzeichnende Landmeister Heinrich von Plotzke waren naiv und politisch unerfahren. Sie übersahen nicht, daß sie mit der »Landnahme« Pommerellens den von Polen ersehnten Zugang zur Ostsee unmöglich gemacht hatten und daß dies Auswirkungen auf die gegenseitigen Beziehungen haben würde.

Daraus läßt sich ableiten, wie wichtig diese Landverbindung zum Reich für den Ordensstaat war. Sie bedeutete einen sicheren Zugang zu den eigenen Finanzquellen, ungehinderter Bevölkerungszuzug aus dem Westen Europas und nicht zuletzt militärische Nachschubwege, die nicht unterbrochen werden konnten. Jedenfalls war beiden Seiten klar, daß dieser Schritt einen Konflikt zwischen den Nachbarn heraufbeschwören würde. Das bedeutete Krieg, permanente Kriege. Dauerhafte Lösungen brachten die auch nicht. Spätestens dann, wenn der zunächst Unterlegene sich wieder stark genug fühlte oder er in einem Konflikt ohnehin auf der Siegerseite stand, wurde die für ihn erstrebenswerte Lage erneut hergestellt.

Der Ordensstaat hatte zum ersten Mal seine Anbindung an das Deutsche Reich als politisches Ziel zu erkennen gegeben und die erste Chance dazu genutzt. Die gemeinsame christliche Basis mit Polen genügte dem Orden nun nicht mehr.

Der eine oder andere in Polen hatte anfangs in der Besitznahme Pommerellens vielleicht nur einen der zyklisch wechselnden Ansprüche unterschiedlicher Herrscherhäuser auf Pommerellen gesehen. Daß es hier um eine Schlüsselfrage ging, wurde erst allmählich klar. Daß man es nicht mit einem Fürstengeschlecht, das stets zum Tauschen oder zum Vergleich bereit war, wenn die Lage es erforderte, sondern mit einer riesigen Organisation – dem Orden, hinter dem die Kurie stand – zu tun hatte, begriff man in Polen schon. Aber auch, nur später, daß man nicht gegen beide kämpfen konnte. Langsam wendete sich die polnische Politik. Das wiederum begriff der Orden zu spät. Er versuchte zunächst, den Schaden mit Polen selbst zu regulieren, das heißt, ihn zu begrenzen.

Zum Beispiel akzeptierte der Orden schnell, daß das Land Pommerellen kirchenrechtlich zu den polnischen Diözesen Wloclawek und Gnesen gehören und die Bewohner ihren Zehnten an diese entrichten sollten. Der Orden verzichtete auf das vom Papst verbriefte Recht, in seinem Gebiet keine Herrschaft von Bischöfen neben der seinen zu dulden. Sicher ein Versuch, den Schaden zu begrenzen, aber auch ein Zeichen dafür, daß die Bedeutung seines Erwerbs vom Orden sehr hoch bewertet wurde und man die Kurie heraushalten wollte. Die Polen wiederum verstanden, daß sie christlicher sein mußten als dieser christliche Orden, und sie wurden es.

Der Orden hatte seinen Besitz, teils durch Schenkung, Erbschaft und Kauf, aber auch durch Gewalt, bis 1261 zu einer ungeheuren Größe angehäuft. Unter den Schlägen Sultan Baibars mußten aber die Christen das einst von den Kreuzfahrern eroberte »Heilige« Land Stück für Stück wieder räumen. Mit dem Fall von Akkon zerstoben die christlichen Träume im Morgenland endgültig. Ein riesiger Teil des Ordensbesitzes ging sofort verloren, andere Teile im Mittelmeerraum konnten zwar noch Jahrzehnte gehalten werden, doch war weder eine geregelte Nutzung, geschweige eine Er-

Sultan Baibar eroberte inzwischen das Heilige Land.

weiterung oder ein ausreichender Schutz der Besitzungen gegeben.

Wichtiger als der Besitzverlust war für den Orden die durch den Rückzug aus Palästina verlorene Aufgabe. Folgerichtig verlagerte er seinen Schwerpunkt nach Norden, an die Küste der Ostsee. Sein Christianisierungsauftrag ging weiter Richtung Litauen. Dazu war die eigene Basis aber immer noch zu schwach. Polen hatte sich selbst christianisiert. Mit Erfolg. Der Orden war nun folgerichtig der wichtigste Bündnispartner der Kurie – wenn er Erfolg hatte – bei der Verbreitung des Christentums im Nordosten Europas.

Marienburg (Malbork). Die Marienburg (von 1309 bis 1457 Sitz der Hochmeister des Deutschen Ritterordens) ist eine der prächtigsten noch erhaltenen gotischen Burganlagen Europas.

Im Jahre 1309 wurde die Marienburg als Sitz des Hochmeisters bestimmt. Der Orden verlagerte damit die gesamte Verwaltung seines Besitzimperiums aus dem gefährdeten Venedig in seinen Ordensstaat östlich der Weichsel.

Zwar schweren Herzens, aber im Bewußtsein, daß der Orden unsicher ist, solange sich sein Hochmeister im Machtbereich einer fremden Souveränität befindet, verließ Siegfried von Feuchtwangen (1303-1311) die Lagunenstadt und zog in die Marienburg, in den eigenen Staat. Ostpreußen, bis dahin immer noch ein Außenposten des Ordens, wurde nun zum eigentlichen Kernland. Zunächst erblühte der Ordensstaat. An eine fremde, souveräne Macht, die zu einer ähnlichen Gefahr für den Ordensstaat werden könne, wie es die Sarazenen für die Kreuzritterheere geworden waren, dachte lange niemand.

Ein reiches, blühendes Land. Im Jahre 1309 war der Ordensstaat endgültig errichtet. Polen zersplittert, mit eigenen Problemen belastet, war noch kein richtiger Feind. Anders Litauen. 1316 gelang es Gedimin und später seinen Söhnen Algirdas (Olgierd) und Keistutis (Kinstut), Litauen zu einem Großstaat zu vereinigen. Der letzte heidnische Staat in Europa trotzte nicht nur allen Angriffen der Kreuzritter, sondern attackierte auch seinerseits den Ordensstaat heftig. 1327 begann ein regelrechter Krieg, der sich über ein Jahrhundert hinzog. Der bedeutendste litauische Einfall endete 1370 bei Rudau im Samland – allerdings mit einer Niederlage der Litauer. Diese Angriffe waren zwar zu keinem Zeitpunkt für den Orden existenzbedrohend, wohl aber blutig und verlustreich. Sie zwangen den Orden zu militärischen Aktionen und zu einer Verteidigungsstrategie insgesamt. Der notwendige Grenzschutz bedeutete, daß er zeitweilig seine Christianisierungsmission vernachlässigen mußte. Das Land ununterbrochen zu befestigen und immer wieder Kolonisten nachzuholen, weil zu viele von den Heiden erschlagen oder verschleppt wurden, beschäftigte ihn somit stärker, als seine eigentliche Aufgabe es zuließ.

Der Orden verlor seine missionarische Aufgabe zwar nicht aus den Augen, glühte aber auch nicht für sie. Er sammelte von Zeit zu Zeit unter der Burg zu Königsberg Kreuzritter für Einfälle in Litauen. Das gehörte zu seinen »Pflichten«. Der Papst drängte den Orden immer wieder zu wirksamen Schlägen gegen die Heiden, doch von unbedeutenden Aktionen abgesehen, blieben erwähnenswerte Erfolge aus. Es kann nicht ausgeschlossen werden, daß die Staatsräson und der eigene Staat dem Orden inzwischen wichtiger war als die eher lästigen Kreuzzüge. Die Staatsräson verlangte Frieden mit den

Der eigene Staat wurde dem Orden immer wichtiger, die Pflicht zu Kreuzzügen eine eher »lästige Aufgabe«.

Nachbarn. Die Kurie aber wollte neue Christen, und das hieß: Krieg mit Litauen.

Die Hochmeister des Ordens hatten gegenüber seinen beiden Herren, dem Papst einerseits und dem deutschen Kaiser andererseits, zwischen denen oft Spannungen bestanden, einen schwierigen Balanceakt auszuführen. Er durfte sich weder gegen die Interessen des einen noch gegen die des anderen stellen und sich ein Bündnis mit einer Seite genauso wenig aufzwingen lassen wie feste Bündnisse mit Dritten gegen beide. Es kann daher wohl angenommen werden, daß die kleinen Christianierungsscharmützel des Ordens mehr der Beruhigung der einen oder anderen Seite dienen sollten als ernsthaften eigenen Interessen. Immer wichtiger wurde dem Orden die eigene innere Festigung und immer lästiger die Christianisierung.

Die Neider des Ordens nahmen zu; denn was da entstanden war, zeigte sich als einmaliger, großartiger Staat, der in seinem Aufbau allen anderen in Europa voraus war. Lebten doch die Mitglieder des Ordens nicht als Parasiten im Land, sondern waren geistig und körperlich aktiv tätig. Sie entwässerten Sümpfe, errichteten Straßen und Deiche, bauten Mühlen und Spitäler, in denen sie selbst Pflegedienste ausübten. Sie bauten Burgen zum Schutz der Städte und Dörfer, die wiederum planvoll besiedelt wurden. Frei vom Zunftzwang erreichte das Handwerk eine einmalige Blüte. Bearbeitet wurden Produkte des Landes: Steine, Holz, Leder, Eisen, Flachs, Wolle, Bernstein und Gold und alles mit einer landeseigenen Meisterschaft, die ihresgleichen suchte. Die Produkte waren bestimmt für den Export von Nowgorod bis London.

Deshalb brauchte der Orden Bündnispartner, nicht aber Gegner, wie die Zentrale der Kurie verlangte.

Für den Ordensstaat wurden Bündnispartner, nicht Gegner gebraucht.

Der wichtigste wirtschaftliche Bundesgenosse des Ordens wurde die Hanse. Das Bündnis mit dieser am Handel, nicht aber an der Landgewinnung interessierten, bedeutendsten Wirtschaftsmacht jener Zeit brachte dem Ordensstaat einen Wohlstand ins Land, der damals von keinem anderen Land erreicht wurde.

Die Hanse war ein unter der Führung Lübecks entstandenes Bündnis von Handelsstädten an der Nord- und Ostsee, das von Antwerpen bis Nowgorod reichte. In Preußen, zur Zeit des Ordens, waren ihr die Städte Königsberg, Braunsberg, Elbing, Kulm, Thorn und Danzig beigetreten. Gemessen an der damaligen Einwohnerzahl Preußens, die bei 500.000 gelegen haben dürfte, der wichtigste Wirtschaftsfaktor.

Die Städte Königsberg, Braunsberg, Elbing, Kulm, Thorn und Danzig traten der Hanse bei.

Ein weiterer Bündnispartner des Ordensstaates waren die Könige von Böhmen, sowohl die Przemysliden wie später die Luxemburger. Die Herrscher dieses Nachbarstaates hatten sowohl die Ordensritter wie die polnischen Könige stets an ihre Pflichten gemahnt und waren damit mehrfach als »Ordnungsfaktor« in dieser Region hervorgetreten. Sie bewahrten dabei indirekt beide vor einer allzu forschen, unüberlegten Interessenpolitik des Deutschen Reiches und des Papstes. Ähnlich wirkte das ebenfalls lockere Bündnis der Deutschritter mit den Brandenburgern – zu Zeiten der Askanier.

Diese ausgleichende Politik, die dem Orden innere Ruhe für den Aufbau und einen relativ sicheren äußeren Frieden bescherte, war vor allem ein Verdienst staatskluger, geschickter Hochmeister, die in dieser schwierigen Zeit das Land Preußen in fast ununterbrochener Folge führten. Zu ihnen gehörten der Rheinländer Werner von Orseln (1324-1330), der Niedersachse Luther Herzog von Braunschweig (1331-1335), der Thüringer Dietrich zu Altenburg (1335-1341), Ludolf König (1342-1345), Heinrich Dusmer von Arfberg (1345-1351), der Rheinländer Winrich von Kniprode (1351-1382) und der Schwabe Konrad von Jungingen (1393-1407). Sie alle herrschten, trotz der Gebundenheit an die Ordensregeln, wie aufgeklärte Könige; ihre persönliche Leistung dabei aber stets zurücknehmend und damit vor allem die Führungskraft des Ordens demonstrierend.

Allein die Tatsache, daß geschickte, kluge Männer in dieser Zeit zur Spitze des Ordens aufsteigen und seine Politik bestimmen konnten, sagt viel über seinen inneren Zustand aus.

Der von ihm postulierte Herrschaftsanspruch auf der einen Seite und das ausgeprägte Verantwortungsbewußtsein für die ihm anvertrauten Untertanen auf der anderen Seite sowie die Ausgewogenheit zwischen beiden Verpflichtungen verlangte eine Form der Führung, die Mitsprache zwar herausforderte, Mitbestimmung allerdings nicht zuließ. Was so typisch für die innere Demokratie im Orden geworden war, ragte damit dennoch weit über die üblichen Gepflogenheiten in der Kirchenhierarchie hinaus, ja war absolut unüblich in der Herrschaftsausübung des Heiligen Stuhls.

Marienburg (Malbork). Denkmal für den ersten preußischen Landmeister Hermann Balk (1230-1239). Er begann 1230 mit der Eroberung des Pruzzenlandes. Ab 1233 trug er den Titel »Magister Slavoniae et Prussiae«. Ab 1237 auch Ordensmeister in Livland. Er starb in Würzburg.

Der Ordensstaat verstand sich als eines der Zentren von Wissenschaft, Kultur und Wirtschaft in Europa. Die großzügige Gewerbeförderung setzte schöpferische Kräfte frei und ließ Handwerk und Künste aufblühen. Gut ausgebildete Fachleute, Meister ihres Metiers wanderten aus allen deutschen Ländern, aber auch aus Böhmen, Frankreich, Litauen und Rußland zu. Das Land blühte auf. Noch heute zeigen Bauten die eigenwillige hochentwickelte Architektur, zeugen Bilder, Skulpturen und Schmuck sowohl von den Fähigkeiten der Meister wie vom Lebensgefühl jener Epoche. Burgen, Klöster, Bürgerhäuser und Zweckbauten von überwältigender, einmaliger Schönheit entstanden in jener Zeit. Dabei erhielten die Steinmetze, Maler und Holzschnitzer künstlerische Freiräume, wie sie im Westen von Europa nur erahnt wurden.

Den geschickten Handwerkern folgten in späteren Jahren die Großen des Geistes. Die wissenschaftlich aufgeschlossene Atmosphäre in Ostpreußen während und nach dem Ordensstaat, ohne daß nach der Nationalität gefragt wurde, schien den Umgang mit Wissenschaft für alle Zeiten geprägt zu haben und lockte die Denker an oder förderte einheimische Wissenschaftler. Der Astronom und Domherr zu Frauenburg, Nikolaus Kopernikus, der Königsberger Johann Georg Hamann, der Mohrunger Johann Gottfried Herder oder Immanuel Kant aus Königsberg stehen zu unterschiedlichen Zeiten und bei unterschiedlicher Herkunft dafür als Repräsentanten eines freien Geistes.

Besonders herausragend aber waren die Sozialleistungen des Ordens; sie hatten in jener Zeit nichts vergleichbares. In jeder Burg gab es so etwas wie Altersheime für verarmte Ordensbrüder. Sie standen aber auch Landesbewohnern offen, die nicht dem Orden angehörten. Es gab Krankenhäuser und Pflegeanstalten, die jedermann kostenlos in Anspruch nehmen konnte. Möglich wurde das alles, weil alles Vermögen dem Orden insgesamt gehörte, nicht Einzelpersonen. So war dieses landesweite Sozialwerk finanzierbar. Aber alles, was der Orden an Vorbildlichem leistete, tat er ohne Mitwirkung und Mitsprache der Bevölkerung. Sie nahm daher diese Leistungen als etwas Selbstverständliches, etwas ihr Zustehendes entgegen, ohne sich dem Orden verpflichtet zu fühlen.

Marienburg (Malbork). Denkmal für den Hochmeister Winrich von Kniprode (1351-1382). Er wurde 1342 Komtur von Königsberg. Unter ihm erlebte der Ordensstaat seine höchste Blüte. Er starb auf der Marienburg.

Beispielhaftes Rechtssystem. Der Schweizer Geograph Sebastian Münster schrieb 1544 in seiner Kosmographie über Ostpreußen: »Preußen ist ein so großes, so fruchtbares und so glückliches Land, daß Zeus, sofern es ihm bestimmt wäre, vom Himmel herabzustürzen, in kein besseres Land herabfallen könnte als nach Preußen.«
Der Orden war zunächst durch das Recht des Eroberers, unterstützt von Papst und Kaiser, Herr eines eigenen Staates geworden. Er fand keinen Feudalstaat vor, sondern ein noch in Stammesverbänden lebendes Volk, das er seiner Herrschaft unterwarf und durch geplante Zuwanderung und gewollte Vermischung in seiner Eigenart nach und nach änderte. Es gab nur wenige Fürstengeschlechter mit ererbten Rechten, fast keine gewachsenen Besitz- und kaum Rechtsverhältnisse, auf die er hätte Rücksicht nehmen müssen – außer im slawischen Bevölkerungsteil.

Daraus ergab sich zur Sicherung der unumschränkten Herrschaft des Ordens die Chance, ein künstliches Staatsgebilde zu schaffen, das, frei von Althergebrachtem, sich ausschließlich den Interessen des Ordens anpassen konnte. Diese Chance nutzte er, bis er an seine eigenen Grenzen stieß.

Die Rechtsgrundlage im Ordensstaat waren Privilegien, die er Städten, Burgen und Gemeinden – seltener – Einzelpersonen verlieh. Diese wurden nicht willkürlich, sondern durchdacht, genau geplant und ineinander greifend verliehen. So war es in der Blütezeit des Ordens allen Bevölkerungsgruppen möglich, miteinander zu leben, zu kommunizieren und Handel zu treiben, ohne Benachteiligungen ausgesetzt zu sein.

Rechtsgrundlage war die »Kulmer Handfeste«. Nur in den Hansestädten galten abweichende Gesetze.

Eine wichtige Rolle spielte als Rechtsgrundlage die »Kulmische Handfeste«, das sogenannte Deutsche Recht, das allgemein anerkannt war (nur für die Hansestädte galten andere Bedingungen). Darin geregelt waren Leistungen der Untertanen an ihre Landesherrschaft, wie deren Gegenleistungen, Beziehungen zwischen Städten und Dörfern, Kaufleuten und Handwerkern etc. Der Orden war nicht nur der Landesherr, er war auch Grundherr, alleiniger Gesetzgeber, der wichtigste Kulturträger und zugleich Besitzer des Landesvermögens.

Etwas einschränken muß man diese eindeutigen Besitz- und Rechtshoheiten in den nicht durch Eroberung erworbenen slawischen Gebieten. Dazu gehörte vor allem Pommerellen. Hier hatte der Orden weder die Rechte des slawischen Adels aufgehoben noch die der dort herrschenden, dem Orden nicht unterstellten Bischöfe. Das sollte sich rächen, denn genau hier würden später nach der Katastrophe von Tannenberg die inneren Schwierigkeiten des Ordens, der Verrat und das Paktieren mit Polen beginnen.

Die Bevölkerungspolitik des Ordens war, wie schon erwähnt, nicht immer gleich. Anfangs, nach dem Frieden von Christburg 1249, hatte der Orden die eroberten Pruzzen nach Unterwerfung, Taufe und Anerkennung der Herrschaft des Ordens als Volk in ihren Sitten, Gebräuchen und Rechten leben lassen. Einmal abgesehen von einigen, der christlichen Moral und Ethik entgegenstehenden Sitten wie der Polygamie, die aufgegeben werden mußten.

Nach den schweren Aufständen ging der Orden etwa ab 1260 dazu über, die Pruzzen nicht mehr gleichberechtigt zu behandeln, sondern Einzelprivilegien zu vergeben. Je nach Wohlverhalten, konnten einzelne aufsteigen oder in ihrer Rechtsstellung, besonders im Erbrecht, beschnitten werden. Zunächst mußte die Masse der pruzzischen Landbevölkerung eine Rechtsminderung hinnehmen, die sie zu Halbfreien oder Unfreien machte. Sie behielten zwar Haus und Hof und auch

Land, waren aber zu Gesinde- und Kriegsdiensten, Scharwerken und zur Zahlung des Naturalzinses verpflichtet. Ihr Erbrecht war gemindert, vor allem nicht in einer Handfeste verbrieft.

Wenn Willkür und Leibeigenschaft in Ostpreußen, in weit engeren Grenzen als im übrigen Deutschland und Europa angewendet wurden, lag das vor allem an der dünnen Besiedlung und der Notwendigkeit des Ordens, sich eine wirtschaftliche Basis zu sichern. Den Pruzzen war deshalb auch die Abwanderung in die Städte verboten.

Nach und nach wurden die Rechte der Pruzzen aber denen der slawischen und deutschen Bevölkerung angeglichen. Der Zwang, in Einzelhöfen oder besonderen Dörfern zu siedeln, wurde aufgehoben, je geringer die Furcht des Ordens vor neuen Aufständen war.

Der Orden war Grundherr allen Bodens. Alle Verpflichtungen gegenüber dem Orden waren mit dem Boden verknüpft, nicht mit der Person, die ihn bewirtschaftete.

Von der zweiten Hälfte des 13. Jahrhunderts an begann sich das einheitliche »Kulmische Recht« durchzusetzen. Das bedeutete, daß der Orden Grundherr des gesamten Bodens war und blieb. Er verlieh allerdings an Einzelpersonen Teile des Bodens, die vererbt und mit Einschränkungen auch verkauft werden durften, da alle Verpflichtungen gegenüber dem Orden mit dem Besitz verknüpft waren, nicht mit der Person des Besitzers (Reallasten).

Das Kulmische Recht galt zunächst nur für deutsche Einwanderer, wurde aber immer mehr ausgeweitet. Slawische Bauern durften danach in deutschen Dörfern siedeln und konnten sich auch dem Kulmischen Recht unterstellen, was ihre persönliche Freiheit verbesserte. Um das Land weiter mit Deutschen zu besiedeln, verhandelte der Orden mit Siedlungsgesellschaften, in Einzelfällen auch mit Rittern, die dabei das Recht erwarben, in speziell dafür ausgewiesenen Gebieten neue Dörfer errichten zu dürfen. Darüber wurde eine sogenannte Handfeste ausgestellt.

Die so hinzukommenden deutschen Bauern waren persönlich frei. Ihre Ansiedlung hatte für den Orden vorwiegend wirtschaftliche Gründe. Zwar konnte das übertragene Land durch die neuen Besitzer vererbt und auch verkauft werden (nach Abzug einer Gebühr), doch lagen auf dem Hof die Lasten des Ordens, die der Neuerwerber übernehmen mußte. Dazu gehörte die Ablieferungspflicht von Pfluggetreide, ein Geldzins, der sich je nach Bodenwert zwischen einer halben und 6 Mark je Hufe (Hufe = 16,5 Hektar) bewegen konnte. Die Kaufkraft der Mark war allerdings erheblich höher als heute. Dazu kamen abzuliefernde Zinshühner und Martinsgänse sowie die Scharwerkdienste auf den Ordensdomänen.

Zwei Leistungen sind vielleicht besonders zu erwähnen, weil anderswo unüblich. Das ist das »Waltgeld« (damit wurden Spione in Litauen besoldet) und das »Schalauer Korn«, eine Abgabe zum Unterhalt der Grenzbefestigungen und deren Besatzungen.

Schwetz (Swiecie). Das alte Rathaus in der heutigen Innenstadt.

Neu angesiedelte Bauern erhielten eine großzügig zugemessene Zahl von Freijahren, in denen diese Erbzinspflichten nicht entrichtet werden mußten, damit sich die Bauernfamilie wirtschaftlich festigen konnte. Diese »Anschubfinanzierung« konnte bis zu 25 Jahren gewährt werden. Oft wurde allerdings die Handfeste, die einem heutigen Grundbucheintrag gleichkam, auch erst nach Ablauf dieser Zeit ausgestellt.

Man war bemüht, für die Neusiedler Dörfer von wenigstens 20 Höfen einzurichten, wobei jeder Hof etwa zwei bis vier Hufe bewirtschaftete. Das machte die Dörfer stark und verteidigungsfähig. Nach ihrer Anlage waren die Neugründungen Angerdörfer, das heißt, ein breites Wiesenstück, auf dem Gemeinschaftseinrichtungen wie Kirche, Gemeindehaus, Backhaus und Hirtenhaus standen, wurde hufeisenförmig von drei Seiten durch Gehöfte umbaut.

Die Kolonisation ging relativ langsam vor sich. Gegenläufige Entwicklungen infolge von Kriegen und Epidemien blieben nicht aus. Die Siedlungspolitik des Ordens sollte natürlich zuerst der Christianisierung des Landes dienen, hatte aber fast gleichrangige wirtschaftliche Gründe. Dem Orden war klar, daß sein Staat nur Bestand haben konnte, wenn es gelang, ihn durch eine bodenständige christliche Bevölkerung wirtschaftlich zu erschließen. Dazu bedurfte es Generationen.

Zwischen 1280 und 1330 wurde die Gegend zwischen Kulmer Land und Pregel besiedelt, allerdings noch dünn und lückenhaft. Bis zum Ende des 14. Jahrhunderts entstanden östlich der Weichsel etwa 1.000 deutsche Zinsdörfer, die ihrerseits wieder die Voraussetzung für den Bau der großen Ordensburgen bildeten. Die Ortelsburg wurde bis 1360 errichtet und die Burg von Lyck 1398. Von hier aus konnten die Masurischen Seen gesichert werden. Die Burgenkette im Allegebiet – Rastenburg, Leunenburg, Barten –, die später dann noch durch eine zweite Burgenkette um Insterburg, Angerburg verstärkt wurde, boten lange Zeit ausreichend Schutz vor unerwünschten Eindringlingen.

Im 14. Jahrhundert wurden die großen Ordensburger zwischen Kulmer Land und Pregel errichtet.

In dem nun gesicherten Gebiet wurden größere Güter, wie zum Beispiel im Sassenlande, angelegt. Von den neuen Eigentümern, die überwiegend deutsche und pruzzische Edelleute waren, erwartete der Orden verstärkt eine eigene kolonisatorische Arbeit, was letztlich nichts anderes bedeutete, als private Siedlerorganisationen zu schaffen und auf eigenem Besitz und aus eigener Initiative neue Dörfer zu gründen.

Im Inneren Pommerellens ging der Orden anders vor. Neben der planmäßigen Anlage von Wehrdörfern an der Grenze zu Polen wollte er innere Ruhe und Stabilität erzielen, indem er die slawischen Dörfer wirtschaftlich förderte. Er stellte sie den deutschen gleich und wandte das Kulmische Recht und die Hufenverfassung auf sie an, was für sie Fortschritt bedeutete und ihre Wirtschaftskraft erheblich stärkte.

So bewies der Orden bei der Besiedlung des Landes eine erstaunliche Flexibilität. Die von ihm angewandten Methoden reichten vom planvollen Einsatz von Fördermitteln – beispielsweise Freijahre und großzügige Landvergabe – bis hin zu differenzierten juristischen, die Freiheit der Person, der Familie und der Erbfolge regelnden Rechtsnormen. Die erste, zunächst die pruzzische Urbevölkerung, teilweise auch den slawischen Teil der Bevölkerung diskriminierende Rechtsausübung war einerseits Folge der verheerenden Aufstände, andererseits ein Zugeständnis an den pommerellischen Adel, dessen Loyalität gegenüber dem Orden erreicht werden sollte.

Eine wichtige Funktion im Ordensstaat war den Städten vorbehalten. Bereits die ersten Befestigungsanlagen des Ordens waren mit Stadtgründungen verbunden. Diese planmäßige Förderung und der ebenso langfristige Ausbau der Städte ist um so bemerkenswerter, weil andere Feudalstaaten ständig bemüht waren, die Rechte der Städte zu beschneiden. Der Orden dagegen förderte sie, legte sie planvoll an und machte sie zu geistigen, wirtschaftlichen und kulturellen Zentren im Lande. Hervorgehoben zu werden verdienen die Städte Thorn, Elbing, Braunsberg, Königsberg und Danzig, wenn auch die staatliche Förderung keineswegs auf einige wenige beschränkt blieb.

Der Orden förderte die Städte, legte sie planvoll an und machte sie zu geistigen, wirtschaftlichen und kulturellen Zentren.

Man könnte annehmen, daß ein so stark zentralisierter Staat auch ein einheitliches Recht besessen hätte. Dem war aber nicht so. Der Orden folgte weitgehend dem mittelalterlichen Rechtsempfinden, das jede Person von ihresgleichen, also von ihrem Stand, den Rechtsspruch erwarten konnte. Das änderte nichts daran, daß der Orden in Person des Hochmei-

Schwetz (Swiecie).
Alte Wehrkirche.

sters die oberste Gerichtsbarkeit besaß. Diese übte er aber durch die Vergabe der Rechtsprechung an Städte, Gemeinden und Grundbesitzer aus.

Auch in den Städten mit Gerichtshoheit wurde nicht überall gleiches Recht gesprochen. Es gab Städte mit Lübischem

Recht – auf der Grundlage des Rechts der Hansestadt Lübeck – und Städte mit Kulmischem Recht – auf der Grundlage der Magdeburger Rechtsordnung. Die Wahl der Rechtsordnung oblag der Stadt und galt dann für alle ihre Bewohner.

Für die Freien auf dem Lande, soweit es Zivilangelegenheiten, meist Grundstücksfragen oder Erbschaften betraf, galt die Landgerichtsordnung. Dem Gericht stand ein Landrichter vor, der vom Orden oder Bischof aus den deutschen Freien bestimmt wurde. Diesem standen, ebenfalls ernannte, Schöffen zur Seite, die aus dem gleichen Kreis kamen.

Das Recht im Ordensstaat wurde nicht willkürlich ausgeübt, sondern war festgeschrieben.

Das Recht im Ordensstaat wurde zwar nicht immer schriftlich fixiert, war aber dennoch festgeschrieben. Das Gewohnheitsrecht unterlag nicht der Willkür eines Grundbesitzers. Auch der letzte pruzzische Unfreie konnte sein Recht vor der höheren Instanz suchen, bei der ein vorangegangenes Urteil Bestand haben mußte. Und das war eine unvergleichlich größere Rechtssicherheit für die Schwächsten, als sie zur gleichen Zeit an deutschen, französischen, englischen oder polnischen Fürstengerichten praktiziert wurde. Die höchste Instanz für das Kulmische Recht war der Gerichtshof zu Kulm, für Lübisches der in der Stadt Elbing.

Das Strafrecht über Pruzzen, slawische Einwohner, Unfreie und Fremde – auch über die Gäste im Ordensland – übten die Komture, die vom Orden eingesetzten Landräte, aus. Das bedeutete, daß der Orden hohe Maßstäbe an die Rechtssicherheit der Person setzte. Es war nicht möglich, daß deutsche Landrichter über pruzzische, litauische oder polnische Rechtsverletzer urteilen durften. Der Orden behielt sich diese Rechtsprechung selbst vor, was sicher dem allgemeinen Landfrieden diente.

Neben der staatlichen Gerichtsbarkeit existierte im Ordensstaat noch eine Kirchengerichtsbarkeit. Ihr unterstanden alle Priester und Kirchenangestellten, soweit sie nicht Mitglieder des Ordens waren. Darüber hinaus entschieden die Kirchengerichte in allen »geistlichen Angelegenheiten«. Ein dehnbarer Begriff, der zum Beispiel auch das Eherecht einschloß. Die Bemühungen der Kirche, für sich und ihre Instanzen praktisch ein eigenes Recht außerhalb der staatlichen Regelungen zu beanspruchen, sind uralt und gehen bis heute weiter. Ein Beispiel ist das vielleicht populistische, aber durch das Recht der Bundesrepublik Deutschland nicht bestätigte Kirchenasyl.

Ende des 14., Anfang des 15. Jahrhunderts war die Verschmelzung der Bevölkerung im wesentlichen abgeschlossen. Länger dauerte es mit der Sprache, die sich erst allmählich durch Schulpflicht und Kirchenliturgie zu jenem ostpreußischen Sprachgemisch entwickelte.

Reichtum und Wohlfahrt für alle. Solange der Orden in seinen Finanzen vorbildlich, mit der Sorgfalt ordentlicher Kaufleute und der Vorsicht erfahrener Bankiers agierte, blühte er; als die Finanzen in Unordnung kamen, folgte unausweichlich sein Ende.

Kern der Finanzpolitik des Ordens war die Kranken- und Wohlfahrtspflege. Sie muß weiter gefaßt werden, als es der Name vermuten läßt. Sie sollte unter zwei Gesichtspunkten betrachtet werden: Zum einen stellte sie eine vorbildliche Sozialpolitik dar, wie sie damals in keinem anderen europäischen Land vorzufinden war. Zum anderen war sie in nicht unbeträchtlichem Maße Quelle des Reichtums und der Finanzkraft des Ordens.

Die vorbildliche Kranken- und Wohlfahrtspflege des Ordens war gleichzeitig Quelle seines Reichtums.

Zunächst zur ersten, der vorbildlichen Seite dieser Einrichtung, die Bestandteil all der Regularien war, die in Städten und Gemeinden für ein geordnetes Miteinander sorgten.

Bereits in der Kulmer Handfeste sind erste Regeln für das Zusammenleben festgeschrieben, die immer weiter präzisiert und verfeinert wurden. Das waren vor allem profane Regelungen wie die Marktordnung, die Maß- und Münzordnung, die Gesindeordnung und anderes mehr. Mit der dichter werdenden Besiedlung mußten auch Gesetze für die Nutzung der Allmenden, für das Jagd- und Fischereiwesen, den Holzeinschlag, das Wegerecht und ähnliches erlassen werden. Mit

Die Ausbreitung des Deutschen Ritterordens zur Zeit der Kreuzzüge

Finnischer Meerbusen
Weißenstein
Leal
Pernau
Talkhof
Wenden
Segewold
Goldingen
Dünamünde
Düna
Mitau
Ludsen
Dünaburg
Memel
Rositten
Georgenburg
Königsberg
Georgenberg
Brandenburg
Tapiau
ORDENSLAND
Marienburg
Elbing
Christburg
Ortersberg
Willenberg
Nessau
Weichsel
Bug
POLEN
Troppau
Theiß
UNGARN
Ansiedlung in Siebenbürgen 1211-25
Heldenburg
Marienburg
Schwarzburg
Kreuzburg
Königstuhl
Donau
Meer
BYZANTINISCHES REICH
Bari
Brindisi
Ionisches Meer
Andravida
Mostenizza
Modon
Calamata
Ägäisches Meer
Kretisches Meer
Levantinisches Becken
Meer
Akkon
RUMSELDSCHUKEN
ARMENIEN
Amuda
Ceyhan
SYRISCHE SELDSCHUKEN
Euphrat
KÖNIGREICH ZYPERN
Nikosia
Mittelländisches Meer
Tripolis
KÖNIGREICH JERUSALEM
Tyrus
Castrum novum
Montfort
Akkon
Jaffa
Jordan
Jerusalem
Askalon
Totes Meer
REICH DER MAMELUKEN

dem Wachsen der Städte kamen später weitere Gesetze hinzu. Sie betrafen zum Beispiel die Feuerordnung, die Gesundheitsordnung, die Waisenerziehung, den Frauenschutz, Regeln für den Umgang mit Nicht-Seßhaften, die Gefängnisordnung usw.

Die Wohlfahrtspflege des Ordens gehörte zu seinen bedeutendsten humanen Leistungen. Dabei wurden die vom Orden erlassenen Regeln nicht unbedingt von ihm selbst praktisch umgesetzt, wohl aber theoretisch erarbeitet, angeordnet, den Städten und Gemeinden übertragen, bis sie schließlich Eingang in Ordnungssysteme fanden, die – modernisiert, ergänzt und vervollkommnet – in jedem modernen europäischen Staat heute noch gelten.

Die Krankenpflege behielt sich der Orden selbst vor. Er schloß jede andere Organisation von einer Ansiedlung im Ordensstaat aus, die ihm hier hätte Konkurrenz machen können. Damit begründete der Orden de facto die erste staatliche Pflicht zur Krankenfürsorge in der Welt. Diesem Gebiet widmete der Orden eine Aufmerksamkeit von geradezu erstaunlicher Intensität. Einst als Hospitalorden gegründet, hat er das Krankenpflege- und Spitalwesen nach dem Vorbild der Johanniter ausdrücklich und in allen Zeiten beibehalten; auch nachdem seine Umwandlung in einen geistlichen Ritterorden bereits vollzogen war.

Im Ordensstaat wurde erstmals in der Welt staatliche Krankenfürsorge praktiziert.

Der oberste Spittler, sozusagen der Spitalverwalter, gehörte von Anfang an zu den Großgebietigern in der Ordenshierarchie. Er besaß, und nur er allein, das Vorrecht, keine Rechenschaft über die Ein- und Ausgaben legen zu müssen. Ein fürwahr erstaunliches Privileg. Der ab 1312 im Elbinger Ordenshaus, also abseits vom Hochmeister, sitzende oberste Spittler war zugleich der Komtur im Elbinger Gebiet, was jede Kontrolle ausschloß. Der Spittler war der einzige der großen Gebietiger, der nicht in der Marienburg oder in Königsberg amtierte. Schon daran war seine Sonderstellung erkennbar.

Ihm unterstanden alle Ordenshäuser. Deren Spittler oder Firmarienmeister waren ihm direkt und persönlich unterstellt und insofern nur ihm allein rechenschaftspflichtig. Der oberste Spittler besaß das Recht der Gerichtsbarkeit für die Ordenshäuser, und der Spittler von Elbing, vom Haupthaus, sogar das Recht der Gerichtsbarkeit auf dem bedeutenden Grundbesitz des Ordenshauses.

So viele Rechte und Privilegien erklären sich nicht allein aus dem humanen Anliegen des Ordens. Bereits aus seiner Zeit in Palästina wußten die Mönchsritter, wie dankbar fern der Heimat gepflegte Kreuzritter im Falle ihrer Genesung waren. Ebenso großzügig schienen sie im Falle ihres unter geistlicher Aufsicht und Fürsprache erfolgenden Ablebens diese Dienste durch Erbschaften zu honorieren.

Es wurde bereits gesagt, daß der Orden von Palästina bis England, von Deutschland über Italien bis Spanien, und von Frankreich bis Polen Besitztümer unermeßlichen Ausmaßes besaß. Woher sollte ein solcher, über ganz Europa verstreuter Besitz eigentlich kommen, wenn nicht durch Schenkungen, Hinterlassenschaften, Übereignungen der unterschiedlichsten Art. Hier finden wir die Grundlagen des Ordenvermögens.

Krankenpflege und »geistlicher Zuspruch« zur rechten Zeit ließen den Orden zu einem gewaltigen Grundbesitz und Finanzimperium werden, über das natürlich keine Rechenschaft abgelegt werden mußte. Damit wird in keiner Weise die bis dahin einmalige Leistung geschmälert, die die Ordensbrüder bei der Bekämpfung von Epidemien, wie Aussatz und Pest, bei der Kranken- und Altenpflege, dem Frauen- und Kinderschutz erbrachten. In den Spitälern wurden weder Knechte, noch Unfreie und die Ärmsten der Armen abgewiesen, wenn auch keineswegs gleich behandelt.

In den Spitälern wurde niemand abgewiesen.

Der Orden zog seine finanziellen Mittel außerdem noch aus Abgaben der unterschiedlichsten Art, die er als Grundeigentümer erhob und die wir heute indirekte Steuern nennen würden. Er konnte als erster von der Naturalabgabe zum Geldwirtschaftssystem, also zur modernen Steuer, übergehen. Aber gerade durch das moderne Finanzsystem kam der Orden schneller als andere Staaten in den Konflikt mit seinen

Bürgern. So beanspruchte er zum Beispiel von den bedeutenden Außenzöllen zunächst ein Drittel, ab 1408 sogar zwei Drittel, die ohne nennenswerte Gegenleistungen in die Kassen des Hochmeisters flossen.

Der Orden besaß das Monopol an allen Getreidemühlen.

Auch seine wirtschaftlichen Unternehmungen wie Handel, Schiffahrt und Bankwesen brachten beträchtliche Erträge; hinzu kamen Einnahmen aus den dem Orden gehörenden Domänen, aus allen Getreidemühlen, an denen der Orden das Monopol besaß (was dazu führte, daß in ostpreußischen Märchen und Sagen der Müller oft ein Schurke ist), aus der Fischerei und Bernsteingewinnung, der Gerichtsbarkeit, die der Orden offenbar gewinnbringend für sich zu gestalten wußte.

Alle zur Marienburg fließenden und dort vom Treßler verwalteten Geldüberschüsse versetzten den Orden während seiner Blütezeit in eine glänzende wirtschaftliche Lage. Es fällt auf, wie gut der Orden Recht und Wirtschaft seinen Bedürfnissen angepaßt hatte. Seine Geldgeschäfte förderten zunächst den Aufschwung des Staates, behinderten aber schließlich jeglichen privatwirtschaftlichen Geldverkehr.

Während der Orden auf der Höhe seiner Macht und der Wohlstand im Land mit keinem der Nachbarstaaten vergleichbar war, gab es erste Anzeichen dafür, daß die Interessen des Ordens und die der stärker werdenden Stände auseinanderzulaufen begannen. Diese Auflösungserscheinungen im Inneren wurden zunächst einfach ignoriert und die machtpolitischen Veränderungen im Umfeld des Ordensstaates nicht zur Kenntnis genommen.

Jetzt nahm auch der polnische Einfluß zu. Die Ritter schauten neidvoll auf die polnischen Pans, von denen jeder ein kleiner König zu sein schien. Selbst die angesehensten Ordensritter waren dagegen nichts als einfache Diener Gottes, ohne persönliches Vermögen und ohne Privilegien. Langsam begann der Bazillus der Zersetzung zu wirken.

Durch Erfolge blind. In der außenpolitischen Szene trat nicht plötzlich, vom Orden aber zu lange ignoriert, eine Wende ein.

Zunächst zeigte sich, daß der Polenkönig Kasimir der Große seinen Beinamen nicht zu Unrecht getragen hatte. Er hatte die Zeit nach dem Frieden von Kalisch im Jahre 1343 gut genutzt. Die seitdem andauernde, fünfzig Jahre währende Friedensperiode zwischen Polen und dem Ordensstaat, zwar teuer erkauft durch den Verzicht auf Pommerellen und das Kulmerland, hatte er zur Stärkung Polens verwendet. Politisch, wirtschaftlich und militärisch war sein Land durch die Erwerbung Galiziens, Wolhyniens und Masowiens gewichtiger geworden. Einwanderer aus Deutschland hatten das Handwerk und die Künste beflügelt.

Kasimirs Neffe und Nachfolger, König Ludwig von Ungarn (1370-1382), hielt zwar noch Frieden mit dem Orden, bestätigte aber den Vertrag zu Kalisch nicht mehr. Nach seinem Tod im Jahre 1384 wurde seine Tochter Hedwig Königin von Polen. Der Hochadel legte ihr nahe, den Fürsten Jagiello von Litauen zu heiraten. Hedwig folgte dem Rat. Damit würde Jagiello künftig zugleich König von Polen und von Litauen sein.

Königsberg (Kaliningrad). Luftaufnahme der heutigen Stadt am Pregel.

Als Gegenleistung nahm er den christlichen Glauben für sich und sein Volk an. Ein Bestandteil des Heiratsvertrags war die Verpflichtung des neuen Königs, Pommerellen und das Kulmerland zurückzuerobern.

Die Lage des Ordens wurde kritisch. Ein litauisch-polnisches Großreich als Nachbar des Ordens hatte das Kräfteverhältnis beträchtlich verändert, zu Ungunsten des Ordensstaates verschoben. Außerdem: Litauen war von Polen – und zwar friedlich – christianisiert worden. Das wertete Polen bei der Kurie auf. Die Bedeutung des Ordens sank. So blieb er ohne moralischen Schutz durch die Kurie und von nun an auch ohne Bündnispartner.

1386 wurden Polen und Litauen durch die Krakauer Hochzeit zu einem großen und mächtigen christlichen Reich vereinigt.

1386 fand die so wichtige »Krakauer Hochzeit« statt. Zu einem großen Fest gestalteten sich Taufe, Heirat und Krönung. Unter dem Namen Wladislaw II. wurde Jagiello als der erste seines Geschlechts polnisch-litauischer König.

77 Jahre nach der Eingliederung Pommerellens stand der Orden allein.

Die zweite große Gefahr für seine Existenz kam heimlicher, gewissermaßen auf Schleichwegen näher. Es waren dies die inneren Streitigkeiten und Zerwürfnisse. Die Zeit für Reformen war überreif. Doch das wollten die großen Gebietiger nicht wahrhaben.

Die polnische Partei im Adel des Ordensstaates hatte wesentlich an Einfluß gewonnen. Die ihr angehörigen Ritter forderten für sich Freiheiten vergleichbar denen der polnischen Pans. Auch die Städte verlangten mehr Eigenständigkeit – Wohlstand allein genügte ihnen nicht. Man wollte mitregieren, selbst gestalten. Das aber gewährte der Orden um keinen Preis, während Polen gerade mit diesen Verheißungen warb und winkte.

Der Orden verfolgte scheinbar unbeirrt seinen Kurs. Die ununterbrochenen Zänkereien mit Litauen um Samaiten und um eine Landverbindung nach Livland, zum Schwertbrüderorden, deuten nicht darauf hin, daß ernsthafte diplomatische Versuche unternommen wurden, das Verhältnis zum Großreich Polen/Litauen zu entspannen.

Wenig Geschick bewies der Orden auch beim Kauf des Landes Dobrzin von einem Vasallen Jagiellos sowie beim Erwerb der Region Neumark von König Sigismund. Der neuerliche Landgewinn für den Ordensstaat entfachte in der bereits aufgeheizten Situation eine Kriegsstimmung unter den Polen und Litauern. Beschwichtigend gab zwar der Orden Dobrzin 1404 zurück, doch konnte das den aufgebrachten, kriegslüsternen polnischen Adel, der im Landkauf weniger eine Ausweitung des Ordensstaates als eine neue Demütigung Polens gesehen hatte, nicht mehr versöhnen. Rache für 1309 war die Devise – und zwar auf dem Schlachtfeld.

Die Neumark brachte dem Orden ebenfalls wenig Glück. Aufstände und ununterbrochene Einfälle polnischer Adliger, die vom Orden abgewehrt, sofort an anderer Stelle neu entflammten, destabilisierten die Lage an den Grenzen.

Der Orden hatte, vielleicht weniger aus eigenem Antrieb als durch den Auftrag der Kurie, das Verhältnis zum Nachbarn Litauen immer wieder belastet. Seine ständigen »Kriegsreisen in das heidnische Land«, von vielen Rittern als eine Art »Mutprobe« verstanden, hatten in Litauen eine ungeheure Verbitterung angestaut. Diese wiederum brach sich gelegentlich durch Einfälle in den Ordensstaat Bahn und wurde dann von den Rittern erbarmungslos vergolten. Der Sieg bei Rudau 1370 brachte zwar Frieden, nicht aber Versöhnung. Nichts davon war vergessen. Jetzt aber waren Litauen und Polen gemeinsam groß, christianisiert und rachedurstig.

Auf Waffenhilfe, wie sie dem Orden früher aus mehreren Ländern stets zugeflossen war, konnte er jetzt auch nicht mehr rechnen. Westliche Ritter waren zwar bereit, Kreuzzüge gegen die Heiden, nicht aber gegen ein christliches Polen-Litauen zu unternehmen. Die pommerellische Landverbindung zum Reich erwies sich, gerade als sie gebraucht wurde, als nutzlos. Statt dessen mußten nun Landsknechte für Geld und mit geringer Kampfmoral angeworben werden. Die Mönchsritter selbst sahen nach der Christianisierung Litauens ihre Mission als erfüllt an. Die Disziplin verfiel. Die Waffenübungen,

In seiner Auseinandersetzung mit dem christlichen Polen-Litauen sah sich der Orden ohne Hilfe der Kurie.

Kampfspiele etc. fanden immer seltener statt. Es wurde geschwelgt und nicht gerüstet.

Zusammenfassend seien nochmals die drei wichtigsten Veränderungen im inneren und äußeren politischen Klima hervorgehoben. Das waren:

- die einsetzende Demotivierung der Mönchsritter und die Unzufriedenheit der Stände im Inneren,
- die Isolation von den westlichen Verbündeten als eine Folge der Christianisierung Litauens und der dadurch offensichtlich erfüllten »historischen Mission« des Ordens,
- das rasche Erstarken Polen-Litauens, einhergehend mit seiner zunehmenden Aggressivität.

Durch das Schisma in der katholischen Kirche war Rom mit eigenen Problemen beschäftigt.

Konnte der Orden Hilfe vom Heiligen Stuhl erwarten? Erwarten schon. Aber sie blieb aus. Das hatte zwei Gründe: Zum einen war der Ruf des Deutschritterordens etwas in Mißkredit geraten, weil der letzte heidnische Staat Europas nicht durch ihn, sondern durch die polnische Hochzeit christianisiert worden war. Das minderte in den Augen der Kurie den Wert des Ordensstaates. Zum zweiten war Rom in eigenen Problemen verstrickt: Durch das Schisma, zwischen 1378 und 1417 verweigerte ein Teil der katholischen Kirche dem Heiligen Stuhl den Gehorsam und hatte Gegenpäpste aufgestellt, war Rom militärisch nahezu handlungsunfähig. Es sah überhaupt keinen Grund, sich in einen Streit zwischen christlichen Völkern einzumischen.

Die kaiserliche Zentralgewalt war in einer ähnlichen Lage. Hilfe war auch von dort nicht zu erwarten. Zwischen England und Frankreich tobte der hundertjährige Krieg. Beide hatten an einem zusätzlichen Kriegsschauplatz in Osteuropa wenig Interesse, zumal der Orden durch seine restriktive Handelspolitik mit der Hanse im Ostseeraum auch die Wirtschaftsbeziehungen zu England getrübt hatte. Die alten Bundesgenossen Böhmen und Brandenburg befanden sich selbst in tiefer Zerrüttung. Kaiser Karl IV., genannt der Friedenskaiser, starb im Jahre 1378. Sein Traum, ein germanisch-slawisches Großreich zu schaffen, das den Ordensstaat, Polen, Böhmen, Brandenburg und einige weitere deutsche Gebiete umfassen sollte, starb mit ihm. Der mächtige Friedensstifter war nicht mehr.

Den polnisch-litauischen Bundesgenossen standen nicht nur die eigenen Adligen und deren Schlachtschitzen zur Verfügung, die auf eine Abrechnung mit dem Orden regelrecht brannten, sondern auch genügend Abenteurer aus der Ukraine und Weißrußland sowie Tataren, die zu einem Heereszug in den reichen Ordensstaat nicht lange überredet werden mußten.

Dennoch war das, was jetzt kam, kein Krieg der Germanen gegen die Slawen, sondern hier ging es um Land, Einfluß und Vormacht. Der Orden, der einst selbst in einer für ihn günstigen Situation in das Pruzzenland eingefallen war und es erobert hatte, stand jetzt seinerseits einer motivierten, gut gerüsteten und kriegserfahrenen Übermacht gegenüber. Er hatte es in den langen Friedensjahren versäumt, sich selbst zu reformieren.

In dem heraufziehenden Krieg Polen-Litauens gegen den Ordensstaat ging es um Land, Einfluß und Vormachtstellung.

Auf einen großen Krieg war er nicht vorbereitet. Die vielen kleinen aber hatten ihn finanziell, organisatorisch, vor allem aber moralisch und militärisch diskreditiert.

Der Anlaß für den Krieg war, wie so oft, nichtig. Nach offenbar von Litauen 1409 in Samaiten angezettelten Aufständen, entschloß sich der Orden zu einem Präventivschlag. Der Hochmeister Ulrich von Jungingen (1407-1410) konnte durch ein Hinausschieben des Krieges seine Position wohl nicht mehr viel verbessern. Er wußte, daß Wladislaw II. auf jeden Fall den Krieg wollte. Der Orden glaubte an die teuer erkaufte und zugesagte Unterstützung durch den Böhmerkönig Wenzel und den Ungarn Sigismund. Wenzel fällte nach ersten Erfolgen des Ordens dann auch einen Schiedsspruch. Aber Polen-Litauen fühlte sich stark und erkannte diesen nicht an.

Die große Schlacht. Wladislaw II. vereinigte seine Truppen im Süden Ostpreußens, während der Orden die Angriffe bei Pommerellen und an der Nordostgrenze zu Litauen erwartet hatte. Am 13. Juli 1410 stürmte das polnisch-litauische Heer die Gilgenburg und verwüstete sie grausam. Der Hochmeister stand mit dem Ordensheer bei Löbau – etwa 20 Kilometer nordwestlich. Er entschloß sich, dem Feind in Nachtmärschen entgegenzuziehen. Seine Truppen ermüdeten, aber der Hochmeister wollte Zeit gewinnen. Auf dem Weg zum späteren Schlachtfeld Tannenberg mußten die Kernsdorfer Höhen überwunden werden, eine enorme Belastung für die schwer gepanzerten Soldaten.

Am Morgen des 15. Juli 1410 begann die entscheidende Schlacht bei Tannenberg.

Am Morgen des 15. Juli 1410 erreichte das Ordensheer Tannenberg. Die Polen-Litauer hatten, einschließlich der tatarischen Hilfstruppen, etwa 22.000 Kämpfer, der Orden rund 15.000 aufzubieten, doch die zahlenmäßige Unterlegenheit konnte durch moderne Wurfmaschinen ausgeglichen werden, über die Polen-Litauen nicht verfügte. Letztere hatten bereits in Schlachtordnung Aufstellung genommen. Die Ordensritter mußten, durch den Nachtmarsch ermüdet, nun sofort in den Kampf. Ein weiterer Nachteil für den Orden kam hinzu: Er hatte die Sonne im Gesicht und wurde durch sie geblendet.

All diese Nachteile hätten vielleicht durch einen klugen Heerführer noch ausgeglichen werden können. Doch der stand auch auf polnischer Seite.

Die Polen hatten aus den Kämpfen mit den Mongolen die Beweglichkeit der leichten Reiterei gelernt. Die Führung des Heeres übernahm der König von einem rückwärtig erhöhten Standort. Auch das war mongolische Kriegserfahrung. Der Hochmeister dagegen, dem Ehrenkodex der Deutschen Ritter folgend, zog dem Heer voran in den Kampf. Alles andere wäre feige gewesen – nach Ansicht der Ritter. 50 Jahre Frieden hatten für den Orden ein Defizit an Kriegserfahrung, militärischer Entwicklung, Rüstung und Logistik gebracht. Das Ordensheer hatte die revolutionierende mongolische Kriegsführung einfach nicht zur Kenntnis genommen. Die moderne Einteilung in Zehner-, Hundert- und Tausendschaften war in ihm nicht üblich; die Polen kannten sie wohl.

Wladislaw II., ein begabterer Stratege, der Hochmeister ein alter Herr mit viel Schreibtischerfahrung.

Die Schlacht begann dennoch mit Vorteilen für das Ordensheer.

Während Wladislaw die Schlacht wirklich lenkte, kämpften der Hochmeister und alle großen Gebietiger in der ersten Reihe. Folgerichtig fiel der Hochmeister am Anfang der Schlacht. Nach und nach folgten ihm auch alle seine Gebietiger. Auf dem Höhepunkt des Gemetzels war das Ordensheer ohne Führung. Das löste immer mehr Verwirrung aus.

Die kulmischen Adligen verrieten genau in diesem kritischen Moment den Orden und wandten sich zur Flucht. Doch noch immer hielt das Ordensheer stand. Ein fähiger Führer hätte jetzt alles entscheiden können. Doch den gab es nicht. Wladislaw II. erkannte die Lage und warf seine Reserven genau im richtigen Moment in die Schlacht. Das Ordensheer wankte, dann brach Panik aus. Es fehlte die leitende Hand. Die Ordensritter und ihre Söldner stoben auseinander. In der nun einsetzenden Verfolgung wurde das Ordensheer stärker dezimiert als in der eigentlichen Schlacht.

10.000 Tote waren zu beklagen; auf das Ordensheer entfielen davon etwa die Hälfte.

Doch die Ritter hatten sich nicht geordnet zurückgezogen, sondern waren auseinandergelaufen und in alle Richtungen geflohen. Jetzt hätte der Orden in all seinen Strukturen zerschlagen werden können. Doch Wladislaw II. feierte seinen Sieg zu lange. Offenbar hielt er die Niederlage des Ordens bereits für total.

Während Wladislaw II. seinen Sieg feierte, sammelte der Orden neue Kräfte.

Der Orden hatte keine Strategie für den Fall einer Niederlage. Niemand der Berufenen war noch am Leben und konnte das Heer ordnen und in neue Schlachten führen. Doch da erwarb sich ein Mann Verdienste, der vom Hochmeister ursprünglich nur mit der Verteidigung Pommerellens betraut

worden war und somit nicht in der ersten Reihe gestanden hatte. Der Komtur von Schwetz, Heinrich von Plauen, erwies sich als ein beherzter Mann, den das Schicksal zur rechten Zeit an die rechte Stelle gesetzt hatte und dem es weder an Mut noch Entschlossenheit mangelte. Er sammelte alle Reste des versprengten Ordensheeres und zog die verbliebenen Truppen in der Marienburg zusammen. Viel Zeit blieb ihm nicht. So brannte er deren Vorstädte und Dörfer nieder, um dem Gegner den Nachschub und die Fourage schwer zu machen, verproviantierte sich reichlich und baute die Festung aus, so gut es in den wenigen Tagen möglich war. Die Verteidigungsbereitschaft des Ordens, von Wladislaw durch Siegesfeiern begünstigt, war hergestellt.
Als all das dem Polenkönig zu Ohren kam, brach er sofort in Richtung Marienburg auf. Unterwegs feierte er weitere Triumphe: Die selbständigen Bischöfe fielen vom Orden ab und huldigten dem Polenkönig. Das hielt ihn zusätzlich auf.
Der Polenkönig wußte, daß sein Sieg erst mit der Eroberung des Machtzentrums des Ordens, der Marienburg, endgültig war. Er langte am 23. Juli 1410 vor deren Mauern an und begann die Belagerung. Acht Tage hatte er für den Weg gebraucht, den Heinrich von Plauen in dreien zurückgelegt hatte. Das wurde ihm zum Verhängnis. Mit geschickten Ausfällen verhinderte Heinrich von Plauen die gegnerischen Vorbereitungen zum Sturm. Jetzt lief die Zeit gegen den Polenkönig.

Am 23. Juli 1410 begann die Verteidigung der Marienburg durch Heinrich von Plauen, an der die polnisch-litauische Allianz scheiterte.

Das über die Veränderung der Machtverhältnisse mittlerweile beunruhigte Europa handelte diesmal schneller als sonst. Die Furcht vor einem polnisch-litauischen Großstaat, der auch den Ordensstaat kontrollieren würde, aktivierte sowohl den Böhmerkönig als auch den Brandenburger. Auch der skandinavische Staatenbund und die deutschen Fürsten wünschten keine derartige Veränderung. So nahte von Westen ein rasch geworbenes Söldnerheer in Eilmärschen. Der livländische Zweig des Ordens kam von Norden zu Hilfe. Ein Verbündeter des Polenkönigs, Witowa, hatte sich bereits Anfang September nach Litauen davongemacht. Ende September mußte die Belagerung aufgehoben werden. Der große Sieg des Jagiellonenfürsten war vertan. Der Orden erhielt eine neue Chance; doch seine Zeit ging unerbittlich zu Ende.

Kaum hatte sich der Polenkönig zurückgezogen, kehrten die abgefallenen Städte und Bischöfe reumütig zum Orden zurück. Als Heinrich von Plauen am 9. November 1410 zum neuen Hochmeister gewählt wurde, war der Ordensstaat in seiner alten Größe wieder erstanden, wenn auch nicht in seiner alten Bedeutung.

Der Krieg war für alle Beteiligten unbefriedigend ausgegangen. Polen hatte sein Ziel, zumindest Pommerellen und das Kulmerland zurückzuerobern, nicht erreicht. Dem Orden war es nicht gelungen, seine Isolation zu durchbrechen. Am 1. Februar 1411 kam es zum Frieden von Thorn. Der Orden konnte seinen Besitz im wesentlichen behalten. Er verzichtete zugunsten Litauens lediglich auf Samaiten. Für einige unbedeutende Teilstücke wurden Interimslösungen gefunden. Doch er mußte eine Kriegsentschädigung von 100.000 Schock böhmischer Groschen an Polen entrichten. Diese Summe war ungeheuerlich und maßlos. Sicher wollte der Orden Zeit gewinnen und unterschrieb den Vertrag. Er mußte erstmals direkte Steuern einführen und das in einem Land, das bisher solche nicht kannte.

Im Frieden zu Thorn 1411 behielt der Orden sein Gebiet, mußte aber enorme Kriegsentschädigungen an Polen zahlen.

Während sich der Orden den Reparationen immer wieder zu entziehen versuchte, wuchs die Gier der polnischen Aristokratie ins Maßlose. Mehrere kleine Kriege – der Hungerkrieg von 1414 oder die Kämpfe zwischen 1419-1422 – brachten keine nennenswerten Änderungen. Nach dem Tode des Polenkönigs Wladislaw II. versuchte der Orden noch einmal, seine Position zu verbessern, indem er in die danach ausbrechenden polnisch-litauischen Streitigkeiten eingriff, doch zu einer bedeutenden militärischen Aktion kam es nicht. Die mit den Polen verbündeten Hussiten stießen bis Konitz vor, gaben aber die Belagerung wieder auf. Ein Vorstoß in Richtung Danzig brachte keinen Erfolg. Das für ihn gefährliche polnisch-litauische Bündnis konnte der Orden niemals sprengen.

Die dann im Frieden von Melnosee 1422 festgeschriebenen nordöstlichen Grenzen Ostpreußens zu Litauen und Polen hatten im wesentlichen bis 1923 Bestand und gehörten zu den stabilsten Grenzen in Europa.

Ordensregeln contra Staatsräson. Nach der Schlacht von Tannenberg war deutlich geworden:

- Wohlstand und moralischer Verfall hatten den Orden demoralisiert und kampfunfähig gemacht.
- Einheimische wie Zugewanderte fühlten sich zwar als Bewohner des Ordensstaates, sahen aber im Landesherrn, dem Orden, eine Art fremde Besatzungsmacht, die ihnen ihren Willen aufzwang, mit der man aber wenig gemein hatte.
- Die humanen und sozialen Leistungen des Ordens wurden von der Bevölkerung als selbstverständlich entgegengenommen, aber weder als Errungenschaft noch als verteidigenswert anerkannt.
- Der Wunsch und Wille zum Mitregieren war allmächtig geworden, und da der Orden das weder gestatten konnte noch wollte, war die Bereitschaft zum Abfall viel ausgeprägter als in Staaten mit weit schlechteren Lebensbedingungen.
- Bereits vor der Schlacht von Tannenberg zeigte sich, daß es für einen Mönchsritterorden unmöglich war, gleichzeitig einen eigenen Staat zu leiten und dabei an seinen Ordensregeln und seinem Ordensleben festzuhalten.
- Die starren inneren Regeln verhinderten die dringendsten Reformen, auch im Falle äußerster Not.
- Mit der abgeschlossenen Christianisierung in Osteuropa hatte sich der Orden historisch überlebt und verfügte über keine natürlichen Verbündeten mehr, sondern bestenfalls über besorgte Nachbarn.

Was von nun an kam, war der langsame, aber unaufhaltsame Niedergang des Ordensstaates. Zunächst mußte der Hochmeister, um die eigenen Kriegslasten und die Entschädigung an die Polen-Litauer abtragen zu können, der Bevölkerung bisher unübliche Lasten auferlegen, während er deren Wunsch nach Mitsprache selbst in Anfängen weiterhin nicht nachkam. Das entfachte die inneren Spannungen zusätzlich. Der Retter des Ordens, Heinrich von Plauen, versuchte jetzt, die Staatsidee über die des Ordens zu stellen und Reformen einzuleiten. Die Stände sollten an der Regierung im begrenzten Umfange teilhaben. Das bekam ihm nicht. Der eifersüchtig auf seine Privilegien pochende hohe Klerus setzte ihn in einem Staatsstreich ab und kerkerte ihn jahrelang ein. So dankte der Orden dem Retter seines Staates. Danach gab es keine Reformen mehr.

Damit das letztliche Scheitern des Ordens – vor allem von innen heraus – verständlich wird, soll versucht werden, hier auf einige Widersprüche einzugehen, die der Orden bei aller Progressivität und trotz der zugespitzten Situation nach der Schlacht bei Tannenberg nicht lösen konnte:

1. *Das Statut des Ordens und seine Regeln wurden für einen Orden, nicht aber für einen Staat aufgestellt. Für einen Orden, der nur Klöster, Domänen und Burgen besitzt und verwaltet, waren die Regeln ausreichend, die Ausgewogenheit von Rechten und Pflichten vorbildlich. Für einen Orden, der einen Staat besitzt, reichten sie offenbar nicht aus, um die Interessenvielfalt auszugleichen. Eine Ordensburg oder ein Kloster kann von einer Zentrale – dem Orden – gelenkt werden. Bei einem Staat müssen sich früher oder später Interessenkonflikte zwischen Orden und Ständen und danach weitergehende zwischen Orden und Städten, Orden und Bauern, Orden und Rittern, Orden und Kaufleuten ergeben. Innerhalb der starren Ordensregeln waren die nur schwer zu lösen. Die Widersprüche wurden um so größer, je blühender sich das Land entwickelt hatte. Der Widerspruch zwischen dem autoritär geführten Orden und dem seiner Zeit weit vorauseilenden Gemeinwesen mußten zwangsläufig zum*

Scheitern des Ordensstaates führen. Verschärft wurden die Widersprüche noch durch die polnische Adelsdemokratie, nach der die Ritter und Grundherren des Ordensstaates begehrlich schielten und die Polen ihnen geschickt präsentierte.

2. *Die wichtigste Ordensregel, der Kampf gegen die Heiden, war von der Kurie immer wieder und ohne Rücksicht auf die politische Lage des Ordensstaates angemahnt worden. Sie hatte das Primat über die Außenpolitik des Ordens. Der Kurie war der Ordensstaat weniger wichtig als sein Christenheer im Kampf gegen die Heiden. Frieden aber war das wichtigste Erfordernis für den inneren Aufbau des jungen Staates; nicht die ununterbrochene, kriegerische Christianisierung. Die Kurie sah im Ordensstaat fast ausschließlich eine Grundlage für dessen Kampfbereitschaft. Die Stände und Städte, die Bauern und Ritter interessierte die Christianisierung der Nachbarn nicht. Sie wollten Mitsprache im Staat – das aber ließen die Ordensregeln nicht zu.*
3. *Der Orden verstand seinen Staat als seinen privaten Besitz, den er wie eine Domäne verwalten wollte. In der Aufbauphase war das von Vorteil, da der Orden Privilegien und Land nach eigenem Ermessen und Interessen einsetzen konnte. Mit dem Erstarken der Stände entwickelten sich zuerst wirtschaftliche, dann auch politische Eigeninteressen, die nur durch weitgehende Reformen hätten gelöst werden können. Das konnte und wollte der Orden nicht, und das wiederum führte ihn nach und nach in die Isolation und die Stände in die Opposition bis zum Landesverrat.*
4. *Der Orden konnte sich nicht legitim selbst regenerieren (Zölibat). Daher gab es keine Erbfolge, kein Herrscherhaus, keine Feste, keine eleganten Damen, sondern wechselnde Hochmeister ohne hohen Bekanntheitsgrad und ohne Bindungen an Häuser oder Personen. Das Leben war gut, aber langweilig. Das Prinzip der Anonymität der Leistungen innerhalb des Ordens verhinderte, daß die*

großen Gebietiger und ihre persönlichen Leistungen bekannt wurden. Eingesetzt als Krönung einer langen Laufbahn im Orden erreichten sie die Führungsspitze in der Regel erst im hohen Alter und wechselten, bevor sie richtig bekannt waren. Abgeschieden in der riesigen Marienburg residierend, umgaben sie sich ungewollt mit der Aura des Göttlichen, des alles Wissenden und Könnenden. Das gefiel der Volksseele nicht.

5. *Die Kurie unterwarf den Orden der Gehorsamspflicht. Sie verfolgte die militärischen, wirtschaftlichen Erfolge des Ordens mit wachsendem Unbehagen. Der Gehorsam gegenüber der weit entfernten, stets mißtrauischen Kurie führte dazu, daß der Ordensstaat nicht als Staat behandelt, sondern anderen Orden, die der Kurie ebenfalls zugeordnet waren, gleichgesetzt wurde. Sein Reichtum weckte die Begehrlichkeit des Heiligen Stuhls. Die Päpste und ihre Subalternen entwickelten immer neue Pläne, um den Orden zu schröpfen. Mit Drohungen, Versprechungen, Kleinkriegen, Bündnissen, königlichen Geschenken und auch mit Verhandlungsgeschick taktierte der Orden zwischen den unterschiedlichen Interessen der Kurie, dem Kaiser, dem König von Böhmen und seinen übrigen Nachbarn.*
6. *Die Kurie verwickelte den Orden in zahllose Prozesse, beispielsweise wegen Danzig und Pommerellen, die Jahre dauerten und Unsummen verschlangen. Der Orden richtete, um Abstimmungen zu erleichtern, den ersten Prokurator, Botschafter, bei der Kurie ein. Der Heilige Stuhl »erpreßte« Geld vom Orden in ungeheuren Dimensionen. Auch der Böhmerkönig Johann ließ sich bei Vermittlungen gut »löhnen«. Der finanzielle Aderlaß von allen Seiten schröpfte den Orden letztlich so, daß er innenpolitisch seine Basis verlor.*

   Ab 1245 bis 1394 – also fast 150 Jahre lang – führte der Orden mit den Bischöfen von Riga erbitterte Zuständigkeitskämpfe, weil die Kurie den Erzbischof von Riga zum Oberherren des Ordens in Livland gemacht hatte, was der

Bulle des Papstes Honorius III. vom 15. Dezember 1220 ebenso widersprach wie der selbständige Einsatz von vier Bischöfen innerhalb des Ordensstaates.
Das Prinzip »teile und herrsche« wurde durch die Kurie dem Orden gegenüber oft und gern angewandt. Nachdem Litauen nicht durch den Orden, sondern durch Polen christianisiert worden war, verlor der Orden auch an politischem Gewicht.

7. *Bereits 1257 erteilte Papst Alexander IV. dem Orden das Privileg, Handel zu treiben, was dieser erst nach und nach wahrnahm. Schließlich setzte er aber je einen Großschäffer in Königsberg und Marienburg ein, die die Handelsinteressen des Ordens koordinierten. Damit kollidierte er mit den Interessen der Hansestädte genauso wie mit denen der Kaufleute und Stände.*
Handwerk und Gewerbe entwickelten sich in hohem Tempo, Ritter, freie Bauern, Kaufleute u. a. wollten ihre Interessen vertreten. Das aber war mit den Ordensregeln unvereinbar. Die Stände durften zwar in regelmäßigen Zusammenkünften mitreden, nicht aber mitbestimmen. Das setzte den Orden langsam, aber immer mehr in einen Gegensatz zu seinem Staatsvolk, bis der Punkt erreicht war, an dem es ihn, den Orden, nicht mehr tragen wollte.

Es gab also keine Reformen im Ordensstaat, und das Schicksal nahm seinen Lauf. Verhängnisvoll für das Selbstverständnis des Ordens war eine zunächst nicht besonders beachtete Klausel im Friedensvertrag von Melnosee, der die Friedenspflicht auf die Bevölkerung aller Staaten ausdehnte. Im Ordensstaat sicherte diese Formulierung den Ständen etwas zu, was ihnen der Orden bisher immer verweigert hatte – das Mitspracherecht in Kriegs- und Friedensangelegenheiten. Das war eine Zeitbombe für den inneren Frieden im Ordensstaat, und beide Seiten wußten es.

Der Orden hatte immer eine vorbildliche Finanzverwaltung und einen geordneten Haushalt vorweisen können. Seine Finanzkraft hatte ihn im Streit mit Nachbarn, der Kurie oder dem Kaiser oft mehr geholfen als seine auch beachtlichen militärischen Möglichkeiten. Die ungeheuren Reparationen an Polen, die Notwendigkeit, Söldner anzumieten, der Zwang, das verwüstete Land nach den größeren und kleineren Kriegen immer wieder aufzubauen, brachte ihn erstmalig in finanzielle Nöte. Die polnische Seite verfolgte eine außerordentlich geschickte Taktik: Sie hatte sich nicht auf einen Entscheidungskrieg eingelassen, in dessen Folge sich vielleicht durch die gemeinsame Not die Gegensätze im Ordensstaat ausgeglichen hätten, sondern begann, den Orden finanziell auszubluten und ihn so von innen heraus durch das Schüren der Gegensätze zu zerstören. Der Plan ging nach und nach auf.

Überall in Europa waren die Städte inzwischen zu Machtfaktoren geworden. Nur dort, wo sie die größte Förderung genossen hatten, im Ordensstaat, kam es zu keiner Verständigung zwischen Ständen und Orden und zu keiner Beteiligung an der Macht. Auch innerhalb des Ordens brodelte es. Aus dem süddeutschen Raum stammende, jüngere Ordensbrüder fühlten sich mit den ständischen Ideen verbunden. Sie akzeptierten die Haltung des Ordens nicht und opponierten dagegen. Es kam zu Spaltungen und Gruppenbildungen. Der Orden wurde dadurch schwächer und inkompetenter in der Staatsführung.

1440 wurde der Preußische Bund gegründet. Seine Reformwünsche richteten sich bald gegen die Interessen des Ordens.

Im Jahre 1440 schlossen sich unter Führung der Stadt Thorn Städte und Teile des Adels zum Preußischen Bund zusammen. Dieser Bund hatte zunächst Reformen auf seine Fahnen geschrieben. Da er aber keine Veränderung gemeinsam mit dem Orden erreichen konnte, geriet er – von Polen zuerst heimlich, dann offen unterstützt – in einen Gegensatz zu ihm. Kaiser und Papst verboten zwar den Preußischen Bund und seine politische Betätigung gegen den Orden, doch es fehlte beiden, wie dem Orden auch, an Macht, ihre Position durchzusetzen. Daß Polen die Chance nutzte und den Preußischen Bund mit Versprechungen, Geld und Waffen unterstützte, war nicht anders zu erwarten.

1454 begann der offene Aufstand des Preußischen Bundes gegen den Orden, unterstützt von Polen.

Der offene Aufstand begann 1454 und währte dreizehn Jahre. Söldnerheere stürzten das Land ins Chaos. Blieb die Löhnung aus, plünderten sie. Der Orden verlor nach und nach Städte und Burgen. Ein großer Sieg in einer Feldschlacht bei Konitz brachte keine Wende. Die Bürger von Thorn, Elbing und Danzig schliffen die Befestigungsanlagen der Ordensburgen, weil sie keine Zwingburgen neben sich dulden wollten.

Der Orden verspielte die historische Chance, die ihm Heinrich von Plauen durch sein beherztes Handeln 1410 noch einmal eröffnet hatte, in wiederum fünfzig tatenlos verbrachten Jahren. Ordnung wurde zum Chaos, Sitten gerieten in Verfall, die in der Ordenshierarchie sitzenden Gebietiger suchten Beschwichtigung, wo mannhaftes Handeln geboten gewesen wäre. Die Macht des Ordens zerfiel wie seine Finanzkraft. Er war schon nicht mehr Herr im eigenen Land. Polen mischte immer offener die Karten und nutzte die Schwäche des Ordens aus.

Als die Söldner des Ordens, die die Marienburg bewachen sollten, einige Zeit keine Löhnung erhielten, übergaben sie das Herz des Ordens, die stolze Burg, 1457 dem polnischen König, der ihnen dafür den ausstehenden Sold zahlte. Der Hochmeister Ludwig von Erlichshausen mußte die Marienburg bei Nacht und Nebel, unter unwürdigsten Umständen verlassen. Er kam auf Umwegen bis Königsberg. Die Stadt, die als eine der wenigen dem Orden die Treue gehalten hatte, wurde ab 1457 Sitz des Hochmeisters. Die verräterischen Söldner wurden nicht bestraft.

Die Stadt Marienburg allerdings öffnete sich dem Preußischen Bund nicht. Sie verteidigte sich nach Kräften, mußte aber 1460 vor den Danziger Bürgerheeren kapitulieren.

Der »Preußische Bund« führte bereits vor Ausbruch des offenen Aufstands mit dem Polenkönig Kasimir IV. Andreas »landesverräterische Geheimverhandlungen«, in denen beide eine mögliche Schutzherrschaft Polens über Preußen im Falle einer Vertreibung des Ordens besprachen. Der König aber war zunächst klug genug, sich nicht in die inneren Streitigkeiten einzumischen, sparte so Geld und Soldaten und blieb als starker Dritter handlungsfähig. Begünstigt durch den Verfall des Ordens und die verräterische Politik des Preußischen Bundes wurde Polen immer stärker. Schließlich handelte Kasimir IV. Andreas doch.

Mit dem »Inkorporationsprivileg« vom 6. März 1454 unterstellte er in einem einseitigen Akt Preußen der polnischen Lehenshoheit. In weiterer Folge war der Rechtsstatus Ostpreußens nicht mehr einheitlich. Das war diesmal ein eklatanter Rechtsbruch von polnischer Seite. Polen konnte sich dadurch zwar für eine längere Zeit Vorteile verschaffen, das Verhältnis zum Ordensstaat und seinen Rechtsnachfolgern wurde aber furchtbar belastet.

Der polnische König unterstellte in einem einseitigen Akt Preußen der polnischen Lehnshoheit.

Im zweiten Thorner Frieden von 1466 wurden das Kulmerland, Pommerellen und die Gebiete um Elbing und Marienburg sowie das Bistum Ermland autonome preußische Gebiete unter der polnischen Krone. Danzig wurde ein freier Staat mit privilegierten Sonderrechten, aber eng mit Polen verbunden. De facto war das eine Teilung des Ordensstaates. Polen hatte sein Ziel, den freien Zugang zur Ostsee, erreicht – aber um den Preis, den Friedensvertrags von Kalisch zu brechen. Ein hoher Preis, wie sich noch zeigen sollte.

Das übrige Ostpreußen mit der Hauptstadt Königsberg verblieb beim Orden, doch mußte der Hochmeister bei seinem Amtsantritt vor dem polnischen König den Treueid ablegen. Das aber bedeutete de facto die Lehenshoheit Polens – eine einseitige, durch Polen vorgenommene Änderung des Thorner Vertrages. Die Trennung der Landesteile lastete schwer auf der Wirtschaft, wirkte sich aber auf das preußische Volk eher stabilisierend aus.

Auch im Falle Preußens zeigte sich, daß Völker und Staaten von außen erobert und geteilt werden können. Die Existenz eines Volkes wird jedoch selten von außen gefährdet, solange sie im Inneren nicht zerbricht. Polen sollte dafür wenige Generationen später ein noch überzeugenderes Beispiel liefern.

Der »Preußische Bund« hatte Gruppeninteressen über Landesinteressen gestellt, als er den polnischen König zum Handeln nötigte. Es war nicht der erste Fall in der Geschichte, in dem nicht autorisierte Gruppen ausländische Mächte zur Hilfe gegen die eigene Regierung riefen. Aber es ist der vielleicht erste, wo diesem Hilferuf ein politisches Motiv unterlegt wurde. Der vorläufig letzte ist noch besser bekannt. Es war der »Hilferuf« nicht autorisierter tschechischer Provokateure, der 1968 den Einmarsch der Warschauer Vertragsstaaten in das Land und das Ende des Prager Frühling zur Folge hatte.

Gegenüber Polen hatte es zuvor und hat es auch später ähnliche und schlimmere Rechtsbrüche von preußischer Seite aus gegeben. Jeder von ihnen sollte folgenreich sein, so wie sich auch jetzt der fragwürdige Erwerb Pommerellens für den Orden rächte.

Zunächst versuchte der Orden, sich mit der veränderten Lage im kleiner gewordene Land abzufinden, es regierbar und stabil zu halten und ein neues Selbstverständnis zu gewinnen. Die Menschenverluste infolge der Kriege mußten ausgeglichen werden. Da aus Deutschland keine Einwanderer mehr zu bekommen waren, öffnete der Orden sein Land für Polen und Litauer sowie für Verfolgte aus anderen Ländern. Der Ordensstaat wurde zum klassischen Einwanderungsland. Er gewährte Asyl und lieferte grundsätzlich niemanden aus.

Der Ordensstaat wurde zum klassischen Einwanderungsland.

Und wieder gelang das Unglaubliche. Die neuen Einwanderer, obgleich verschiedensprachig, nahmen die größere Freiheit im Ordensstaat an und wurden Preußen. Ihre Herkunft spielte vielleicht noch in der ersten Generation, danach aber keine Rolle mehr.

In dem kleinen Land wurden zeitweilig vier Sprachen gesprochen: Deutsch, litauisch, preußisch und polnisch. Später kamen zeitweilig noch französisch und tschechisch dazu, die sich aber nicht dauerhaft durchsetzen konnten. Deutsch blieb trotz alledem die dominante Sprache.

Zu keinem Zeitpunkt gab es in Preußen nationalistische Auseinandersetzungen unter den Bevölkerungsgruppen, weil alle als Preußen denken und leben lernten.

Natürlich versuchte der Orden, seine Selbständigkeit zurückzuerlangen und scheute auch abenteuerliche Methoden nicht. Im sogenannten »Pfaffenkrieg«, bei dem sich der Orden unter dem Hochmeister Truchses von Wetzhausen mit dem König Corvinus von Ungarn gegen Polen verbündete, ging es nur darum, wer den neuen Bischof von Ermland einsetzen durfte: das Domkapitel oder der Polenkönig. Als sich die beiden Parteien schließlich einigten, wurde der Krieg abgebrochen. Zwar blieb der vom Domkapitel eingesetzte Bischof, Nicolaus von Tüngen, im Amt und Polen zog seinen Kandidaten zurück, aber das Ermland war verwüstet.

Der Orden, durch die polnischen Reparationsforderungen und durch den Verlust seiner reichsten Besitzungen in eine furchtbare Geldnot geraten, verlor nun auch noch die Unterstützung des Reiches und die Hilfe der Kurie. Umsonst ist der Tod. Der Orden kämpfte, doch er war unfähig, eine tragfähige Konzeption zu erarbeiten, weil er die überlebten Ordensregeln nicht abstreifen konnte. Er war zu schwach, um durch einen siegreichen Krieg seine Position dauerhaft zu verbessern, und er war nicht kompromißfähig genug, um die Stände voll auf seine Seite ziehen oder gegeneinander ausspielen zu können. Andererseits gelang es auch Polen nicht, den Status quo in der Region zu seinen Gunsten grundlegend zu ändern.

Weder Polen noch dem Ordensstaat gelang es, den status quo zu verändern.

Es ist fast schicksalhaft zu nennen, daß der Ordensstaat und Polen an der gleichen Krankheit zugrunde gehen sollten, an der Unfähigkeit der Herrschenden zu Reformen und den immer maßloser werdenden Forderungen der eigenen Bürger. Nur verlief alles zeitlich versetzt.

Fremde im eigenen Land. Der vom Orden gegründete Staat war seine eigene, des Ordens Schöpfung. Die in ihm lebenden Menschen, gleich ob Pruzzen, Deutsche, Polen oder Litauer, wurden alle zusammen Preußen. Nicht zufällig, sondern geplant, gewollt, gefördert. Sie wurden es, weil der Orden es so wollte. Er hatte das Land nicht nur erobert und kolonisiert, sondern den in ihm wohnenden wie zugewanderten Menschen Rechte, Sicherheiten, Land, Arbeit, soziale Geborgenheit und Eigentum gegeben.

Ihre Rechtssicherheit war größer als die ihrer Landsleute im Mutterland jenseits der Grenze, ihr Wohlstand höher. Ganz gleich, ob es sich um Deutsche, Polen oder Litauer handelte.

Nur eines gab der Orden nicht: Niemand durfte an der Macht teilhaben, niemand die Landesgeschicke mitbestimmen. So kehrte sich alles um. Recht und Sicherheit wurden zur empfundenen Gnade, relativer wie absoluter Wohlstand zur Selbstverständlichkeit, soziale Gerechtigkeit zu nichts besonderem, Land und Arbeit mehr als Plage, denn als Segen empfunden.

Die polnische Adelsdemokratie erschien dem neuen Preußenadel attraktiver zu sein als das starre System des Ordensstaates.

Deshalb gab es Verrat am Orden, Versuche, sich unter den Schutz des Nachbarn zu stellen. Die nach außen glitzernde polnische Adelsdemokratie erschien dem neuen Preußenadel erstrebenswerter als das Gebot zur Arbeit und zum Beten im eigenen Staat. Das erst im Entstehen begriffene Chaos des Nachbarn zog mehr an, der vormundschaftliche Staat stieß ab. Einen wirklich bewußten, ernsthaften Versuch, den Staat von innen heraus zugunsten Dritter zu zerstören, gab es trotzdem nicht. Versuche, die ungeliebte Ordensherrschaft abzuschütteln, zu lockern, zu ändern, viele. Das scheint zunächst ein Phänomen zu sein.

Es war dem Orden nicht dauerhaft gelungen, sich selbst in dieses von ihm geschaffene einmalige Werk »Kunstvolk« zu integrieren. Der Orden blieb ein Fremder im eigenen Staat. Es gab in vielen europäischen Völkern, so in Rußland, Polen, England, Rumänien, Schweden oder Spanien, fremde, nicht aus dem eigenen Volk stammende Herrscherhäuser. Sie kamen keineswegs immer durch Wahl oder Heirat, sondern auch infolge von Eroberungen an die Macht und wurden trotzdem angenommen. Ludwig XIV. von Frankreich zum Beispiel gründete das Haus Bourbon in Spanien. Es wurde angenommen und gehalten, weil die spanischen Bourbonen sofort Spanier wurden und nicht Statthalter Ludwigs XIV. und seiner Nachfolger. Napoleons Brüder und Marschälle wurden alle mit ihm selbst verjagt, weil sie sich Könige nannten, aber Statthalter sein sollten und es auch geblieben waren. Nicht ein einziger seiner »Scheinkönige« überlebte Napoleons Sturz.

Der Orden versuchte, einen dritten Weg zu gehen. Er vertrat niemals fremde, nur seine eigenen Interessen. Doch er war immer – einmal mehr, einmal weniger – Instrument der Kurie und mußte sich ihr unterordnen. Er wollte ein Volk für seine Bedürfnisse schaffen, das seine Gesetze, seine Normen, seine Bräuche achtete und keinen Wunsch zur Gestaltung der eigenen Geschicke verspürte. Einen gehorsamen Mönchsstaat. Der Orden wollte ein Volk, dem es gut gehen und das gerecht regiert werden sollte, das aber fügsam alle Gaben der abgehobenen Herrscher entgegenzunehmen hatte. Vermehren durfte es sich – aber sonst erwartete der Orden Demut und Zustimmung. Vielleicht verdankt die Welt dem Orden die Erkenntnis, daß man Völker zwar vermischen kann und daraus neue Sitten, Gebräuche, Kulturen entstehen, daß die aber nicht automatisch der eigenen Wunschvorstellung entsprechen werden. Da ist es gleichgültig, ob dieser Orden einen Staat zu Ehren seines unsichtbaren Gottes oder spätere Weltverbesserer einen Staat mit einer utopischen, der menschlichen Natur nicht gerecht werdenden Vision ins Leben riefen.

Der Orden blieb immer ein Instrument der Kurie und konnte sich von deren Interessen nicht lösen.

Beide brauchten dazu – außer sich selbst und ihrer Organisation, wie klug sie auch aufgebaut und wie hehr ihre Theorie auch sein mochte – einen »neuen Menschen«. Den aber zu schaffen, gelang noch niemanden. Was für ein Glück!

Die Hauptschwäche des Ordens war seine Unfähigkeit, sich selbst zu reproduzieren. Alle bedeutenden und unbestrittenen wirtschaftlichen, rechtlichen, kulturellen und vor allem sozialen Leistungen hoben diese eine nicht auf.

Alle Zentralstaaten Europas entstanden nahezu ausnahmslos durch die Bindung der Stämme des späteren Staatsvolkes an ein Fürstengeschlecht. Dieses mußte sich durch

Kampf, Rücksichtslosigkeit und politische Klugheit über Generationen hinweg gegenüber seinen natürlichen Konkurrenten durchsetzen. Das gelang, wenn das Haus sich selbst als kleinster gemeinsamer Nenner verstand und das unterschiedliche Bedürfnis nach Schutz, Sicherheit, Entfaltung von Macht und Wirtschaft der Adelshäuser, der Stände wie des Volkes als Ganzes garantierte. So entstanden zwischen dem Fürstenhaus, das regierte, und dem Volk teils ideell, teils materiell begründete Gemeinsamkeiten.

Die Hochmeister besaßen Macht und Reichtum wie alle Fürsten. Aber beides gehörte ihnen nicht persönlich, sondern dem Orden.

Siege und Niederlagen in Kriegen, Heirat, Gnadenerweise, Privilegien und anderes schufen feste und festere Bindungen. Schließlich erkannte die Mehrheit, daß es von Vorteil sei, in einem starken Staat unter der Herrschaft eines starken Fürsten zu leben, was letztlich wieder die eigene Existenz und Sicherheit garantierte. Das alles können wir als absolute Herrschaft unter dem dafür geschaffenen und von Interessierten anerkannten Begriff des »Gottesgnadentums« der Zentralgewalt zusammenfassen.

Im Ordensstaat war alles anders. Die Hochmeister waren keine Herrscher von »Gottes Gnaden«. Auch dann nicht, als sie sich gegen Ende so nannten. Sie erbten die Macht genauso wenig wie die »großen Gebietiger« innerhalb des Ordens. Sie wurden gewählt, oft im hohen Alter und schon aus biologischen Gründen für kurze Zeit. Sie waren – von Ausnahmen abgesehen – im Ordensstaat mit niemandem verwandt oder verschwägert. Das traf für die großen Gebietiger genauso zu wie für alle anderen in der Ordenshierarchie auch.

Das Zölibat garantierte dem Orden, daß sich die Ritterpriester und Priestermönche voll auf ihre Aufgabe im Orden konzentrierten und sicherte ihm mit hoher Wahrscheinlichkeit – und das dürfte wohl der wirtschaftliche Hauptgrund für das Zölibat gewesen sein – die persönliche Hinterlassenschaft nach dem Ableben des Ordensmitgliedes zu.

Der Hochmeister war eher mit mehr Macht und Reichtum ausgestattet als weltliche Könige. Aber es war eine kurzzeitig begrenzte Macht und ein Reichtum, den er mehren und nicht persönlich verschleudern durfte. Zumindest dafür gab es ein kontrollierendes Gremium. Königs- und Adelshäuser haben immer in Generationen gedacht, jeder verstand sich als Glied einer möglichst unendlichen Kette. Davon unterschied sich auch der Orden nicht, nur hatte jedes Kettenglied seine eigene Form.

Königsberg (Kaliningrad). Der Dom wurde Ende des 14. Jahrhunderts vollendet. Er war Sitz der Bischöfe von Samland. Die ungleichen Türme sind Ergebnis des verheerenden Brandes von 1544.
Heute schrittweiser, wenn auch schleppender Wiederaufbau des 1945 verletzten Gebäudes.

Der Hochmeister war außerhalb der Ordenshierarchie im Volk fast unbekannt. Kaum jemand hätte seinen Namen nennen können. Die großen Gebietiger – mit weit mehr Macht ausgestattet als Minister an europäischen Fürstenhöfen – kannten nur wenige; im Volk niemand. Es gab keinen Pomp, keine Bälle, keine Turniere. Frauen fehlten vollständig und mit ihnen entscheidende Triebkräfte und Identifikationspersonen für das Volk. Die Komture (Landräte) wechselten schnell, weil sie alt zur Macht gelangten. Bevor ihr Name bekannt war, starben sie in der Regel. Hinzu kam, daß der Orden größten Wert auf die Anonymität von Leistungen legte. Alles war der Orden, der Einzelne war nichts. Das verstand das Volk nicht. Es wollte Herren oder Könige zum Lieben oder zum Hassen. Auf alle Fälle konkrete, anfaßbare, feiernde, gerechte und ungerechte Herren. Mit einem anonymen Gott konnte man leben, mit einem anonymen Herrscherhaus nicht.

Mit einem anonymen Gott konnten die Preußen leben, mit anonymen Herrschern nicht.

Der erbärmlichste polnische Schlachtschitz hatte in seinem ärmlichen Dorf seine Parteigänger, die das winzige »Bessergestelltsein« gegenüber den noch mehr Geschundenen mit Klauen und Zähnen verteidigten, denn ihre, wenn auch noch so geringe »Besserstellung« hing von ihrem Pan und dessen Familie ab. Den kannte man und konnte sich auf ihn einstellen. Den Ordensherrn kannte man kaum. Vor ihm zu kriechen lohnte nicht, denn der eigene Besitz war relativ sicher. Geschenke außerhalb der Norm konnte keiner vergeben. Komture, Gebietiger, selbst der Hochmeister waren nicht Eigentümer, sondern Verwalter des Ordensbesitzes, und für dessen Nutzung gab es Regeln.

Mehr aus Klugheit als aus dem Zwang der Ordensverfassung heraus, beriet sich der Hochmeister mit den Ständen in unregelmäßigen Abständen. Aber daraus erwuchsen ihm keine Pflichten, keine Bindungen an Beschlüsse. Zwar handelte der Orden selten gegen die Interessen der Stände, diese hatten aber den Eindruck, daß er die ihren nicht vertrat. All das entfremdete die Ordensritter ihrem Volk. Letztlich führte es dazu, daß sie nicht als Gründer des Staates, sondern als dessen Okkupanten betrachtet wurden.

Als der Orden schließlich durch einen Staatsstreich entmachtet wurde, regte sich keine Hand zu seiner Verteidigung.

Das unaufhaltsame Ende. Die Mönchsritter brauchten neue Bündnispartner, ohne die starren Ordensregeln sichtbar verletzen zu müssen. So boten sie jungen Fürsten die Hochmeisterwürde ohne Ordenseintritt an. Die großen Gebietiger hofften, daraus die Kraft zu schöpfen, die sie benötigten, um sich von der polnischen Oberlehnsherrschaft zu befreien und vielleicht sogar die verlorenen Gebiete und Rechte zurückgewinnen zu können.

Der Orden beschleunigte seinen Untergang, als er jungen weltlichen Fürsten die Hochmeisterwürde anbot, ohne daß sie dem Orden beitreten mußten.

Es sollte anders kommen. Die nach Königsberg strömenden, nicht in der Tradition des Ordens aufgewachsenen jungen Fürstensöhne beschleunigten stattdessen den Untergang des Ordens. Sie brachten ihr Gefolge, ihre Mätressen und ihre eigenen Vorstellungen von der Welt nach Königsberg. Die Hochmeister nannten sich nun von »Gottes Gnaden«, ohne mehr als Wahlfürsten zu sein. An eine erbliche Herrscherwürde war dabei nicht gedacht.

Der erste fürstliche Hochmeister wurde 1498 Herzog Friedrich zu Sachsen-Meißen, ein Vetter Friedrichs des Weisen. Keineswegs zufällig, denn man setzte im Orden auf eine enge Bindung zum starken Herrscherhaus der Wettiner. Herzog Friedrich zu Sachsen-Meißen gelang es auf ungewöhnliche Weise, sich der Huldigung des polnischen Königs zu entziehen: Er erschien überhaupt nicht. Er betrat niemals preußischen Boden, vernachlässigte das Land, zog Geld ab, hielt in Sachsen Hof, begann aber in dem ihm anvertrauten Land mit umfassenden Reformen in der Verwaltung des Gerichtswesens und des Heeres. Im Jahre 1510 starb er. Er erfüllte die Erwartungen des Ordens überhaupt nicht. Tragisch für den Orden, tragisch aber auch für Sachsen und Polen, wie sich bald zeigen sollte.

Ihm folgte der 21 Jahre alte Albrecht von Brandenburg-Ansbach, einer Nebenlinie der preußisch-deutschen Hohenzollern aus Franken. Und nun, fast kann man es als eine Ironie der Geschichte bezeichnen, trat tatsächlich die Wende im Ordensstaat ein, aber anders als der Orden sie erwartet hatte. Zwei wichtige Einflußfaktoren wirkten auf den jungen

Albrecht, die nur in dieser Zeit zu schicksalhafter Bedeutung werden konnten.

Sein Onkel war der polnische König Sigismund. Er selbst hatte in Nürnberg den protestantischen Prediger Osiander kennengelernt und war für die Ideen der Reformation entbrannt. Am 31. Oktober 1517 hatte Luther durch seinen Thesenanschlag zu Wittenberg Europa in Aufruhr versetzt. Besonders das erzkatholische Polen. Albrecht versuchte, die instabile Situation für sich zu nutzen und militärisch vorzugehen, aber er war schlecht vorbereitet. Am 1. Januar 1520 begann er den letzten Krieg des Ordens – den Reiterkrieg. Albrecht überrumpelte Braunsberg und verwüstete das Ermland. Aber die reichen Städte unterstützten ihn nicht, Elbing finanzierte sogar den polnischen König. Als der Krieg bereits 1521 eine ungünstige Wende zu nehmen drohte, willigte Albrecht in einen vierjährigen Waffenstillstand ein.

Marienburg (Malbork). Denkmal Albrecht von Brandenburg-Ansbachs, des letzten Hochmeisters des deutschen Ritterordens (1511-1525), der das Land reformierte und dann als weltlicher Herzog regierte (1525-1568). Er ist der Begründer der evangelischen Kirche Ostpreußens und der Königsberger Universität.

Polen konnte den Krieg auch nicht gewinnen. Zwei neue Hexenkessel hatten in Europa immer unberechenbarer zu brodeln begonnen und forderten die volle Aufmerksamkeit des polnischen Königs Sigismund. Der eine war die Reformation. Der andere die in ganz Mitteleuropa aufflammenden oder schwelenden Bauernunruhen. Sie konnten zu jeder Zeit in einen offenen Aufstand ausbrechen und sofort auf Polen übergreifen. Der Ordensstaat hatte diese Befürchtung nicht. Die Lage der ostpreußischen Bauern war immer noch leichter als die ihrer Standesgenossen anderswo in Europa.

Albrecht nutzte den Waffenstillstand für eine Reise nach Deutschland. Bündnispartner fand er dort keine. Alle sahen die gleichen Gefahren und Möglichkeiten, die auch der Polenkönig sah. Niemand wollte einen Krieg um den fernen Ordensstaat. Niemand war bereit, Truppen nach Polen zu schicken, wenn diese vielleicht in Kürze in einem Glaubenskrieg gebraucht würden, bei dem es zu einer Neuaufteilung der Landkarte in Europa kommen könnte.

Ein heimlicher Besuch in Wittenberg und lange Gespräche mit Luther und wahrscheinlich auch Friedrich dem Weisen ließ ihn die einmalige Lage und seine Chance erkennen. Albrecht trat zum Protestantismus über. Ziel: Mit Hilfe des Religionswechsels den Ordensstaat in ein erbliches Herzogtum umzuwandeln. Genau das geschah, und genau das war ein Staatsstreich gegen den Orden. Später schrieb Martin Luther in seiner Schrift »An die Herren Deutschen Ordens ...« sinngemäß, daß er Herzog Albrecht zur Schaffung eines weltlichen Herzogtums und zur Auflösung des Ordens geraten

Königsberg (Kaliningrad). Aus der Zeit der Reformation Ostpreußens stammt diese deutschsprachige Bibel. Sie befindet sich heute in Privatbesitz.

hätte. Das hatte er bestimmt, und gekonnt hat er es nur durch die politische, militärische und vor allem finanzielle Macht seines Förderers, Friedrich des Weisen von Sachsen. Da war sie, die einmalige Situation, die es Albrecht gestattete, den Ordensstaat straflos in ein protestantisches Fürstentum umzuwandeln. Die Kurie starrte fassungslos auf die deutschen Fürsten, die sich von der Reformation angezogen fühlten. Polen, dessen Grenzen für freie Meinungen aus Böhmen und Sachsen offener waren als die aller übrigen europäischen Staaten, fürchtete die neue Lehre im eigenen Land mehr als alles andere. Was interessierte es da, wie die Preußen im Ordensstaat zu Gott beteten? Albrecht nutzte seine Stunde.

Er hielt den Waffenstillstand strikt ein. 1525 kam es zum Frieden in Krakau. Onkel und Neffe fanden einen Interessenausgleich. Albrecht erkannte den 2. Thorner Frieden, die

Teilung Preußens und die polnische Lehenshoheit an. Dafür erkannte König Sigismund seinen Neffen als erblichen Herzog in Preußen an und mit ihm zugleich die Reformation in seinem Herzogtum. Eindeutiger Verlierer war der Orden. Albrecht hatte mit Hilfe seines polnischen Onkels eine Art Staatsstreich gewagt und gewonnen. Sigismund wollte lediglich die Garantie, daß der Protestantismus nicht nach Polen exportiert würde. Die konnte Albrecht ehrlichen Herzens geben. Er hatte eigene Sorgen.

Sigismund, ein Erzkatholik, hatte die Interessen seines Landes über die der Kurie gestellt und die Glaubensbrüder im Orden allein gelassen. Vielleicht hoffte er auf Religionskonflikte in Preußen, die seinen Neffen lange zu einem friedlichen Nachbarn und Vasallen Polens machen mußten. Vielleicht wartete er auch nur auf eine günstige Situation. Jetzt konzentrierte er sich auf Polen und den Westen. Daß es der Religionswechsel war, der Ostpreußen eine neue eigene Identität geben und den polnischen Einfluß endgültig brechen würde, konnte niemand vorausahnen.

1525 wird durch einen Staatsstreich aus dem katholischen Ordensstaat ein weltliches, evangelisches Herzogtum.

Am 10. April des Jahres 1525 überreichte König Sigismund dem Herzog in Preußen vor dem Rathaus zu Krakau seine neue Fahne. Sie zeigte auf silbernem Feld einen schwarzen auffliegenden Adler. Er trug eine Krone und um den Hals ein »S« als Zeichen der Lehnsherrschaft. Die Grundfarben des Ordensstaates Schwarz-Weiß blieben unverändert.

Am 9. Mai 1525 zog der neue Herzog mit großem Gefolge in seine Hauptstadt Königsberg ein. Mit dem Übergang des Ordensstaates in ein weltliches Herzogtum wurde Preußen ein deutsches Territorial-Fürstentum, ohne zunächst staatsrechtlich Teil des Deutschen Reiches zu sein.

Wie weit der innere Zerfall des Ordens tatsächlich bereits fortgeschritten war, zeigte sich in den folgenden Wochen und Monaten. Immerhin hatte Herzog Albrecht in einem Staatsstreich den Ordensstaat mit Hilfe oder zumindest mit Duldung einer ausländischen, dem Orden gegenüber feindlichen Macht »privatisiert«. Mehr noch. Er entzog dem Orden die Glaubensbasis und »stahl« der Kurie – de facto wie de jure –

ein Land. Indem er zum Protestantismus übertrat und diese Religion im Land zur Staatsreligion erhob, beeinflußte er nicht unwesentlich das europäische Kräfteverhältnis.

Der Orden war nicht mehr das, was er noch zwei Generationen zuvor war. Die Schlüsselstellungen im Staat, traditionell von bewährten Ordensbrüdern nach einer langen Laufbahn im und für den Orden eingenommen, hatten bereits unter Friedrich von Sachsen seine weltlichen Räte und Freunde erhalten. Oft unter Mißachtung der Ordensregeln. Albrecht hatte noch weniger Rücksicht auf sie genommen. Er besaß eine kleine Basis, mehr nicht. Im Volk waren die Sympathien für den Protestantismus groß, und die mitgebrachten Herren im Gefolge Albrechts, in der Mehrzahl der neuen Glaubensrichtung gegenüber zumindest aufgeschlossen, folgten dem Fürsten. Albrecht privatisierte nicht nur den Staat in ein weltliches Herzogtum, er verlieh auch Grafschaften und Baronien, Güter und Ämter. Dem gegenüber besaß der Orden immerhin eines der stärksten stehenden Heere Europas. Er tat nichts, sah fassungslos zu. Die Ordensdisziplin wirkte nach. Recht war, was der Ordensführer tat, und das war formal wie rechtlich Herzog Albrecht. Vorbei waren die Zeiten, als ein Hochmeister, nur weil er über innere Reformen nachgedacht hatte, abgewählt und in den Kerker geworfen worden war! Jetzt führte Albrecht den Orden und das Volk völlig straffrei der Ketzerei zu. Das Ordensvermögen wurde privatisiert – und nichts geschah.

Herzog Albrecht privatisierte das Ordensland, verlieh Grafschaften und Baronien, Güter und Ämter.

Die Mehrzahl der Ordensbrüder, verunsichert durch die für sie nicht voll durchschaubare, sich in atemberaubendem Tempo vollziehende Entwicklung, im strikten Gehorsam erzogen, tauschte das Ordensgewand mit dem neuen Ehrenrock. Das fiel um so leichter, je größer das Geschenk des Herzogs ausfiel.

Eine Minderheit, die die Säkularisation nicht akzeptieren konnte, ging nach Deutschland. Kern war der Deutschmeisterorden. Sie nannten sich fortan Hoch- und Deutschmeister und versuchten noch einige Jahre ein Bündnis gegen den neuen Herzog Albrecht zu schmieden. Zwar wurde Albrecht auf dem Reichstag zu Speyer noch einmal mit der Reichsacht belegt, doch vergeblich.

Der Orden verabschiedete sich aus der Geschichte Ostpreußens mit Nörgeleien. Das weltliche Herzogtum war eine Tatsache geworden – wenn auch mit kleinen Schönheitsfehlern. Im § 7 des Vertrages zwischen König Sigismund von Polen, Herzog Albrecht und dessen mitbelehnten Brüdern aus der fränkischen Hohenzollernlinie war geregelt, daß das Herzogtum Preußen an Polen fiele, falls die männliche Erbfolge des Herzogs und seiner Agnaten ausstürbe.

Auf Grund dieses Paragraphen erhob Polen 1918 nach Abdankung des Hohenzollern Kaisers Ansprüche auf Ostpreußen.

Spielball der Mächte. Mit dem Vertrag zu Krakau waren 1525 gewichtige Entscheidungen gefallen:

Ostpreußen schied aus dem Deutschen Reichsverband aus und kehrte erst nach 342 Jahren, 1867, mit der Eingliederung in den Norddeutschen Bund, in diesen zurück.

Zugleich trat Ostpreußen für 132 Jahre in ein Lehnsverhältnis zu Polen, aus dem es erst 1657 mit dem Vertrag zu Wehlau wieder entlassen wurde.

Unabhängig von seinem Lehnsverhältnis zur polnischen Krone, blieb der Herzog deutscher Reichsfürst. Um die Erbfolge zu sichern, waren mit Albrecht alle seine männlichen Verwandten mitbelehnt worden.

Eine Union mit Polen, wie sie für Westpreußen im gleichen Jahr durchgesetzt wurde, ging Ostpreußen nicht ein.

Einschneidender als das Lehnsverhältnis zu Polen war die Einführung der Reformation in Ostpreußen. Zwar blieben dem Land die Bilderstürmereien durch das besonnene Verhalten der ostpreußischen Reformatoren, wohl auch aus Rücksicht auf die Befindlichkeiten des katholischen polnischen Nachbarn und Lehnsherrn, erspart – nur ein Kloster in Königsberg wurde erstürmt und geplündert –, aber einschneidend waren die Änderungen in der gesellschaftlichen Stellung der Kirche dennoch.

Die preußischen Bischöfe traten zum Luthertum über und verzichteten auf ihre Herrschaftsrechte. Die Klöster wurden säkularisiert, die bischöflichen Behörden durch evangelische

Konsistorien ersetzt. Der Kirchenbesitz wurde in Stiftungen umgewandelt.

Die großen Gebietiger stellten sich um. Sie wurden zu Oberräten und bildeten die Regierung des Herzogs, genannt die »Oberratsstube«.

In der Landesverwaltung konnte Herzog Albrecht zunächst auf die Ordensstrukturen zurückgreifen, die erst im Laufe von Jahren, je nach Bedarf, den neuen Bedingungen und Erfordernissen angepaßt wurden. Die großen Gebietiger wurden zu Oberräten – Landhofmeister, Oberburggraf, Kanzler, Obermarschall – und bildeten die Regierung des Herzogtums, genannt die »Oberratsstube«. Die Komtureien wurden zu Hauptämtern, und an ihre Spitze traten Amtshauptleute, vom Herzog bestellt.

Der Herzog besetzte alle wichtigen Positionen im Land durch mitgebrachte Adlige oder ihm treu Ergebene aus den Gebieten und baute sich damit das auf, was der Orden nie besaß: eine breite Machtbasis in der einheimischen Oberschicht. Zugleich beschritt er damit zu Beginn seiner Herrschaft sofort den verhängnisvollen Weg der Ständeregierung, aus der er sich nicht befreien konnte.

Es schien zunächst so, als steuere alles auf ein absolutes Herrscherhaus in Königsberg hin. Doch das war ein Irrtum. Nach und nach zeigte sich, daß Herzog Albrecht nicht der starke Mann war, der er anfangs zu sein schien und den Land und Zeit dringend benötigt hätten.

Der bis dahin schwache preußische Adel sah seine Stunde gekommen. Er widersetzte sich immer stärker der Vergabe von Ämtern und Privilegien an Zugereiste und beanspruchte sie für sich. Er unterlief die Säkularisation des Herzogs, indem er sich Kirchenbesitz mit Gewalt aneignete und so Stiftungen der Landesregierung entzog. Diese Übergriffe wurden geduldet. Da Herzog Albrecht den Anfängen nicht wehrte, verlor er Position um Position.

Die Macht ging von ihm mehr und mehr an den Adel über. Die »Landtage«, die bereits während der Ordensherrschaft eingeführt worden waren, bekamen eine immer größere Bedeutung. Sie wurden vom Adel dominiert. Die »Landräte« kamen mit Aufträgen ihrer Region zu den Landtagen und vertraten sie dort. Die übrigen Freien hatten eine Art Beschwerde- und Vorschlagsrecht, durften aber nicht mitentscheiden. Von den Städten konnte nur noch Königsberg Position beziehen.

Jetzt begannen die Verhältnisse des Oberlehnsherrn Polen stärker auf Ostpreußen durchzugreifen. Wie in Polen, wurde der Adel immer stärker gegenüber dem Landesherrn. Die Rechte der Bauern wurden immer mehr beschnitten. Der Herzog vermochte es nicht, die Städte als einen gewichtigen Gegenpol zum Adel aufzubauen. Ihr Mißtrauen war zu groß. Albrecht geriet dadurch mehr und mehr in die Abhängigkeit des Adels.

Nur in einem Punkt blieb Herzog Albrecht fest und unerbittlich. In der weitgehenden Religionsfreiheit. Er hielt die lutherischen Eiferer im Zaum und gestattete es auch Kalvinisten, Katholiken und Böhmischen Brüdern »nach ihrer jeweiligen Fasson selig zu werden«, und das 200 Jahre bevor der Größte aus seinem Geschlecht, der Philosoph auf dem Thron, diesen Satz als Kernstück der von ihm geförderten Aufklärung verkündete.

Dieser humane Protestantismus in Ostpreußen verhinderte, daß die Gegenreformation, die in Deutschland und Polen

Königsberg (Kaliningrad). Der historische Holzstich von 1863 zeigt die Universität von Königsberg. Deren neues Gebäude wurde von August Stüler, einem Schüler Schinkels, zwischen 1844 und 1861 erbaut.

immer brutaler, doch mit Erfolg agierte, die Landesgrenze zu Ostpreußen überschreiten konnte. Diese Religionsgrenze einigte Deutsche und Polen in Ostpreußen und zog eine unsichtbare Mauer zwischen den »evangelischen Preußen« in Ostpreußen und deren katholischen Brüdern und Schwestern im Süden Deutschlands, Polens und Litauens.

Mit dem Hofstaat des Herzogs bezogen erstmals offiziell Frauen die Ordensburgen.

Mit der Hofhaltung des neuen Herzogs zogen erstmals, zumindest offiziell, Frauen nicht nur in das Königsberger Schloß, sondern auch in die Ordensburgen ein und mit ihnen Dichtung, Musik und Malerei, Geselligkeit, Mode, Tanz und Schmuck. Damit entstanden neue Erwerbszweige, die die Wirtschaft belebten.

1544 gründete Albrecht die Königsberger Universität, die bis 1945 – fast auf den Tag 400 Jahre – seinen Namen »Albertina« trug. Sie sollte dem Land den eigenen Nachwuchs an Wissenschaftlern, Theologen und Lehrern liefern. Ihr erster Rektor – Georg Sabinus – war ein Schwiegersohn Melanchthons. Letzterer versprach sich von der Universität auch eine Ausstrahlung der neuen Lehre nach Osten. Diese Erwartung erfüllte sie nicht. Wohl aber bekam sie von Anfang an einen internationalen Charakter, der zum humanen und völkerverbindenden Anliegen wurde. An ihr lehrten und studierten Deutsche, Polen, Litauer, Esten, Russen, Skandinavier und später zunehmend Westeuropäer.

Als evangelische Hochschule gegründet, gestattete sie von Anfang an auch Angehörigen anderer Konfessionen den Zugang und wurde so eine Schule des Humanismus in einer wenig humanen Zeit.

Während in den bedeutenden Ländern Europas der Kampf der Zentralgewalt mit den Ständen nach und nach zugunsten der ersteren entschieden wurde, erstarkten im Herzogtum Preußen die Stände, bis sie schließlich den Sieg davontrugen, der mehr als andere den Namen Pyrrhussieg verdiente.

In seiner über 40jährigen Regierungszeit hatte Herzog Albrecht durch seine Persönlichkeit immer wieder ausgleichend wirken können, doch mit zunehmendem Alter zeigten sich Ermüdungserscheinungen. Mißgriffe bei Personalentscheidungen, der Einfluß seines Schwiegersohnes, Verrat durch Vertraute und das ständige Ausspielen des Herzogs gegen den Polenkönig durch die Ständevertretungen führten zum Verschleiß.

Mensguth (Dwerdschuti). Kirche aus dem Jahre 1324 und alter Friedhof.

Es war nicht die Liebe zu Polen oder zum Polenkönig, die vor allem den preußischen Adel Vorteil bei ihm suchen ließ, sondern glatter Egoismus. Der preußische Adel sah mit Mißgunst auf die »Freiheit« seiner Standesgenossen in Polen, ohne zu erkennen, daß es gerade die Zügellosigkeit der Adelsrepublik war, die alle anderen im Volk von jeder Machtbeteiligung ausschloß und die schließlich den polnischen Staat und damit auch die Freiheiten des polnischen Adels zerbrechen sollte.

Der preußische Adel liebäugelte noch immer mit einem Wahlkönigtum auf polnische Art.

Der preußische Adel wollte ebenso frei sein gegenüber dem Landesherrn und ebenso ungebremst Macht ausüben können gegenüber den Leibeigenen. Er wollte die Herzogskrone an den Meistbietenden verschachern, wie es kurze Zeit später im polnischen »Wahlkönigtum« entartete. Nur ein Zufall – die Regierungsunfähigkeit von Herzog Albrechts Sohn – rettete Preußen vor dem sich anbahnenden Chaos.

Der preußische Weg zum Absolutismus war für das Volk nicht mit Freiheiten und Privilegien gepflastert. Es setzte aber niemanden der Willkür eines Dorfadeligen aus, wie es tragischerweise in Polen während der Adelsrepublik üblich werden sollte. Einem absoluten Herrscher in Preußen standen im Nachbarland bald Zehntausende gegenüber – in jedem Dorf einer.

Zunächst aber sah der Adel mit wachsendem Mißtrauen auf den an Einfluß gewinnenden Schwiegersohn Albrechts, Johann Albrecht von Mecklenburg, der den Herzog in so manches außenpolitische Abenteuer verstrickte. Als der Mecklenburger dann sogar seinen Schwiegervater veranlaßte, 1555 das Testament zu seinen Gunsten und zu Lasten der brandenburgischen Hohenzollern zu ändern, kam es zum Eklat. Der Polenkönig setzte auf Anforderung der preußischen Stände in seiner Funktion als Lehnsherr einen hohen Kommissar ein, der den preußischen Landtag leitete. Der Adel sah seine Privilegien durch den herzoglichen Schwiegersohn bedroht. Also rief er den König von Polen zu Hilfe, und der entschloß sich, unter dem Druck des preußischen Adels, ein Exempel zu statuieren.

Schwiegersohn Johann Albrecht von Mecklenburg erhielt Landesverbot, drei Räte des Herzogs wurden enthauptet, der Herzog und seine Gemahlin waren schwersten Demütigungen unterworfen. Am 5. Oktober 1566 wurde durch die Kommissare eine neue Landesverfassung in Kraft gesetzt, die die Macht des Herzogs bis auf den Verbleib des Titels beschränkte. De facto war Preußen eine Adelsrepublik geworden. Einen ähnlichen Eingriff des Lehnsherrn in die herzogliche Regierung hatte es nie zuvor und auch nie mehr danach gegeben.

Die Stände hatten in ihrem Selbständigkeitswahn jedes Augenmaß und jedes Gespür verloren. Das »Kollegium der Oberräte« wurde die eigentliche Landesregierung. Alle höheren Ämter blieben fortan den Adligen vorbehalten, alle nicht lutherischen Amtsträger mußten gehen. Das Testament des Herzogs von 1555 wurde kassiert und durch ein neues vom 15.1.1567 ersetzt, das dem Adel weitere Rechte zusicherte.

Herzog Albrecht starb am 20. März 1568 in Tapiau als gebrochener Mann, seine Gemahlin am gleichen Tag. Nachfolger wurde sein geistesschwacher Sohn Albrecht Friedrich, der bis 1618 Herzog blieb, aber stets unter Vormundschaft stand. Zunächst wurden ihm von der »Oberratsstube« zwei Oberräte beigegeben.

Laut Krakauer Vertrag pochte Herzog Georg Friedrich auf seine Regierungsrechte in Preußen.

Das Chaos schien unaufhaltsam von Preußen Besitz zu ergreifen. Da trat wieder eine der jähen Wendungen seiner Geschichte ein. 7 Jahre nach der Entmachtung und fünf Jahre nach Herzog Albrechts Tod, die ostpreußischen Stände hatten sich gerade an ihre Machtfülle gewöhnt, traf am 9. November 1573 der Markgraf Georg Friedrich von Brandenburg-Ansbach-Jägerndorf in Königsberg ein und forderte – völlig unerwartet für das »Kollegium der Oberräte« – seine ihm aus der Mitbelehnung im Krakauer Vertrag zustehenden Erb- und Vormundschaftsrechte ein. Das hieß, er meldete sich als Regent an. Das brachte zuerst Verwirrung, dann entschloß sich das Kollegium der Oberräte, die Forderung einfach abzuweisen. Recht war noch nie viel wert, wenn man es nicht durchsetzen konnte. Das sollte jetzt die Oberratsstube lernen. Um Recht durchzusetzen, benötigte man Macht oder Geld. Das eine wie das andere hatte der neue Fürst, und einzusetzen wußte er es auch. Er umging die Herren Oberräte

Königsberg (Kaliningrad). Das Friedländer Tor. Bestandteil der 1226 begonnenen mächtigen Verteidigungsanlage rund um Königsberg. Die Stadt erschloß sich durch sieben Tore.
Neben dem Friedländer waren das Königstor, das Sackheimer Tor und das Brandenburger Tor die bekanntesten.

und wandte sich direkt an den neuen Polenkönig Stephan Báthory. Ein Geschenk von 500 Elitesoldaten zum Kampf gegen Rußland und ein honoriger Batzen Gold brachten diesen dazu, Georg Friedrich das als »Gnade« zu geben, was ihm ohnehin zustand, die Regentschaft des Landes Preußen. Ein schwarzer Tag für die preußischen Stände. Doch es sollte schlimmer kommen.

Auf dem Reichstag zu Warschau wurde Georg Friedrich als Regent (bis 1603) 1578 von König Báthory bestätigt. Vom ersten Tag an herrschte nun gemäß der Tradition des Hauses Brandenburg, dem Adel von Zeit zu Zeit zu zeigen, wer der Herr war, ein anderes Verhältnis im Lande. Zwischen Georg Friedrich und König Báthory stimmte nicht nur das Klima. Letzterer war durch langwierige Auseinandersetzungen mit Rußland auf die Subsidien Preußens angewiesen. Und Georg Friedrich war nicht kleinlich.

Geschickt teilte Georg Friedrich die Stände. Wie im Hause Brandenburg mehrfach mit Erfolg erprobt, disziplinierte er zuerst den Adel und regierte mit harter Hand. Aus seinen fränkischen Erblanden brachte er eine gut gefüllte Schatulle und weittragende Kanonen mit. Außerdem war er ein begabter Ökonom. Rücksichtslos griff er in die verlotterte Finanzverwaltung ein. Die Stände wurden, teils mit strengen Worten, teils mit Hinweis auf die fränkischen Langrohrkanonen, überredet. Die herzoglichen Einkünfte erholten sich durch straffe Führung der Domänen und Regalien. In wenigen Jahren war Friedrich von den Ständen unabhängig. Er warf behäbige preußische Räte hinaus und setzte dafür geschulte fränkische ein. Das machte Eindruck bei den Ständen.

Der polnische König und der preußische Regent einigten sich. Die aufbegehrenden preußischen Stände hatten das Nachsehen.

Er beendete das Spiel des Adels und der Stände, sich direkt an den Polenkönig zu wenden, wenn ihnen etwas nicht paßte, durch drakonische Strafen und die Schaffung eines Hofgerichtes in Königsberg. Seine weittragenden Kanonen beendeten langwierigste Debatten schon dadurch, daß er sie hier und dort auffahren ließ. Geschossen wurde kein einziges Mal.

Die eifernden und geifernden lutherischen Bischöfe wurden zur Ruhe gebracht, indem er den schlimmsten Scharfmacher in Religionsfragen, Bischof Tileman Heßhusius, 1577 des Landes verwies und dessen samländischen Bischofsstuhl einzog. Als die Stände zu laut protestierten und sich als Wahrer lutherischer Kirchenrechte aufzuspielen begannen, zog er auch den pomesanischen Bischofsstuhl ein und ersetzte beide durch landesherrliche Konsistorien in Königsberg und Saalfeld, ohne die Dominanz des Luthertums anzutasten. Langsam begriffen Adel und Geistlichkeit, Städte und Handelsherren, wer Herr war in Preußen.

Der Weg Preußens in eine Adelsrepublik war gestoppt. Zugleich ging es wirtschaftlich aufwärts. Die Hugenottenkriege in Frankreich führten dort zu einem wirtschaftlichen Niedergang, und das bekam dem preußischen Getreideexport. Der Befreiungskrieg der Niederlande gegen Spanien führte zu einer Lebensmittelverknappung mit günstigen Auswirkungen auf die preußische Landwirtschaft.

Georg Friedrich gelang es, den Anspruch des Hauses Brandenburg auf die preußischen Erblande zu festigen.

1594 vermittelte Georg Friedrich die Heirat zwischen Anna, einer Tochter Herzog Friedrich Albrechts, und dem brandenburgischen Prinzen Johann Sigismund gegen den Wunsch und Rat der preußischen Stände. Das war für die künftige Entwicklung Preußens ein entscheidender Schritt. Im Jahre 1599 schlossen Kurfürst Joachim Friedrich von Brandenburg und Georg Friedrich, als Markgraf der fränkischen Linie, im Geraischen Hausvertrag ein Unteilbarkeitsabkommen sämtlicher hohenzollernscher Besitzungen zugunsten des Hauses Brandenburg.

Als Georg Friedrich 1603 in Ansbach starb, hinterließ er ein geordnetes Land Preußen. Sein offenes Verhältnis zur polnischen Krone hatte die Einmischung in innerpreußische Angelegenheiten aufhören lassen. Die Macht der Stände war beschnitten und auf ein dem Land bekömmliches Maß zurückgedrängt. Die Wirtschaftskraft war stark wie zu den Blütezeiten des Ordens.

Doch dann schlug die Waage wieder in die andere Richtung. Der Kurfürst Joachim Friedrich von Brandenburg, der nach dem klugen und energischen Georg Friedrich im Lande Preußen zu regieren begann (1605-1608), verlor wie auch später sein Nachfolger Johann Sigismund (1608-1619) ebenfalls eine Position nach der anderen an die Stände und an Polen. Die Eingriffe der polnischen Krone in die preußischen Angelegenheiten wurden wieder aufgenommen und verstärkt. Durch das erweiterte polnische Appelationsrecht erhielten sie sogar scheinbar eine Rechtsgrundlage.

Von 1609 bis 1617 entsandte der polnische König zu den preußischen Landtagen wieder Kommissare, die direkt in die Landespolitik eingriffen. Die Adelsrepublik war erneut Tatsache geworden. Die Regierung führte ein sogenannter Regimentsrat, ein Kollegium der Oberräte, der nur Polen verantwortlich war und vollkommen unabhängig vom Landesherrscher regierte.

Da Johann Sigismund nicht in Preußen, sondern von Brandenburg aus die Geschicke des Landes zu lenken versuchte, galt er als Fremder wie vor ihm der Orden. Als er 1613 aus Rücksicht auf seine westrheinischen Erwerbungen zum kalvinistischen Glauben, einer schweizerisch-niederländischen Form des Protestantismus, übertrat, verlor er im lutherischen Preußen jede Basis. Polen nutzte das und verlangte die gleichberechtigte Anerkennung des katholischen Glaubens und als äußerliche Demonstration den Bau einer katholischen Kirche in Königsberg. Dem stimmte Johann Sigismund zu.

Doch mit diesem Erfolg nicht zufrieden, hintertrieb Polen – zunächst verhüllt, dann immer offener – die von Westeuropa ausgehende Reformation in Preußen. Durch diesen Fehler Polens verlor es seine Basis in den preußischen Ständen. Die Stände fürchteten plötzlich eine Einverleibung Preußens in den polnischen Staat, die sie tatsächlich selbst heraufbeschworen hatten. In Polen begriff man nicht, wie tief die lutherische Lehre in Preußen bereits verwurzelt war und stieß so die polnische Partei in Preußen vor den Kopf. Auf dem Landtag von 1609 bildete sich die Partei der Protestierenden, die von der fanatischen Lutheranerin Anna, der Frau des Kurfürsten, mit allen erdenklichen Mitteln unterstützt wurde.

Im 17. Jahrhundert war die Lehre Luthers in Preußen schon tief verwurzelt.

1604 begann der schwedisch-polnische Erbfolgekrieg. Polen, nun an einem friedlichen Preußen interessiert, stimmte schließlich der Belehnung Johann Sigismunds Sohn, Georg

Wilhelm (1619-1640), mit Preußen zu. Da der geistesschwache Friedrich Albrecht 1618 gestorben war, wurde Georg Wilhelm nun auch Herzog von Preußen, und die Herrschaftsansprüche des Hauses Brandenburg waren damit endgültig besiegelt.

Preußen blieb vom Dreißigjährigen Krieg weitgehend verschont.

Am 5. Juli 1626 landete Gustav Adolf Wasa in Pillau und schnitt damit Königsberg von der See her ab. Die Oberräte in Königsberg konnten sich mit Erfolg einem Kriegseintritt widersetzen, so daß Preußen direkt vom Dreißigjährigen Krieg verschont blieb. In den vier Kriegsjahren wurden nur Marienwerder und das Oberland von den Schweden besetzt – sozusagen als Strafe für die Polen gewährte Unterstützung Georg Wilhelms.

Doch dann änderte sich die Lage im tobenden Dreißigjährigen Krieg. Die Kaiserlichen hatten fast ganz Deutschland erobert, Wallenstein belagerte bereits Stralsund, und damit war der Griff Habsburgs nach der Ostsee eine für die protestantische Partei bedrohliche Tatsache geworden. Gustav Adolf mußte handeln. Er verlagerte seine Armee nach Norddeutschland und landete am 4. Juli 1630 mit 13.000 Schweden auf Usedom.

Es gelang jedoch Georg Wilhelm, das Unheil des Dreißigjährigen Krieges von Preußen fernzuhalten. Zwar verließ er seine brandenburgischen Erblande, als sie am schlimmsten vom Krieg heimgesucht wurden, doch in Preußen erreichte er eine Annäherung an die Stände, einen vorübergehenden Ausgleich mit Polen und einen stattlichen Zuwachs an Einwohnern durch Flüchtlinge aus Deutschland. Die Schweden übergaben ihm zwei von ihnen ausgebaute starke Festungen, Pillau und Memel. Sein Verdienst ist es, daß das seine Selbständigkeit anstrebende, auf Danzig eifersüchtige Königsberg schließlich doch in Preußen verblieb.

Dadurch war sowohl dem Herzog als auch den Ständen klar geworden, daß die ständische Bewegung in der Form einer Adelsrepublik nur im Schutze der polnischen Krone möglich war. Mit einem regierbaren, selbständigen Staat hatte das wenig gemein. Derjenige, der künftig über die Mittel zur

Durchsetzung seines Willens verfügte, würde schließlich in diesem nicht enden wollenden, zermürbenden Kampf den Sieg davontragen. Die Zeit war überreif. Bevor Georg Wilhelm sich dieser Frage ernsthaft zuwenden konnte, war seine Zeit abgelaufen. Er starb 1640 in Königsberg.

In dieser Zeit, als in Deutschland Morden, Sengen und Brennen das Recht ersetzten, erschien den preußischen Ständen die relative Geborgenheit unter dem Schutze Polens das Ideal ihrer staatlichen Existenz zu sein, da sich mittlerweile Polen auch mit dem Export der Gegenreformation zurückhielt.

Der Dreißigjährige Krieg näherte sich seinem Ende; nicht durch den Sieg einer der kriegsführenden Parteien, sondern weil keine Macht mehr Krieg führen konnte. Alle Reserven waren aufgebraucht, die Kassen leer, ganze Landstriche entvölkert. Das Deutsche Reich, auf dessen Boden der Krieg am längsten wütete, hörte als Einheit de facto zu existieren auf. Der in Münster und Osnabrück schließlich geschlossene Westfälische Frieden brachte nicht mehr als die Formel: »Jeder behält, was er hat.« Keines der Probleme war gelöst, Deutschland in kleine Staaten zersplittert.

Im Westfälischen Frieden von 1648 blieben viele Probleme ungelöst.

Zwar hatte der Dreißigjährige Krieg Preußen verschont, doch die Gefahr, zwischen die Mühlsteine der polnischen und schwedischen Interessen zu geraten, war allgegenwärtig. Das Land blieb durch Gruppeninteressen gespalten und durch die polnischen Kommissare in der selbständigen Entwicklung beeinträchtigt.

Vom polnischen Lehen zur souveränen Macht. Als die Not Preußens größer und größer wurde, betrat einer der tatkräftigsten aus dem Geschlecht der Hohenzollern das Parkett der Weltbühne.

Friedrich Wilhelm übernahm nach dem Tode seines Vaters, Georg Wilhelms, zwanzigjährig im letzten Drittel des Dreißigjährigen Krieges die Kurfürstenwürde von Brandenburg und das Herzogtum Preußen. Er selbst befand sich in dieser Zeit in Königsberg. Seine Lage schien zunächst katastrophal. Cleve, die Rheinprovinz, und Brandenburg waren von fremden Truppen besetzt, ausgeblutet, geplündert und entvölkert. In Preußen verweigerten ihm die polnischen Kommissare und auch die Stände das Regieren, bevor offiziell die Neubelehnung durch den polnischen König erfolgte. Das war erst einmal Recht.

Zur Belehnung und Huldigung kam es 1641. Durch geschicktes Verhandeln erreichte Friedrich Wilhelm nicht nur zugleich seine Anerkennung als Herzog in Preußen durch den polnischen König, sondern auch die Zollhoheit an der preußischen Ostseeküste von den Ständen. Bald sollte sich zeigen, welchen Wert die von den Schweden 1630 übernommenen starken Festungen Pillau und Memel für Preußen haben würden.

Herzog Friedrich Wilhelm nutzte die ostpreußischen Ressourcen für den Wiederaufbau des kriegsverwüsteten Landes Brandenburg.

Der energische, schlaue Friedrich Wilhelm wußte um die Schwäche seines Landes Brandenburg in den kommenden Friedensverhandlungen. Er setzte auf das vom Dreißigjährigen Krieg verschonte Herzogtum Preußen. Durch Zölle und die Ausfuhr von Getreide in das ausgeblutete, hungernde Europa konnte er sich finanziell relativ schnell konsolidieren. Aus den vom Krieg kaum berührten preußischen Landen zog er Truppen und materielle Hilfen – vor allem Vieh – für den Wiederaufbau Brandenburgs. Im zähen Ringen mit den Ständen gewann er der Landesregierung zustehende Finanzquellen zurück. Die hatten die Stände in der Regierungszeit seiner schwächeren Vorgänger erneut an sich gerissen. Vor allem aber war es das Heer – ungeschlagen, gut ausgerüstet, motiviert und von einem fähigen Mann, wie sich bald zeigen sollte, geführt. Das war die wirkliche Trumpfkarte.

Inzwischen erschöpfte sich der Dreißigjährige Krieg. Der polnische König Wladislaw IV. (1632-1648) begriff als einer der ganz wenigen Fürsten, daß den Religionsstreitigkeiten Einhalt geboten werden müsse. Er förderte in Thorn Toleranzgespräche zwischen den drei Religionen. Diese verliefen zwar ergebnislos. Allzu tief saß das Mißtrauen. Er wurde aber von Friedrich Wilhelm freudig unterstützt. Damit setzten zwei Herrscher im allgemeinen Chaos ein Zeichen der Vernunft.

Dem Kurfürsten genügten sieben Jahre im jetzt auslaufenden Krieg, um mit Hilfe Preußens die schlimmsten Verwüstungen in Brandenburg zu beheben.

Als er 1648 zu den Verhandlungen über den Westfälischen Frieden anreiste, besaß er eine nicht große, aber frische, disziplinierte und kampfbereite Armee. Dazu noch eine, gemessen an der allgemeinen Notlage, gut gefüllte Börse. Das waren zwei überzeugende Argumente, die dem Hause Brandenburg in den Friedensverhandlungen ein viel größeres Gewicht gaben, als dem relativ unbedeutenden Staat sonst zugekommen wäre. Brandenburg kam dann auch mit leichten Gewinnen aus dem »Westfälischen Frieden«, der eigentlich ein einziges »Schachern« war, heraus.

Der Große Kurfürst wird heute zunehmend als der eigentliche Begründer des späteren brandenburgisch-preußischen Staates geehrt.

In der preußisch-deutschen Geschichtsschreibung wird Kurfürst Friedrich Wilhelm, genannt der Große Kurfürst, als der eigentliche Begründer des künftig immer mächtiger werdenden brandenburgisch-preußischen Staates geehrt. Das ist aus der Sicht des Hauses Brandenburg berechtigt. Seine Politik gegenüber seinen Nachbarn war aber alles andere als geradlinig.

Er wechselte die Bündnisse wie Hemden. Seine politische Haltung und Moral war auch bei seinen Freunden umstritten. Eines allerdings ist nicht zu leugnen. Er hatte Mut, Risikobereitschaft, viel Glück und Erfolg. Das Haus Brandenburg, das bei seinem Regierungsantritt nicht viel mehr als ein besseres Duodezfürstentum war, machte er durch seine energische, wenn auch schwer berechenbare und sich manchmal hart an der Grenze des Amoralischen und Abenteuerlichen bewegende Politik zu einer bedeutenden, ernst zu nehmenden europäischen Macht. Die Interessen seines Hauses und Volkes hat er rücksichtslos gegen andere Interessen vertreten. Da unterschied er sich wenig von all denen, die das Attribut »groß« im Namen führten – gleichgültig, ob sie Friedrich, Katharina, Kasimir, Peter oder Friedrich Wilhelm hießen.

Kaum war die Tinte unter dem Westfälischen Friedensvertrag getrocknet, begann Friedrich Wilhelm den Kampf mit den Ständen Preußens. Wenn ihn irgend etwas für seine we-

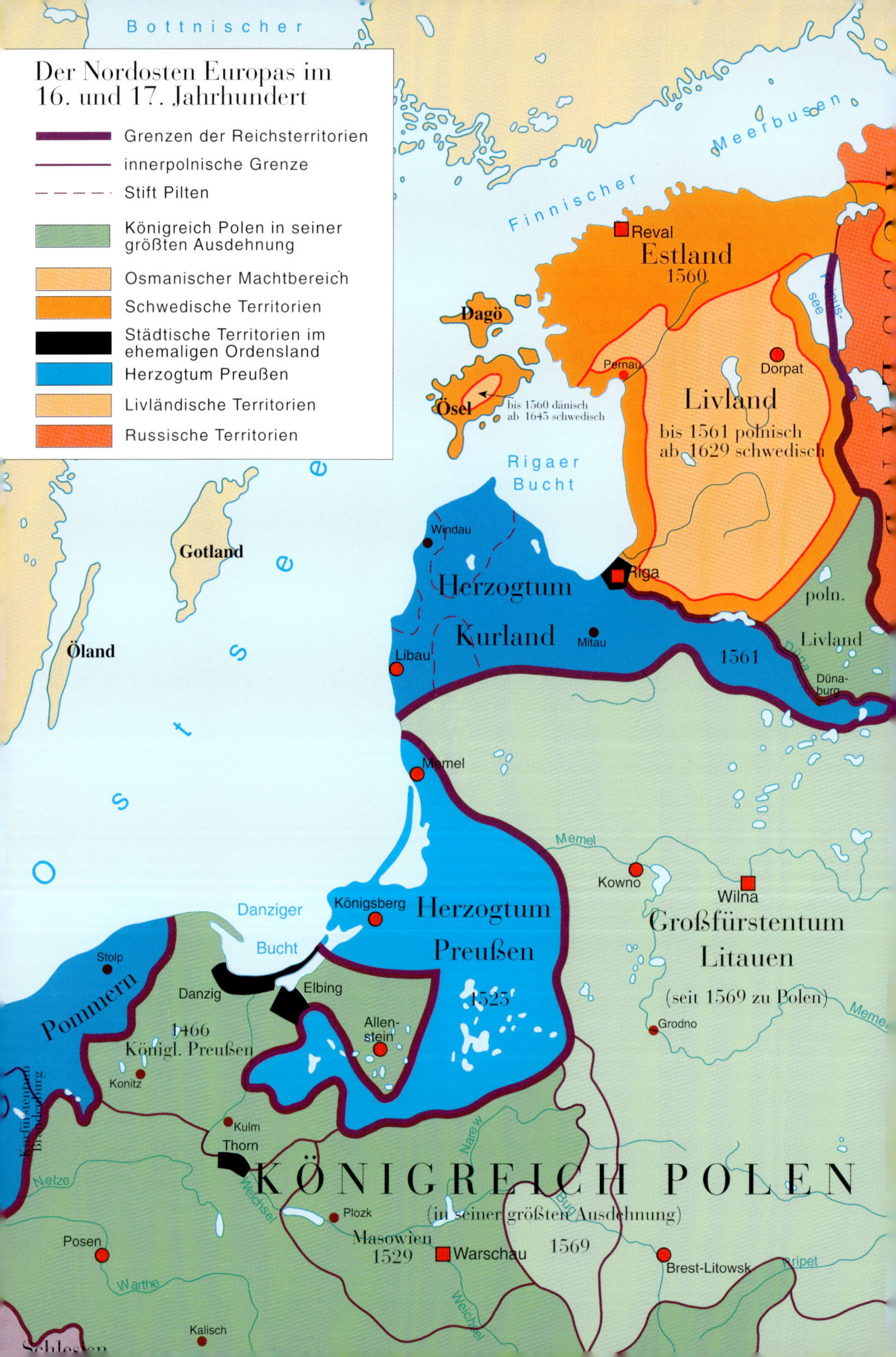
Der Nordosten Europas im 16. und 17. Jahrhundert
Grenzen der Reichsterritorien
innerpolnische Grenze
Stift Pilten
Königreich Polen in seiner größten Ausdehnung
Osmanischer Machtbereich
Schwedische Territorien
Städtische Territorien im ehemaligen Ordensland
Herzogtum Preußen
Livländische Territorien
Russische Territorien
Bottnischer
Finnischer Meerbusen
Reval
Estland
1560
Peipus-see
Dagö
Ösel
bis 1560 dänisch
ab 1645 schwedisch
Pernau
Dorpat
Livland
bis 1561 polnisch
ab 1629 schwedisch
Rigaer Bucht
Gotland
Öland
Ostsee
Windau
Riga
Herzogtum Kurland
Libau
Mitau
1561
poln. Livland
Düna
Düna-burg
Memel
Memel
Kowno
Wilna
Großfürstentum Litauen
(seit 1569 zu Polen)
Grodno
Memel
Danziger Bucht
Königsberg
Herzogtum Preußen
1525
Stolp
Pommern
Danzig
Elbing
Allen-stein
1466
Königl. Preußen
Konitz
Kurfürstentum Brandenburg
Kulm
Thorn
Narew
KÖNIGREICH POLEN
(in seiner größten Ausdehnung)
Netze
Weichsel
Bug
Plozk
Masowien
1529
Warschau
1569
Posen
Brest-Litowsk
Pripet
Warthe
Weichsel
Kalisch

nig berechenbare Politik entschuldigt, dann der machtlose, ärmliche Zustand des ihm anvertrauten brandenburgisch-preußischen Landes. Dem Wunsch seiner Völker, endlich in Frieden und ohne einmal von dieser, einmal von jener Seite der Ketzerei bezichtigt zu werden, leben zu können, verstand er. Und er begriff, daß das nur möglich wurde, wenn dieser brandenburgisch-preußische Flickenteppich fest genug wurde, um Angriffen standzuhalten.

Zunächst mußte der Religionsfrieden hergestellt werden. Preußen war lutherisch, er selbst und große Teile seines Hofes dagegen kalvinistisch. Das war die Folge des Religionswechsels, den sein Großvater einst vorgenommen hatte. Die Katholiken besaßen Minderheitsrechte. Da es sich bei ihnen vor allem um den polnischen Teil der Bevölkerung handelte, waren diese zusätzlich durch die Lehnsverträge geschützt. Doch dessen bedurfte es nicht. Der Kurfürst, persönlich eher ein lauer Geist, war am Religionsfrieden interessiert und wußte die religiösen Eiferer, gleich aus welcher Richtung sie kamen, in die Schranken zu weisen. Schwerer war schon der Kampf mit den Ständen. Mißtrauisch beobachteten sie jeden Schritt des Kurfürsten. Der Polenkönig Johann Kasimir konnte seine politische Entwicklung zunächst nur mit halber Aufmerksamkeit verfolgen. Ihn lähmte sein eigener polnischer Adel. Der Zwang, nur einstimmige Beschlüsse zu verabschieden, machte die polnische Krone fast handlungsunfähig.

Polen war immer noch eine bedeutende europäische Macht. König Johann II. Kasimir (1648-1668) herrschte aber nicht absolut. Als Wahlkönig, von seinem stets in Geldnot befindlichen und daher bestechlichen Adel abhängiger als für die polnische Stellung in Europa gut war, konnte er sich gegenüber seinem Belehnten in Preußen nicht so durchsetzen, wie es zumindest bei einem solchen Kurfürsten vielleicht notwendig gewesen wäre. Der schickte zwar Geld an den stets mit leeren Kassen jonglierenden König – aber nicht nur an Kasimir. Als der das bemerkte, konnte er nicht viel ändern, denn seine Stellung im eigenen Land wurde schwieriger und schwieriger.

Die Personalunion Brandenburgs mit Preußen durch den Kurfürsten schwor Gefahren für Polen herauf. Preußen begann wieder an Gewicht zu gewinnen. Zuviel für ein Lehnsland mit einem geschwächten Lehnsherrn. Johann II. Kasimir erkannte das zwar, doch er konnte nicht entsprechend handeln. Die Rzeczpospolita verweigerte ihm die Gefolgschaft. Die Entwicklung in Europa ging unaufhaltsam zum absolutistischen Zentralstaat über. In Polen nahm der Adel das nicht zur Kenntnis. Statt sein Haus zu ordnen, suchte Johann II. Kasimir Streit, der nicht zu gewinnen war. Wie fast alle Könige auf dem polnischen Thron, war auch Kasimir kein Pole, sondern ein Wasa und schwedischer Herkunft. Als solcher erkannte er Karl X. Gustav von Schweden (1654-1660) nicht als König an. Er glaubte, eigene Ansprüche auf die schwedische Krone zu haben. Das verkündete er jedem, der es nicht hören sollte. Prompt eröffnete das vom Dreißigjährigen Krieg im eigenen Land unberührt gebliebene und daher nicht kriegsmüde Schweden 1655 den Krieg gegen Polen. Dieses konnte in der gegebenen Lage alles gebrauchen, nur keinen Krieg – mit wem auch immer. Aber das wollte man am polnischen Hof nicht wahrhaben. Ein gewonnener Krieg löst alle Probleme. Nur, daß er eben erst gewonnen werden mußte, daran dachte man weniger.

Der polnische König, ein Sproß des Hauses Wasa, erkannte den schwedischen König nicht an und beschwor einen Krieg herauf, in dem sein immer stärker werdender Vasall Preußen bald die Karten mischte.

Den Charakter, die Schläue und die Tatkraft des Vasallen Friedrich Wilhelm bezog man ebenfalls zu wenig in die politischen Überlegungen für die Zukunft ein. Das war auch schwierig genug bei einem solchen Tatmenschen. Der Kurfürst besaß ein feines Gespür für politisch-strategische Veränderungen. Zunächst versuchte er sich aus dem Krieg herauszuhalten und die Zeit zum Rüsten zu nutzen. Als die schwedischen Erfolge über Polen immer deutlicher wurden, schloß er am 12. November 1655 in Rynsk ein Defensivbündnis mit den westpreußischen Ständen, um Schweden am Einmarsch in Preußen zu hindern. Doch dieses Bündnis hielt nicht. Danzig, Elbing und Thorn waren weder an einer polnischen noch an einer brandenburgischen Vorherrschaft interessiert und glaubten, sich mit den Schweden schon arrangieren zu können. Sie beteiligten sich an dem Bündnis nicht, und so zerbrach es, noch bevor es überhaupt wirksam geworden war.

Karl X. Gustav nutzte die Lage aus und marschierte in Preußen ein. Sofort verriet der Kurfürst Polen und schloß mit Schweden, gegen seinen Lehnsherrn, ein Geheimbündnis. Dafür wurde ihm das ganze Ostpreußen einschließlich des von Polen annektierten Ermlands – nun als schwedisches Lehen – versprochen. Im Gegenzug mußte er den Schweden seine Häfen Pillau und Memel öffnen.

Doch erst einmal hatte er Glück. Der offene Wortbruch gegenüber seinem Lehnsherrn blieb ihm erspart. Der Zorn über die marodisierenden Schweden führte in Polen zu einer Volkserhebung. Das Kriegsglück wendete sich. Polen wurde frei, ohne daß Preußen-Brandenburg darin verwickelt wurde. So war der geschickt taktierende Kurfürst für Schweden ein wichtiger Bündnispartner geworden, es für Polen aber geblieben. Schweden bot ihm schließlich im Vertrag zu Marienburg die besseren Bedingungen. Der Kurfürst führte 1656 seine Armee im Verein mit den Schweden selbst in die Schlacht bei Warschau und besiegte die Polen.

Doch die polnische Armee hatte nur eine Schlacht verloren. Sie war nicht geschlagen. Das konnte für den Kurfürsten gefährlich werden. Sich geordnet zurückziehend, riefen die Polen ihre früheren tatarischen Freunde zu Hilfe. Die fielen mit den Polen gemeinsam in den Süden Ostpreußens ein. Jetzt bekam die preußische Bevölkerung die Quittung für den Treuebruch ihres Fürsten und die Wut der Polen über ihren ungetreuen Vasallen zu spüren. Die Tataren, vor allem an Beute interessiert, taten das ihrige. Unvorstellbare Grausamkeiten, Verschleppungen großer Teile der Bevölkerung in die Sklaverei, Brandschatzungen und Folterungen waren 1656/57 die traurige Kriegsbilanz. Die preußisch-polnische Apokalypse von Schlag und Gegenschlag, die sich irgendwann bei Pommerellen zu bewegen angefangen hatte, drehte sich nun schneller und schneller, mit kurzzeitigen Unterbrechungen.

Kurfürst Friedrich Wilhelm taktierte zwischen den Mächten mit wenig Moral aber viel Erfolg für sein Land Preußen.

Inzwischen wurde im Norden die Lage für die Schweden schwieriger. Ein polnisches Heer drohte sie in die Ostsee zu werfen. Da nutzte Rußland die mißliche Lage der Schweden und besetzte Livland. Auch der Kaiser und die Niederlande wandten sich gegen Schweden. Die Sterne für Brandenburg-Preußen nahmen eine immer ungünstigere Konstellation an. Schnell versuchte es Friedrich Wilhelm mit einer neuen Koalition und begann Verhandlungen mit den Polen über einen Seitenwechsel. Doch diese waren nicht geneigt, ihrem früheren Vasallen ohne Vorleistungen bindende Versprechungen zu machen.

Anders die Schweden. Sie brauchten den Kurfürsten um jeden Preis und sicherten ihm im Vertrag von Labiau 1656 die Souveränität in ganz Preußen einschließlich dem Ermland zu, noch bevor der Kurfürst dafür Gegenleistungen erbracht hatte. Er taktierte vorsichtig und schonte seine Truppen. Da erklärte Dänemark Schweden den Krieg. Die Schweden mußten ihre Truppen aus Preußen abziehen und sich dem neuen Gegner stellen.

Cranz (Zelenogradsk). Luftaufnahme der Küste. Die alte Stadt liegt am Anfang der Kurischen Nehrung. Von hier aus kämpften sich die Kreuzritter auf die Nehrung vor. 1850 entstand hier die Kurpromenade. Auch heute ist Zelenogradsk ein beliebter Badeort.

Plötzlich und unerwartet stand der ungetreue Kurfürst Polen allein gegenüber. Doch wieder hatte er Glück. Kaiserwahlen standen bevor. Der künftige Kaiser Leopold I.

brauchte Brandenburgs Stimme. Das wiederum zwang ihn, auf Polen mäßigend einzuwirken, das ohnehin viel an Kriegsbereitschaft verloren hatte. Im Ergebnis des jetzt einsetzenden Kuhhandels trennte sich der Kurfürst von Schweden. Dafür erlangte er am 29. September 1657 im Vertrag zu Wehlau die polnische Anerkennung seiner Souveränität in Preußen. Auf das Ermland mußte er zwar wieder verzichten, erhielt dafür aber die Ämter Lauenburg und Bütow sowie die Stadt Elbing. Letzteres fiel den Polen besonders leicht, weil ihnen die Stadt nicht gehörte. Sie unterstand gerade wieder einmal den Schweden. Trotzdem!

Im Vertrag zu Wehlau erlangte Preußen 1657 seine Entlassung aus der polnischen Lehnsherrschaft und wurde ein souveränes Herzogtum.

Mit dem Vertrag von Wehlau begann ein neuer Abschnitt in der Geschichte Preußens. Seit dem 2. Thorner Frieden von 1466 war Preußen de facto, seit dem Krakauer Vertrag von 1525 auch de jure, zwar kein Bestandteil, wohl aber lehnsabhängig von Polen. Das änderte sich jetzt – anerkannt und rechtlich zugleich.

Gemeinsam mit polnischen und kaiserlichen Truppen warf der Kurfürst die noch kurz zuvor verbündeten Schweden aus Schleswig-Holstein und Schwedisch-Pommern. Im Frieden von Oliva, am 3. Mai 1660, mußte er seine Eroberungen zwar an Schweden zurückgeben, erlangte aber schließlich die Anerkennung seiner Souveränität in Preußen durch die großen europäischen Staaten. Das war ein wichtiger Schritt, denn damit wurde die Grundlage für den künftigen europäischen Staat Preußen gelegt.

Jetzt kam die süße Stunde der Abrechnung des Kurfürsten mit den preußischen Ständen. Diese hatten sich daran gewöhnt, den polnischen König gegen den preußischen Kurfürsten auszuspielen. Für sie war die polnische Lehnshoheit das Fundament ihrer ständischen Freiheit und Macht. Die nationalen Überlegungen für oder gegen Polen haben dabei sicher eine genauso untergeordnete Rolle gespielt wie die für oder gegen den fremden Brandenburger. Diesen hatte man als einen entschlossen handelnden, wenig zimperlichen Mann bei der Durchsetzung seiner Machtinteressen im eigenen Haus kennengelernt.

Außerdem wußte man aus der Geschichte, wie die Hohenzollern in Brandenburg mit dem räuberischen, aufmüpfigen Adel und den Ständen umgegangen waren. Als der erste Hohenzoller, der Burggraf Friedrich zu Nürnberg, am 8. Juli 1411 von Kaiser Sigismund – vorerst als Verweser – in der Mark Brandenburg eingesetzt worden war, hatten sich ihm die Stände ebenfalls entgegengestellt. Friedrich löste die Angelegenheit mit Hilfe der »faulen Grete«, einer gewaltigen Kanone und Donnerbüchse, mit der er Furcht und Schrecken verbreitete und so die Mark für sich gewann. Einige an den Zinnen ihrer Burgen aufgehängte räuberische Adlige der Mark bekräftigten Friedrichs Auffassung von seiner Souveränität auf nachhaltige Weise.

Im zähen Ringen und auch mit militärischer Gewalt beschnitt der Kurfürst die Privilegien der preußischen Stände.

Es war unwahrscheinlich, daß der Kurfürst sanfter mit den preußischen Ständen umzugehen bereit war als sein Ahn. Verhandlungen, zäh und von den Ständen mit landesverräterischen Konsultationen der polnischen Krone geführt, brachten innerhalb von drei Jahren kein Ergebnis. Zum Führer der Ständepartei hatte sich der Königsberger Schöppenmeister vom Kneiphof, Hieronymus Roth, aufgeworfen, der die alten ständischen Rechte zäh und kompromißlos verteidigte. 1662 rückte der Kurfürst schließlich mit einer starken Armee in Königsberg ein und ließ Roth verhaften. Der Widerstand brach zusammen. Roth hat das Gefängnis nie mehr verlassen.

Als es aber einige Jahre später – 1671 – erneut zu Konflikten mit den Ständen kam, weil diese dem Kurfürsten kein Geld für sein stehendes Heer bewilligen wollten, ließ er diesmal einen Adligen, den Obersten Christian von Kalkstein, verhaften, ihm den Prozeß machen und ihn wegen Hochverrats in Memel hinrichten. Jetzt wußten die Stände, wer der Herr im Hause war.

In beiden Prozessen war die Rechtsposition des Kurfürsten umstritten, doch die Stände begriffen, daß mit einer Hilfe von außen nicht mehr zu rechnen war. Allein fehlte es ihnen an Entschlossenheit, dem Kurfürsten entgegenzutreten. Dessen außenpolitisches, ja europäisches Gewicht hatte sich in kurzer Zeit entscheidend vergrößert.

Veranlaßt durch Frankreichs König Ludwig XIV. (1643/1661-1715), der für seine Raubzüge in den Niederlanden und in Deutschland einen ihn sekundierenden Krieg brauchte, fiel Schweden 1675 erneut in Brandenburg ein. Im gleichen Jahr noch erlitten die Schweden eine vernichtende Niederlage in der Schlacht von Fehrbellin. Während des sich anschließenden Verfolgungsfeldzugs des Kurfürsten bis nach Riga, in dem die Schweden weitere Verluste hinnehmen mußten, wurde die Stellung Brandenburg/Preußens in Europa gefestigt und wuchs zu einer europäischen Macht, mit der künftig zu rechnen war.

Allerdings brachten die Erfolge über Schweden dem Kurfürsten keinen neuen Landgewinn. Der Kaiser sah bereits mißtrauisch auf den künftigen Rivalen Preußen und unterstützte ihn in den Friedensverhandlungen von St. Germain am 29. Juni 1679 nicht mehr. Der Kurfürst mußte alle Landgewinne ersatzlos zurückgeben. Trotzdem war der innenpolitische Erfolg bedeutend.

Die sowohl durch die militärischen Siege als auch durch das unbedenkliche und konsequente Handeln des Kurfürsten eingeschüchterten Stände erkannten die kurfürstliche Macht nun bedingungslos an. Drei einschneidende Maßnahmen gegenüber den Ständen besiegelten den Absolutismus in Preußen:

- die direkte Steuererhebung durch die kurfürstlichen Beamten ohne vorherige Bewilligung durch die Stände und nach der von ihnen eingeschätzten Leistungsfähigkeit (Separation) der Steuerpflichtigen,
- die Besteuerung des Adels, Hufenschloß genannt, durch kurfürstliche Beamte, je nach Grundbesitz,
- die Ausschaltung der Stände bei Steuerbewilligungen; diese wurden ausschließlich von den kurfürstlichen Behörden vorgenommen.

Ab 1705 hatte der preußische Landtag nur noch ein Recht: das, dem Herrscher zu huldigen.

Die Rechte des Landtags wurden von nun an so stark beschnitten, daß er ab 1705 nur noch ein einziges besaß: Das Recht, dem Herrscher zu huldigen. Die letzten Reste des polnischen Appelationsrechts waren bereits im Vertrag von

Wehlau beseitigt worden. Im gleichen Jahr wurde in Königsberg das neue kurfürstliche Oberappelationsgericht installiert, gegen dessen Entscheidungen es keine Einspruchsmöglichkeiten mehr gab. Der Absolutismus hatte gesiegt.

Die Erfolge des Kurfürsten im Inneren basierten auf der veränderten außenpolitischen Lage. Der wichtigste Faktor dabei war der immer schnellere Zerfall der polnischen Großmacht. Polen hatte den Schritt von der Adelsrepublik zum Absolutismus nicht nachvollzogen und wurde dadurch in ständige innere Wirren gestürzt. Der Krieg mit Rußland um die Ukraine band Polens Aufmerksamkeit. Im Grunde entlastete die dem Kurfürsten gewährte Souveränität in Preußen Polen zunächst von Pflichten gegenüber dem ständig unruhigen Vasallen. Die Siege des Kurfürsten auf den europäischen Schlachtfeldern und der Niedergang Schwedens als europäische Großmacht schafften ihm den Freiraum für die inneren Reformen. Sie dienten letztlich der Stabilisierung des Staates.

Etwa 80 Jahre hatte der Deutsche Ritterorden benötigt, um das Land zu erobern, zu befrieden und zu kolonisieren; rund 250 Jahre herrschte der Orden in dem von ihm errichteten Staat, brachte ihn zur Blüte und verlor ihn schließlich – unfähig, sich durch Reformen der geänderten Lage anzupassen.

135 Jahre war Preußen ein selbständiges weltliches Herzogtum unter polnischer Lehnsherrschaft. Nun wurde es zunächst Teil eines absoluten Brandenburg-Preußens, später sogar dessen Kernland, international besiedelt wie kein anderes bisher: von Pruzzen und Deutschen, Polen und Litauern, später auch von Franzosen und Tschechen. Ihnen, den Katholiken und Heiden, Lutheranern und Kalvinisten, Hussiten wie Hugenotten und Juden wurde zunehmend mehr religiöse Toleranz gewährt. Ein Land – großzügiger und souveräner als jeder andere europäische Staat.

Einmal selbst kolonisierend, dann wiederum Spielball der einen oder anderen Großmacht, war Preußen das europäischste unter den europäischen Ländern, noch bevor es in seine nächste Etappe eintrat, die es für drei Jahrhunderte mit der preußisch-deutschen Geschichte verbinden sollte.

Trotz dieser wechselvollen Entwicklung war und blieb Preußen immer etwas Eigenes – fast Mystisches -, aus fremder und eigener Geschichte gewachsen, wie kein anderer Staat durch die Landschaft geprägt, aus vielen Kulturen zu einer geworden.

Nach und nach gewann der Kurfürst durch seine Entschlossenheit und Stärke im Kampf nach innen und außen Reputation in Preußen. Der dem Lande gewährte Schutz und der damit sichere Frieden wurden anerkannt und er selbst mehr und mehr als Herrscher angenommen. Langsam wurde im Lande klar, daß die Politik des Kurfürsten auf eine enge Verbindung Preußens mit der Mark Brandenburg hinauslief. Die Stände begannen, die staatlichen Interessen über die Gruppeninteressen zu stellen – eine andere Möglichkeit blieb ihnen ohnehin nicht.

Das durch die polnisch-schwedischen Kriege verwüstete Land wurde wieder aufgebaut. Bei seinem Tode hinterließ der Große Kurfürst seinem Sohn und Nachfolger ein zwar wirtschaftlich noch schwaches, aber wieder wohlgeordnetes Staatswesen. Die polnische Oberhoheit war überwunden, die Souveränität der preußischen Herzöge in Europa anerkannt – und es herrschte nach all den Kriegen Frieden. Das war nicht wenig in einem Jahrhundert, das den Krieg zu seinem Alltag zählte. Die Politik des Großen Kurfürsten war mit Energie, Schaukelei und Glück für Preußen erfolgreich. Sie brachte aber auch zum ersten Mal jenen Zug von Abenteuerlichkeit in die preußisch-deutsche Politik, der sie – mit Ausnahme der Bismarck-Zeit – von nun an begleiten würde.

Das Königreich

Die Krönung von Königsberg. Der Sohn des großen Kurfürsten, Friedrich III., geboren am 11. Juni 1657, übernahm 31jährig die Regierungsgeschäfte von seinem Vater und übte sie 13 Jahre als Kurfürst und danach, ab dem Jahre 1701, als König Friedrich I. in Preußen aus. Er besaß nicht die Stärke seines Vaters, nicht seine Verschlagenheit, nicht seine Schläue und auch nicht seine bemerkenswerten militärischen Fähigkeiten. In den Familienanalen als Schwächling gebrandmarkt, vor allem durch Friedrich II., war er dennoch für Preußen der wohl erfolgreichste Hohenzoller auf dem Thron. Es war mit ihm wie so oft im Leben von Kindern großer Eltern, daß er den Schatten des Vaters, der auf ihm lag und an dem er stets gemessen wurde, nicht überwinden konnte. Er war anders als sein Vater und anders als seine beiden Nachfolger. Vielleicht mochten sie ihn deshalb nicht. Seine beiden Nachfolger, starke Persönlichkeiten und die Schreiber seiner Geschichte, wiesen ihm, dem Gründer des preußischen Königshauses, einen eher verächtlichen Platz in der Hohenzollern-Geschichte an. Sie, die durch ihn in den Besitz der Königskrone gekommen waren, sahen diesen Gewinn nicht in seiner wirklichen Bedeutung. Seine Methoden waren anders als die des Vaters und auch die seiner beiden Nachfolger, Sohn und Enkel. Aber nicht weniger erfolgreich.

Er galt als Verschwender, Prunk liebend und wirtschaftlich desinteressiert. Bei seinem Tode war Preußen praktisch ruiniert. Dennoch waren seine außenpolitischen

Erfolge bemerkenswerter als die fast aller Herrscher aus dem Hause Hohenzollern. Vielleicht werden ihm noch einmal die Verdienste zuerkannt, die ihm bis heute verweigert wurden.

Bereits bei seiner Inthronisierung als Kurfürst 1688 in Königsberg ging die Huldigung der Stände – bis dahin wichtigster politischer Akt – in einer ununterbrochenen Folge rauschender Feste unter, die in dem eher puritanischen Preußen jeden Vergleich missen ließen. Die sparsamen Preußen waren frustriert. Doch gerade hier, bei seiner Inthronisierung, legte er einen der wichtigsten Grundsteine der künftigen preußischen Außenpolitik. Die Freundschaft mit Rußland.

Königsberg (Kaliningrad). 1989 errichtetes Denkmal auf der Pregelinsel; es erinnert an den Besuch Zar Peters I. 1688 in Königsberg.

Der noch junge Zar Peter besuchte den Kurfürsten auf seiner »Lehrreise durch Europa«. Er bewunderte das wohlgeordnete, saubere Königsberg und die ungezwungene Hofhaltung des Kurfürsten. Diese Begegnung legte den Grundstein für die Jahrhunderte – praktisch bis zum Jahre 1914 – währende, einander überwiegend freundliche Politik beider Länder. Unterbrochen wurde diese allein im Siebenjährigen Krieg, wobei Friedrich II. letztlich nur durch die Hilfe Rußlands im entscheidenden Augenblick selbst siegreich sein konnte.

Die Bestrebungen des jungen Kurfürsten nach Glanz und Macht leiteten seine Außenpolitik und verleiteten ihn zu Schritten, die nicht im rechten Verhältnis zu seinen bescheidenen Ressourcen standen. Sie sollen hier nur gestreift werden. Zunächst betätigte er sich im Westen, verhalf Wilhelm von Oranien (1689-1702) durch Truppen und Geld auf den englischen Thron, ohne daß ihm das einen erkennbaren Nutzen gebracht hätte – die kurze Dankbarkeit des Oraniers natürlich ausgenommen. Diese wog aber spätere Demütigungen, die er gerade von diesem hinnehmen mußte, nicht auf.

Danach brachte er ein Bündnis gegen Frankreich unter seiner Führung zustande und versuchte, mit unzulänglichen Mitteln und vom persönlichen Ehrgeiz getrieben, Ludwigs XIV. marodierende Truppen aus der Pfalz und dem Rheinland zu werfen. Anfangserfolge hielt er für militärisches Geschick. Seine dilettantische Kriegsführung brach zusammen, als der erboste Ludwig schließlich Frankreichs bedeutendsten Heerführer, den Marschall von Luxemburg, in das Rheinland schickte. Der schlug den Fürsten von Waldeck bei Fleurus (1690) vernichtend.

Zunächst versuchte Kurfürst Friedrich III., die Königskrone als »Abfallprodukt« bedeutender militärischer Erfolge zu erringen.

Das von Friedrich mit Versprechungen und Geld mühsam zusammengeschmiedete antifranzösische Bündnis brach auseinander. Die erwartete Hilfe des Oraniers blieb aus. Friedrich hatte sein erstes Lehrgeld bezahlt. Er verzettelte sich in immer aussichtslosere Gefechte, die seiner vom Großen Kurfürsten ererbten, noch gut gefüllten Staatskasse schlecht und seinen guten, kriegserfahrenen Truppen noch schlechter bekamen. Schließlich schien es auch ihm besser, einem eher schändlichen Frieden den Vorzug vor einem teuren und aussichtslosen Krieg zu geben. 1697 kam es zum Frieden von Ryswick. Die Hauptzeche bezahlte nicht Friedrich, sondern das Reich. Elsaß und Lothringen, bis dahin rein deutsche Länder, fielen zum ersten Mal an Frankreich.

Der Versuch, die Königskrone als »Abfallprodukt« großer militärischer Siege zu erringen, war fehlgeschlagen. Viel Geld war sinnlos vertan und 20.000 Soldaten verloren. Doch Ruhm mußte sein, was er auch kostete. Als der Kurfürst Friedrich August von Sachsen (August der Starke) den letzten bedeutenden sächsischen Versuch wagte, durch den Erwerb der polnischen Königskrone Sachsen-Polen zu einer europäischen Großmacht zu entwickeln und damit den unaufhaltsamen Aufstieg Brandenburgs zu stoppen, erwarb Friedrich 1697 von dem ständig in Geldnöten befindlichen August für die phantastische Summe von 340.000 Talern das Reichsstift Quedlinburg und die Reichsvogtei Nordhausen. Damit konnte er allerdings die fjordähnlich zerschnittene Westgrenze Brandenburgs deutlich begradigen oder abrunden, wie es im hohenzollernschen Haussprachgebrauch genannt wurde. Eine kluge, viel zu wenig gewürdigte Erwerbung, die indirekt mit dazu beitrug, daß der sächsische Versuch eines Großreiches mit Polen an Preußen scheiterte.

Die 1657 für 400.000 Taler an den Großen Kurfürsten verpfändete Stadt Elbing wurde 1703 preußisch, weil König August von Polen sie nicht wieder auslösen konnte.

Wichtiger für die Geschichte Ostpreußens war der Gewinn von Elbing. Die Stadt war von Polen 1657 für 400.000 Taler an den Großen Kurfürsten verpfändet worden. Da die Summe nie zurückgezahlt worden war, verlangte Friedrich III. in den immer größer werdenden Wirren um die polnische Krone von August dem Starken wenigstens 300.000 Taler zurück, wohl wissend, daß dieser sie nicht hatte, denn er brauchte jeden Taler zur Bestechung seiner künftigen Wähler. August glaubte zu diesem Zeitpunkt noch zu sehr an »seinen Stern«, um klüger zu taktieren. Er war überzeugt vom sächsisch-polnischen Reich und dessen europäischer Bedeutung.

Friedrich ordnete an, daß sein General Brand die Stadt in einem Handstreich zu besetzen habe. Die Stadt erfuhr aber davon, versetzte sich in Verteidigungsbereitschaft und suchte bei Polen, dem Kaiser, Danzig und Thorn um Hilfe nach. Der militärisch glücklose August war über den Coup aufs äußerste erbost und versprach der Stadt Entsatz. Doch die Polen waren nicht so leicht bereit, in den Krieg zu ziehen. Als August seine selbstbewußten, neu erworbenen Landsleute doch überredet hatte, war Elbing bereits eingeschlossen und konnte bombardiert werden. Der Kaiser, auch die Städte Danzig und Thorn wollten ebenfalls keinen Krieg und gingen über verbale Drohgebärden, die niemanden beeindruckten, nicht hinaus.

Das wiederum mochten die Elbinger nicht und öffneten Friedrich 1698 die Stadttore. Der verbitterte August rief die Vermittlung des Kaisers an. Der entschied schließlich, daß Friedrich III. die Stadt zu räumen habe. Das tat er dann auch. August sollte die 300.000 Taler bezahlen. Da letzterer das, selbst wenn er gewollt hätte, nicht konnte, besetzte Friedrich 1703 – jetzt bereits König in Preußen – die Stadt erneut und gliederte sie Ostpreußen an.

Mit der Einwanderung von Hugenotten aus Frankreich und Kalvinisten aus der Schweiz kamen gut ausgebildete Fachleute nach Preußen.

Für die Entwicklung Ostpreußens war die von Friedrich geförderte Einwanderung der Hugenotten aus Frankreich und der Kalvinisten aus der Schweiz von großer Bedeutung. Dem Land wurden gut ausgebildete Fachleute und Manufakturbetriebe zugeführt, die einen bemerkenswerten wirtschaftlichen Aufschwung bewirkten.

Durch seine erfolglose, ja abenteuerliche Politik im Rheinland und in der Pfalz versäumte es Friedrich III. genau wie König August, zwischen Preußen und Polen zu einem fairen Interessenausgleich über Westpreußen zu kommen. Noch immer wirkte das einseitig von Polen festgelegte »Inkorporationsprivileg« vom 6. März 1454 und belastete die preußisch-polnischen Beziehungen. Jetzt – bevor Preußen richtig stark war – wäre die Zeit eines Ausgleiches dagewesen, doch das wollte keine der beiden Seiten.

Der Ausgang des Ständekrieges von 1454-1466 und der 2. Thorner Frieden sowie die schon erwähnte einseitige Willenserklärung des polnischen Königs bewirkten, daß für Westpreußen ein nicht eindeutiger Rechtszustand entstanden war. Nach Auffassung der westpreußischen Stände war Westpreußen ein autonomer Staat mit Personalunion des Königs von Polen, aber mit eigenem Landtag, Hoheitszeichen und Indiginat. Nach Auffassung der polnischen Krone war Westpreußen zu einem Teil Polens geworden.

Der Streit wurde auch dadurch nicht entschärft, daß die propolnische Partei durch das Faktische im Verlaufe der Jahre zunächst an Boden gewann. Diesen Streitpunkt auszuräumen, wäre für ein gutnachbarliches Verhältnis wichtig gewesen und hätte sofort, zumindest vor der Königskrönung geschehen sollen.

Königsberg (Kaliningrad). Das historische Foto von 1935 zeigt das Krönungsschloß der preußischen Könige. Bereits 1257 begann der Bau des Schlosses, der 1387 beendet wurde. Später folgten mehrere Umbauten.

Am 18. Januar 1701 setzte sich Friedrich III., Kurfürst in Preußen, im Audienzsaal des Königsberger Schlosses selbst die Königskrone aufs Haupt und krönte anschließend seine Gemahlin. Durch diesen äußerlichen Akt wurde er König Friedrich I. in Preußen. *In* Preußen, weil Westpreußen der polnischen Krone unterstand und er nicht Kurfürst von ganz Preußen, sondern nur von Ostpreußen war. Der weltliche Audienzsaal wurde gewählt, um vor aller Welt zu dokumentieren, daß es sich nicht um eine Salbung zum König durch einen christlichen Würdenträger, sondern um eine Selbsternennung handelte. Die Selbstkrönung Friedrichs war übrigens das Vorbild für die von Napoleon I. vorgenommene Selbstkrönung zum Kaiser der Franzosen. Ein schwerer persönlicher Kampf für Friedrich war damit beendet.

Doch was für ein Preis! Friedrich der Große hatte für seinen Großvater nur Hohn. Weniger für den Erwerb der Königskrone, die ja auch er trug, sondern für den Preis. Nach Ansicht seines berühmten Enkels hatte der für etwas gezahlt, was er sich einfach hätte nehmen können. Doch Friedrich war eben nicht gleich Friedrich. König Friedrich II. vertrat die Auffassung, daß der Herrscher Preußens mehr als ein König sei und eines solchen Titels eigentlich nicht bedürfe. Sein Großvater, der alle Demütigungen durchlebt hatte, die seinem Enkel durch ihn erspart geblieben waren, sah das ganz anders.

Wie hatte Friedrich III. unter den Demütigungen der kleinen und großen europäischen Könige zu leiden gehabt! Sein angeblicher Freund Wilhelm von Oranien, der ihm nun wirklich viel Unterstützung im eigenen Kampf um den englischen Königsthron zu danken hatte, bot ihm bei einer Zusammenkunft der Herrscher Europas in Haag keinen Armsessel an. Stehen sollte er zwar nicht, doch Armsessel standen nur Königen zu, nicht Kurfürsten. Gelöst wurde die Peinlichkeit, bei der Friedrich sogar mit Abreise drohte, indem man allgemein zum Stehbankett überging.

Bei den Verhandlungen in Ryswick bekam der Gesandte des Dogen von Venedig den Vorrang vor dem des Kurfürsten von Brandenburg, denn der Doge galt als Souverän. Friedrich war außer sich.

Zar Peter von Rußland verweigerte ihm die unter Herrschern übliche Anrede »mein Herr Bruder« und umging sie, mehr ungeschickt gutmütig als beleidigend.

In Wien wurden seine Gesandten ständig von den Hofschranzen des Kaisers hintenangesetzt.

1693 hatte Friedrich III. am kaiserlichen Hof den Antrag auf die Königskrone von Preußen gestellt.

Von all dem wollte der Große Friedrich und Enkel des ersten nichts wissen, mußte er auch nicht, denn er war König. Dank der Demütigungen, die sein Großvater ertragen hatte. Als dann gar noch der Kurfürst von Sachsen polnischer König wurde und der Kurfürst von Hannover, beides aus der Sicht Friedrichs drittrangige Mächte, nach der englischen Krone griff, hatte auch er im Jahre 1693 den Antrag am kaiserlichen Hof auf die Königskrone von Preußen gestellt. Er wurde hingehalten. Da bot er dem Kaiser Waffenhilfe im spanischen Erbfolgekrieg an. Das war der Preis, den Friedrich der Große Verachtung für seinen Großvater empfinden ließ. Ein solches Wort konnte der Kaiser nicht überhören. Die Krönung würde ihn nichts kosten, dachte der Kaiser, und so war es ja zunächst auch. Erst viel später sollte dem Haus Österreich der wahre Preis präsentiert werden.

Am 17. November 1700 wurde zu Wien der Kronvertrag geschlossen. Der Kurfürst verpflichtete sich aber nicht nur, dem Kaiser 10.000 Soldaten zu stellen und sie zu finanzieren, eine bedeutende Streitmacht für die damalige Zeit, sondern auch auf alle Hilfsgelder zu verzichten, die ihm der Kaiser aus früheren Waffengängen noch schuldete, bei Kaiserwahlen immer den Habsburgern seine Stimme zu geben, in allen Reichsangelegenheiten die Partei des Kaisers zu vertreten und aus seiner neuen Würde als deutscher Reichsfürst keine weiteren Ansprüche abzuleiten. All diese Demütigungen nahm Friedrich hin und leerte den Bitterbecher bis zum Grund.

Friedrich III. erduldete alle Demütigungen, um die sofortige Anerkennung seiner Königswürde durch den Kaiser zu erreichen.

Dafür krönte ihn der Kaiser nicht einmal zum König in Preußen, denn das konnte er nicht, Ostpreußen war kein Reichsgebiet. Zum König von Brandenburg konnte er auch nicht gekrönt werden, denn das ließ die Reichsverfassung nicht zu. So brauchte er den Kaiser eigentlich nicht, um König zu werden, denn Friedrich war souveräner Herzog in Preußen. Er wußte, daß er sich selbst krönen konnte und mußte und daß es deswegen so und so Ärger geben würde – was ja auch, allerdings geringer als erwartet, eintrat.

Was er brauchte, war die sofortige Anerkennung durch den Kaiser. Das brauchte er für sein Ego, aber auch für den Frieden Preußens. Ein König ohne Anerkennung des Kaisers war schlimmer als ein Herzog mit Königsambitionen. Ein Krieg um diese Krone hätte das Land verwüstet. Und dafür zahlte er einen schier ungeheuren Preis – für ein immer mehr verarmendes Land. Nur damit handelte er sich die spätere Verachtung des Zynikers von Sanssouci ein. Die Anerkennung der europäischen Mächte fiel recht günstig aus. Als letzte kam 1764 die von Polen.

Heftig protestierte nur der Papst. Zunächst belehrte er die Welt, daß Könige nur durch ihn, den Papst, gekrönt werden könnten, und dann erhob er Anspruch auf das Gebiet des früheren Ordensstaates. Er bezeichnete Friedrich als Feind der katholischen Kirche und ermahnte zugleich die Staaten, Friedrich nicht anzuerkennen. Die Kurie sprach und schrieb von den Königen in Preußen nur als den »Markgrafen von Brandenburg« und erkannte das preußische Königshaus erst im Jahre 1786 nach der Thronbesteigung Friedrich Wilhelms II. offiziell an; er war damals bereits der 4. preußische König in Folge! Beeindruckt hat das allerdings niemanden.

Der Papst erkannte das Königtum Preußen erst 85 Jahre nach der Thronbesteigung an!

Mit der Königskrönung änderte sich auch der Name des Landes. Sprach man bis dahin von Brandenburg-Preußen, so rückte jetzt der Name Preußen in den Vordergrund und setzte sich schließlich durch. Der preußische schwarze Adler und die Farben Schwarz-Weiß wurden nun zu den Symbolen des Landes.

Die Krönung in Königsberg war mit einem in Preußen nie dagewesenen Prunk und Aufwand gefeiert worden. Das widersprach zwar der schlichten und an Sparsamkeit gewöhnten Natur der Ostpreußen, andererseits gewann König Friedrich I. viel Sympathien in der Bevölkerung, denn die Feiern brachten den Bürgern bedeutende Einnahmen. Wieder einmal schrieben Königsberg und Ostpreußen Geschichte. Nicht nur die eigene, sondern die des ganzen, nun großen, stabilen und sicheren, wenn auch nicht mehr reichen Landes.

Unmittelbar nach der Krönung traf das Land eine Katastrophe, die selbst die Kriegsverwüstungen in den Schatten stellte. Das Land wurde von der Pest heimgesucht, die sich infolge einer Mißernte von Polen nach Preußen ausbreitete und 1709 ihren Höhepunkt erreichte. Sie wütete so schlimm, daß ganze Landstriche zu unbewohnten Gebieten entvölkerten und neu besiedelt werden mußten. Knapp die Hälfte der damals rund 600.000 Einwohner überlebte diese Heimsuchung nicht. Vor allem wurde der nördliche Teil Ostpreußens getroffen. Fast 11.000 Bauernstellen waren nicht mehr besetzt, ganze Dörfer entvölkert. Die Menschen, die diese Seuche als Strafe Gottes empfanden, hörten auf zu arbeiten, flohen kopflos durch das Land und in die Wälder und wagten sich aus Furcht vor Ansteckung in keine bewohnte Siedlung. Königsberg verlor ein Viertel seiner Einwohner. Alles, was Generationen durch Fleiß und unermüdliche Arbeit aufgebaut hatten, drohte zu verfallen.

Friedrich I., zu schwach, an keine ernsthafte Arbeit gewöhnt, war mit dem, was das Land jetzt nötig hatte, überfordert. Es bedurfte einer Persönlichkeit anderen Formats, eines Königs wie Friedrich Wilhelm I., der hart gegen andere, aber noch härter gegen sich selbst, im Wiederaufbau Ostpreußens eine seiner Lebensaufgaben sah. In diesem König, in dem spätere Generationen ausschließlich den jähzornigen, prügelnden, große Soldaten liebenden, geizigen Monarchen sahen, fand Ostpreußen das, was es mehr als alles andere brauchte: Einen klugen, weitsichtigen, fürsorglichen Landesherrn, der mit Steuerfreiheiten, Privilegien und Landvergabe erneut Fremde – Holländer, Franzosen, Tschechen, Deutsche und Masuren – ins Land holte und vor allem mit dieser Kraft und Blutzufuhr in einer Generation die furchtbarsten Schäden beseitigte, die die Pest und deren Folgen in dem Lande verursacht hatten. Das Land brauchte und bekam zum ersten Mal einen fürsorglichen, strengen Vater.

Friedrich Wilhelm I. wurde für Ostpreußen ein fürsorglicher und strenger »Vater«.

Zuvor aber beteiligte sich der diese Sorgen umgehende, die Außenpolitik der inneren vorziehende Vater Friedrich Wilhelms an weiteren Kriegen. Mit dem Kampf gegen die Folgen der Pest konnte man keine Reputation erwerben. Zunächst zeigte der erste preußische König dem Kaiser seine Dankbarkeit für die Krönung, indem er sich gemeinsam mit Holland und England am spanischen Erbfolgekrieg gegen Frankreich beteiligte. Ludwig der XIV. wollte seinen Enkel auf den spanischen Thron setzen, und Europa fürchtete sich vor einem französisch-spanischen Bourbonenstaat.

Da Friedrich jetzt wirklich König war, glaubte er, sich auch königlich verhalten zu müssen. Er stellte dem Kaiser nicht nur die versprochenen 10.000 Mann Hilfstruppen, sondern 25.000 Mann mit voller Ausrüstung und Kriegslöhnung.

Cranz (Zelenogradsk).
Einfahrt zum Hafen.

Oberbefehlshaber der preußischen Truppen wurde der noch junge Fürst Leopold von Dessau. Später stieg er als der »alte Dessauer« zum Drillmeister der Nation auf. Zuerst aber wurde er durch einen ihn heute eher sympathisch machenden, damals jedoch europaweiten Skandal bekannt. Er heiratete – stur gegen alle Anfeindungen – eine Bürgerliche, die Tochter des Dessauer Hofapothekers Föse. Wie in einem Heimatfilm, wurde sie schließlich vom »guten« Kaiser in den Grafenstand erhoben und damit zumindest de jure hoffähig. Das war etwas für die deutsche Volksseele. Der Hofklatsch beruhigte sich nach und nach, und Preußen erhielt sich so seinen immer verbitterter werdenden, vielleicht fähigsten General, Drillmeister und Mitschöpfer der preußischen Armee. Und die Karikaturisten mehrerer Generationen schufen an ihm das gewollt verzerrte Urbild des dümmlichen, preußischen Offiziers. Doch das erst, als sie selbst in sicheren Grenzen leben konnten, die sie unter anderem auch diesem eigenartigen Herrn verdankten.

Kurz nach dem Tode Friedrichs I., am 25. Februar 1713, endete auch der spanische Erbfolgekrieg im Frieden zu Utrecht. Die spanischen Bourbonen hatten sich behauptet.

Preußen erwarb einen Teil von Geldern. Der Staat war durch die Miß- und Günstlingswirtschaft nahe am Bankrott. Aber Preußen besaß ein stehendes Heer von 50.000 Mann. Viel für ein armes Land. Könige machen ein Land arm, sagten die Preußen. Bald sollten sie erfahren, daß auch populäre Sprichwörter falsch sein können.

Ostpreußens Wiedergeburt. Nie zuvor, und sicher auch nie danach, hat es eine solch einschneidende Veränderung in der Innenpolitik eines Landes gegeben, wie sie nach dem Tode Friedrichs I. im verarmten Preußen eintrat. Seinen Sohn, Friedrich Wilhelm I., hatten bereits Jahre vor dem Tod seines Vaters dessen Verschwendungssucht und die Ausschweifungen am Hofe zur Verzweiflung getrieben. Doch eiserne Subordination ließen ihn schweigen. Bis zum Tag der Beisetzung. Da begann die Abrechnung. Kaum hatte sein Vater die Augen geschlossen und die noch von ihm selbst angeordnete pompöse Trauerzeremonie war beendet, schritt er mit eisernem Gesicht durch die noch amüsiert lächelnden Hofleute ins Kabinett. Sie blödelten zum letzten Mal. In seinem Kabinett angekommen, entließ er auf der Stelle und ohne Pension neun Zehntel des gesamten Hofstaats. Die wenigen ehrlichen Verbliebenen mußten auf zwei Drittel ihrer Bezüge verzichten. Alle, die sich unrechtmäßig die Taschen gefüllt hatten, wurden verhaftet und ihre Güter eingezogen. Das war aber nur der Anfang. Von nun an war es vorbei mit Festen, Privilegien und Amüsement jeder Art. Er sparte, ordnete, regulierte, arbeitete und betete und arbeitete wieder. Mehr Amüsements gab es in Preußen nicht. Wehe dem bestechlichen Beamten, wehe dem, der Weisungen des Königs lasch ausführte oder gar vergaß. Die Schmarotzer ganz Europas, die sich an Friedrichs Tisch versammelt hatten, flohen, daß sie sich gegenseitig in die Hacken trampelten. Fahren konnten sie nicht mehr, denn Pferde und Karossen hatte der König beschlagnahmt.

Mit dem Amtsantritt des Soldatenkönigs begann ein strenges Regiment im Land.

Preußen wurde total zentralisiert. Die Rechte der ostpreußischen Stände, so beschnitten sie auch schon waren, wurden ersatzlos gestrichen, die Normalarbeitszeit der Beamten auf 18 Stunden hochgesetzt, das Recht vereinheitlicht. In Ostpreußen setzte das Retablissement ein, das heißt die Aufrichtung des Staates von den Folgen der Pest. Dazu gehörte die Neubesiedlung, die Reform der Landesverwaltung. Das Eigenleben Ostpreußens hörte auf. Es entstand eine gesamtstaatliche Verwaltung. Zuerst wurden die Domänen und Schatullgüter einer eigens dafür geschaffenen Behörde unterstellt, dem Finanzdirektorium in Berlin.

Verwaltungsreformen und innovative Veränderungen in der Landwirtschaft - so begann der König sein Lebenswerk, den Aufbau von Ostpreußen.

Friedrich Wilhelm berief 1715 den jungen Karl Heinrich Graf zu Waldenburg zum Präsidenten der Kriegskammer, die zugleich oberste Finanzbehörde der Provinz Ostpreußen war. In dieser Eigenschaft leitete er auch eine Kommission, die weitere Reformen auszuarbeiten hatte. Die nächste große war eine Steuerreform, der die Neubewertung des gesamten Grundbesitzes vorausging, Generalhufenschloß genannt. Das alte Lehnswesen wurde abgelöst durch Neuorganisation des staatlichen Domänewesens.

Betroffen davon waren mehr als 3.000 Domänendörfer, in denen auch der größere Teil der Bevölkerung lebte. Demgegenüber standen in Ostpreußen nur 900 Dörfer, die Adligen gehörten. Der König erzwang neue, moderne Anbaumethoden und setzte die Zucht von leistungsfähigeren Tierrassen durch. Das alles mußte bei dem Beharrungsvermögen der Bauern im allgemeinen und dem der ostpreußischen Bauern im besonderen ständig kontrolliert werden. *»Det Land frißt mir uff ...«*[1], stöhnte der König nach so manchen Rückschlägen, setzte aber sein Lebenswerk, den Aufbau Ostpreußens, unverdrossen und zäh fort.

Die königlichen Beamten starben in dieser Zeit häufiger im Sattel als im Bett. So auch Graf zu Waldenburg, der sein schweres Amt nur bis 1721 durchhielt. Er starb, angefeindet vom Adel wie von den Bauern, denen er Gutes tat, ohne daß sie es wahrhaben wollten. Der König forderte auch, daß seine Beamten selbst für ihren Unterhalt sorgten, was früher unüblich war. *»Ich will nicht«*, schrieb er, *»daß die Herren Räte mit meiner Bauern Pferde spazieren fahren.«*[2]

Die Neubesiedlung verlief in zwei Richtungen. 1723 wurde die litauische Deputation gegründet, die sich unter anderem mit der Anwerbung von Siedlern in Litauen und Polen befaßte. Allerdings mochte der König die leichtblütigen und lebenslustigen Polen und Litauer weniger und befahl gründliche Prüfungen ihrer Eignung als Landwirte.

Einen Höhepunkt der Neuansiedlung bildete das Jahr 1732. In diesem kamen 15.000 evangelische Salzburger, dazu Franzosen, Schweizer, Nassauer und Pfälzer in größeren Zahlen. Wie ernst es dem König mit der Ansiedlung war, zeigt sein Edikt, daß die erste und zweite Generation der Neusiedler nicht zur Armee angeworben werden durfte – ein gewichtiger Entscheid für einen König, der Soldatenkönig genannt wurde und dessen ganze Liebe den »langen Kerls« gehörte.

Arbeiten und beten - diesen Lebensstil prägte der König dem ganzen Land auf.

Doch darin erschöpfte sich sein Reformwille nicht. Seinen persönlichen Lebensstil, den man mit dem von ihm selbst geprägten Begriff »arbeiten und beten« umreißen konnte, drückte er dem ganzen Lande auf. Er führte eine Gerichtsverfassung durch, eine Postordnung ein, er erließ Markt- und Gesindeordnungen, Handwerks- und Bauordnungen, eine Mühlen- und sogar eine Kleiderordnung, in der präzise festgelegt war, wer welchen Aufwand mit der Kleidung treiben durfte. Wer dagegen verstieß, wurde von ihm auch persönlich mit dem Stock gezüchtigt, so er ihn ertappte. Doch solche, Europa ebenso belustigende wie erschütternde öffentliche Szenen täuschten die Untertanen und die Welt weit mehr, als sie diesen, sich schwer aufschließenden König charakterisierten. Er war nicht grausam, sondern hart und gerecht, am meisten gegen sich selbst. »*Auch ich bin nicht frei*«[3], sagte er zu einem wegen Desertion zur Hinrichtung verurteilten Soldaten, der die Tat mit »frei sein wollen« erklärte. Und er verstand sein Amt so, wie er es sagte: »*König zu sein, ist das Unfreieste*«, denn »*wisset ihr nicht, daß ich sein muß in dem, das meines Vaters ist?*«[4] – ein Bibelwort, das Leitwort für all sein Handeln bleiben sollte.

Der Choral »Üb immer Treu und Redlichkeit ...« wurde zur zweiten preußischen Nationalhymne und drückte wie kein anderer Text die Erziehungsziele und Ideale des Königs aus. Und damit auch jeder daran erinnert wurde, erklang die erste Strophe des Chorals nicht nur stündlich als Glockenspiel von der Potsdamer Garnisonskirche, sondern zugleich von vielen anderen in Ostpreußen. Der König versuchte, die kleinen Leute vor allzu schwerer Ausbeutung zu schützen, sie aber zugleich zu Arbeit, Bescheidenheit, Zufriedenheit, Gottesfurcht und unbedingter Befolgung der königlichen Gebote zu erziehen. Ehrlichkeit und Unbestechlichkeit wurden die höchsten Beamtentugenden. Raffer und Unredliche hatten drakonische Strafen zu erwarten.

1725 wurden die noch relativ selbständigen Städte Altstadt, Kneiphof und Löbenicht durch einen Verwaltungsakt zur einheitlichen Stadt Königsberg vereinigt.

1725 ordnete der König gegen den Widerstand Königsbergs dessen Verwaltung neu. Aus den bis dahin nur durch den Oberbegriff Königsberg vereinten, ansonsten aber selbständigen Städten Altstadt, Kneiphof und Löbenicht wurde eine Stadtverwaltung mit einem Bürgermeister, einem Gericht und einer Finanzverwaltung – es entstand nun die wirklich einheitliche Stadt Königsberg.

Der König bemühte sich, seine Untertanen sittlich zu erziehen. Er reformierte die Universität, holte von August Hermann Franckes Stiftungen aus Halle Schüler und besetzte mit ihnen Lehrstühle und Direktorenposten des pietistischen Friedrichskollegs, um eine Basis im Kampf gegen den bedeutenden Königsberger Theologen Johann Jacob Quandt zu bekommen. Wie die Universitäten, reformierte er auch das Schulwesen. Größten Wert legte er auf die ethische Bildung der Jugend. Das hieß bei ihm Religion, Gesang, Geschichte. Er schuf Volksschulen, bildete Lehrer aus und vereinheitlichte den Unterricht. Das Programm war einfach: Singen, Religion, Rechnen, Lesen. Gehorsam, Disziplin, Lerneifer und Gottesfurcht. Seine Ordnung für die Ausbildung in der preußischen Armee erschien ihm auch für die Schulen richtig. Rückblickend mag die Vorstellung, einen den Stock schwingenden, kaum des Lesens kundigen Unteroffizier als Rückrat der preußischen Schule anzuerkennen, nicht besonders populär sein. Damals war es ein ungeheurer Fortschritt. Zwar wurde die allgemeine Schulpflicht noch nicht eingeführt, doch die persönliche Autorität des Königs stellte sicher, daß dort, wo eine Schule einmal bestand, diese von den Kindern auch besucht wurde. Das aber war viel mehr, als die preußischen Nachbarstaaten zur gleichen Zeit als Volksbildung anzubieten hatten.

Eine weniger gute Zeit erlebten die Künste und das Theater unter der Regierung Friedrich Wilhelms I. Künstler hielt er für Scharlatane, Theater waren ihm ein Greuel. Von der Musik hielt er nichts, es sei denn von Chorälen in der Kirche und Jagdhörnern im Wald. Er lehnte selbst Kirchenmusik als Spinnerei ab. Geld gab er dafür genauso wenig aus wie für die Wissenschaft, von der er den praktischen Nutzen sehen wollte, bevor er seine Schatulle öffnete.

Königsberg (Kaliningrad). Das neue Schauspielhaus. Erbaut 1910 unter Leitung Dr. Bredows, nach Plänen des Architekten Otto Walter Kuckuck, war es Spielstätte des 1745 gegründeten ersten Theaters von Königsberg. Das Gebäude war im Krieg völlig zerstört und ist nach den alten Plänen neu aufgebaut worden.

Nur in einem Punkt sparte der König nicht. Beim Aufbau eines stehenden Heeres. Man darf hier seine Garde und die Liebe zu ihr nicht überbewerten. Zwar trifft es zu, daß der sparsame, aber nicht geizige König bedeutende Summen für einen stattlichen Soldaten auszugeben bereit war. Andererseits wußte er durchaus, wirtschaftlich Notwendiges für das Land und das Nötige für den schrittweisen Aufbau eines stehenden Heeres zu trennen. Eine starke Armee ist preiswerter als der billigste Krieg. Diesem Grundsatz folgend, erhöhte er die Friedensstärke seines stehenden Heeres von 48.000 Mann bei Regierungsantritt auf rund 100.000 Mann am Ende seines Lebens. Seine Soldaten waren seine einzige kostspielige Leidenschaft. Viele kannte er persönlich und lud sich selbst gern als Tischgast bei ihnen ein. Ein Beispiel für seine Narretei gibt folgende Anekdote:

Als der neue Turm der Berliner Petri-Kirche kurz vor seiner Vollendung einstürzte, wurde die Meldung beim König mit den Worten eingeleitet, es habe sich ein großes Unglück ereignet. Der sofort aufgeregte König beruhigte sich bei der erhaltenen Meldung wieder und antwortete gelassen: »So, weiter nichts? Ich dachte schon, wunder was es wäre und glaubte, der Flügelmann von Glasenapp wäre gestorben.«[5]

Ein Beleg für seine Soldatennarretei? Vielleicht! Eher ein Ausdruck seiner Fürsorgepflicht für seine Soldaten.

Obwohl der Soldatenkönig über die diszipliniertes te und bestausgerüstetste Armee Europas verfügte, setzte er sie eher als Drohung ein.

Doch die Zahl allein machte es nicht. Er hatte die diszipliniertestе, kampfkräftigste und bestausgerüstetste Armee Europas. Er setzte sie zwar fast nie ein – und das nicht nur, weil er die Soldaten in seiner Affektiertheit tatsächlich zu sehr liebte, um sie totschießen zu lassen. Er vertrat auch die Auffassung, daß er mit dieser Armee allein seinen zersplitterten, armen Staat vor Angriffen schützen konnte. Mehrfach drohendes Aufmarschierenlassen hatte ihm gezeigt, daß die preußische Armee durch ihr Vorhandensein allein den Frieden garantieren könne. Der Soldatenkönig war einer der wenigen Herrscher seiner Zeit, der an keinem erwähnenswerten Krieg beteiligt war. Sehen wir von dem Kleinkrieg mit Schweden um Stettin und die Inseln Wolin und Usedom einmal ab.

Er ordnete an, daß die ältesten Söhne und Hoferben der Bauern nicht zur Fahne gerufen werden durften und handelte dabei wie ein fürsorglicher Hausvater. Das, was die preußischen Werber unbeliebt machte, spielte sich in den Nachbarländern ab, für die der König Werbekonzessionen kaufte. Zimperlich gingen sie nicht vor, und Erzählungen über betrunken gemachte und verschleppte große Männer gehören durchaus nicht zur Legende. Nicht richtig sind die Geschichten über Brutalitäten des Königs gegenüber seinen

Soldaten. Das kam vor. Aber das berüchtigte Spießrutenlaufen wurde nur bei schwersten Vergehen angewandt, und dazu gehörte die Fahnenflucht.

Der König liebte die Soldaten und half ihnen bei Grundstückskäufen, Geschäftseröffnungen, und er stiftete auch Ehen. In der Ausbildung legte er großen Wert auf das disziplinierende Exerzieren, raschestes Feuer, schnellsten Wechsel und präzisiertes Beherrschen der Gewehrgriffe. Es sollte nicht lange dauern, bis diese Armee die Welt in Erstaunen versetzte, aber da lebte ihr Schöpfer schon nicht mehr. Er starb am 31. Mai 1740. Ostpreußen war bei seinem Tod wieder eine geordnete Provinz mit 600.000 Einwohnern. Es gab keine unbesetzten Bauernstellen mehr. Die Kassen des Königs waren gefüllt. Er hinterließ seinem Sohn eine geordnete Wirtschaft. Millionen hatte er für Ostpreußen aufgewendet. Die durch ihn möglich gemachte Wiedergeburt war das bedeutendste Werk des Königs, wenn auch bei weitem nicht sein einziges.

Statt Land, nun »Provinz«. Friedrich Wilhelm I. hatte Ostpreußen geliebt und sich gern und oft darin aufgehalten. Mit Recht betrachtete er das Land als eine Schöpfung, bei der er Gott hatte behilflich sein dürfen.

Sein Sohn Friedrich II. liebte nichts davon. Weder Wälder noch Seen, keine Pferde und schon gar nicht einfache, unkomplizierte, offene Menschen. Dafür war er selbst zu verschlagen und mißtrauisch. Friedrich II. war Repräsentant einer neuen Zeit. Durch ihn siegte die Aufklärung über den dumpfen Pietismus und die Orthodoxie. Er liebte Musik, Philosophie, Literatur und Kunst, die französische Sprache; die deutsche hielt er für barbarisch. Er konnte nichts lieben, was sein Vater geliebt hatte. Vor allem Ostpreußen nicht.

Zeit seines Lebens bewahrte Friedrich II. eine kühle Distanz zu Ostpreußen.

Von all dem, was er mochte, hatte das schweigende Land mit den dunklen Wäldern und kristallklaren Seen wenig zu bieten. Um dem abzuhelfen, privilegierte Friedrich zuvor bereits 1741 die »Königlich Deutsche Gesellschaft« zur Pflege von Wissenschaft und Kultur, die bis 1945 in Königsberg bestanden hat. Einige Jahre später, 1755, gestattete Friedrich sogar dem Schauspieler Ernst Ackermann am Kreytzenplatz in Königsberg ein Theater zu errichten, doch betreten hat er es nie.

Sonst änderte sich nicht allzuviel in Ostpreußen. Die Landwirtschaft blieb die Haupteinnahmequelle des Staates. Der König setzte Friedrich Domhard, einen Landwirt bürgerlicher Herkunft, zum Direktor der Gumbinner Kriegs- und Domänenkammer ein. Zu seinen Aufgaben gehörte auch die Verwaltung, Pflege und Reorganisation des Gestüts in Trakehnen, das Friedrich Wilhelm I. 1732 gründen ließ, um starke, schnelle und ausdauernde Pferde für seine Kavallerie zu züchten. Dieses Gestüt wurde für alle ostpreußischen Pferdenarren – und wer war das in diesem Land nicht? – eine Wallfahrts- und Kultstätte. 1739 schenkte er es seinem Sohn, dem künftigen Friedrich II., zum Geburtstag.

Trakehnen. Seit 1732 wurden in dem weltberühmten Gestüt Pferde gezüchtet, denen Ausdauer, Intelligenz und Leistungsbereitschaft zugeschrieben werden. Heute gibt es dort keine Zuchtbetriebe mehr.

Trotzdem hat dieser nie einen Trakehner geritten und immer Arabern den Vorzug gegeben. Auch deshalb mochten ihn die Ostpreußen nicht. Der König hat Königsberg weder zur

Fünfhundertjahrfeier noch zum Universitätsjubiläum besucht. Die Abneigung war gegenseitig, saß tief und steigerte sich noch.

Als zu Beginn des Siebenjährigen Krieges die Russen in Ostpreußen einmarschierten und die sich zunächst tapfer schlagende, dann aber der russischen Übermacht erliegende ostpreußische Landwehr und das Lehwaldt'sche Korps das Land nicht sichern konnten, schickte der König keine Verstärkung, war aber außer sich über die Niederlage.

Nach den beiden siegreichen Schlesischen Kriegen Friedrichs kam es bereits wenige Monate nach dem Frieden zu Dresden vom 25. Dezember 1745, mit dem der 2. Schlesische Krieg beendet wurde, zu einem Geheimbündnis zwischen Maria Theresia und der russischen Kaiserin Elisabeth, das direkt gegen Friedrich gerichtet war. Einerseits wollte sich Rußland mit einer neuen europäischen Großmacht nicht abfinden, andererseits hatte Friedrich die Zarin öffentlich des öfteren verspottet, so daß auch noch eine tiefsitzende persönliche Abneigung zwischen der Zarin und dem König die Lage verschärfte.

Ende Juni 1757, der König hatte durch eigenes Ungeschick die Schlacht bei Collin gegen den österreichischen Marschall Daun verloren, marschierten die Russen bei Polangen in Ostpreußen ein. Halbherzig operierte die russische Flotte vor Memel. Trotzdem ergab sich die Festung bereits am 5. Juli 1757. Am 30. August 1757 griff der mit der Verteidigung Ostpreußens beauftragte greise Feldmarschall Lehwaldt die fünffach überlegenen Russen bei Groß Jägersdorf an. Lehwaldt setzte die Weisung des Königs, die Entscheidung im Angriff zu suchen, wörtlich und ohne Rücksicht auf die konkrete Situation um.

Die Russen, verblüfft über das Unbegreifliche, was sich ihnen hier bot, nahmen die Schlacht zögerlich auf, schlugen dann aber, trotz harter Gegenwehr der preußischen Truppen und der Landwehr, die kleine ostpreußische Armee. Dennoch ließen sie Lehwaldt geordnet abziehen. Mehr noch. Sie stießen nicht auf Königsberg vor, sondern zogen sich zurück.

Das sonderbare Verhalten der Russen ist nur durch die innerrussische Situation zu erklären.

Die Zarin Elisabeth, die Friedrich erbittert haßte, war schwer krank, und jeder am Hofe wußte, daß ihr Neffe und Nachfolger, der spätere Zar Peter III., ein glühender Verehrer Friedrichs war und befürchtete ein Umschwenken der russischen Politik – was nach ihrem Tod dann auch tatsächlich eintrat, sobald der Machtwechsel vollzogen war. Nur so ist es zu erklären, daß die russischen Oberbefehlshaber, Graf Fermor und Apraxin, ihre Soldaten nicht Schlachten aussetzen wollten, die keinen Gewinn bringen und sie persönlich vielleicht sogar noch gefährden konnten. Die Zarin erholte sich aber und stellte Apraxin wegen des Rückzugs vor ein Kriegsgericht. Bevor die Untersuchung abgeschlossen werden konnte, starb er.

Friedrich, der selbst nicht daran glaubte, die ferne Provinz gegen die Russen verteidigen zu können, tat noch ein übriges, er zog Lehwaldt im September 1757 aus Ostpreußen ab und übertrug ihm die Verteidigung Pommerns. Das hieß, er überließ Ostpreußen schutzlos den Russen. Das hat er zu keinem Zeitpunkt mit einer anderen Provinz getan. Damit endete für Ostpreußen der Siebenjährige Krieg.

1758 besetzte die russische Armee Ostpreußen.

Die eher kuriose Schlacht bei Groß Jägersdorf blieb die einzige in dem siebenjährigen europäischen Gemetzel. Im Januar 1758 besetzte Graf Fermor, diesmal kampflos, Ostpreußen. Mit ihrem Edikt vom 31. Dezember 1757 hatte die russische Zarin Elisabeth Ostpreußen zum russischen Eigentum erklärt. Diese erste Annexion Ostpreußens ordnet sich nahtlos in das unaufhaltsame Vordringen Rußlands entlang der Ostsee nach Westen – etwa ab 1242 – ein. Hier war die Rückgabe ein Zufall der Geschichte, nicht die Annexion. Am 21. Januar 1758 kapitulierte Königsberg kampflos. Es gab niemanden, der kämpfen konnte. Die preußischen Behörden, die Geistlichen und alle im Land gebliebenen Amtspersonen leisteten der Zarin Elisabeth den Treueid. Das war es nicht allein, was den König gegen Ostpreußen einnahm.

Die Russen, weitgehend von balten-deutschen Offizieren geführt, verhielten sich diesmal diszipliniert, froh, als Besatzungsarmee nicht in den Siebenjährigen Krieg direkt ziehen zu müssen. Es wurde gefeiert, es kam zu gemeinsamen Bällen und auch zu Ehen zwischen den preußischen Adligen und den russischen Besatzern. Ethnische Vertreibungen kannte man noch nicht. Und die leichtere russische Lebensart schien den mehr in Gebet und Arbeit gehaltenen Ostpreußen offenbar nicht weniger akzeptabel zu sein als die preußische kleinbürgerliche Strenge. Gute Verdienstmöglichkeiten durch Kriegslieferungen an die russische Armee, verbunden mit dem erträglichen Los, nicht auf die königlichen Schlachtfelder zu müssen, ließen die Ostpreußen sich mit ihrem Schicksal abfinden. Die Stände hatten um ihre alte Vormachtstellung noch nicht zu trauern aufgehört. Zu kurze Zeit erst war Ostpreußen Teil des Königreiches Preußen und zu lang ihr Gedächtnis für die Kühle des Königs ihnen gegenüber.

Der König vergaß nie die »Kollaboration« der Ostpreußen während der vierjährigen russischen Besatzungszeit.

Anders der hart bedrängte König, der es seinen ostpreußischen Untertanen nie verzieh, gefeiert zu haben, während er um die Existenz des Staates Preußens rang. Als Zar Peter III. Ostpreußen im Sommer 1762 wieder räumte, war es weit besser erhalten als die übrigen preußischen Provinzen. Friedrich II. hat danach Ostpreußen nie wieder betreten und nur noch höhnisch von »der Provinz« gesprochen. Sie hatte sich so verhalten, wie er es offenbar von ihr erwartet hatte.

Es ist nicht einfach zu beurteilen, was die wirklichen Gründe für eine breite Kollaboration der Ostpreußen mit den Russen waren. Die brandenburgisch-preußische Herrschaft schien nach mehr als 100 Jahren eine sichere Basis im Lande zu haben. Viele empfanden die Haltung des Königs als Verrat. Es muß außerdem berücksichtigt werden, daß die Stände, vom Regierungsantritt des Großen Kurfürsten bis zum Siebenjährigen Krieg, fast alle Rechte an die Krone verloren hatten. Die stabilisierenden, aber trotzdem wenig populären Reformen Friedrich Wilhelms I., die höheren Steuern, die Degradierung Ostpreußens zu einer Provinz, die Verlagerung aller wichtigen Entscheidungen nach Berlin und der Neuzugang von fast einem Viertel der Bevölkerung aus dem Ausland oder aus nichtpreußischen Gebieten des Reiches schufen eine komplizierte ethnische Lage. Hinzu kam, daß die Ostpreußen seit Generationen in den Russen ihre natürlichen Handelspartner sahen und sie nur als Feinde der preußischen Krone, nicht als ihre Feinde anerkennen konnten.

Das neuerliche Vielvölkergemisch aus Deutschen, Polen, Litauern, Franzosen, Tschechen, Schweizern und Russen war noch nicht so schnell zu einem Preußenvolk geworden, wie es sich Friedrich Wilhelm I. vorgestellt hatte.

Nidden (Nida). Auf der Kurischen Nehrung blieb im heute litauischen Ort Nidden die früher evangelisch-lutherische Kirche erhalten. Erbaut 1888 war sie von 1945 bis 1992 Heimatmuseum. Dank der Leiterin der »Ännchen-von-Tharau-Gesellschaft« wurde sie 1992 als nunmehr katholische Kirche wieder eröffnet.

Viel lag aber auch in der Person Friedrichs selbst. Während sein strenger Vater, ein erdverbundener Herrscher, seine Völker auf seine Art liebte und nur die deutsche Sprache beherrschte, konnte Friedrich nur schwer Zugang zum Deutschen finden. Bis ins hohe Alter sprach er besser französisch als deutsch. Die deutsche Literatur war ihm unbekannt. Ostpreußen war für Friedrich Wilhelm I. Mittelpunkt seines Schaffens, für Friedrich II. lediglich eine unbekannte und undankbare Provinz, die nur dank der Mittel seines Vaters kein wüstes Land mehr war. Für ihn kaum von Interesse, außer als Einnahmequelle und Soldatenreservoir. Das alles wurde in Ostpreußen erspürt und wirkte auf das Verhalten der dortigen Oberschicht – auch ohne daß ihr gezeigt wurde, wie wenig dem König am Erhalt Ostpreußens lag.

Wirtschaftlich hatte Ostpreußen, wie schon gesagt, den Siebenjährigen Krieg besser überstanden als die anderen preußischen Provinzen. Trotzdem gab es natürlich kriegs- wie besatzungsbedingte Einschnitte in das Wirtschaftsgefüge des Landes. Zarin Elisabeth hatte den Grafen Fermor zum russischen Gouverneur eingesetzt. Dieser ließ die preußischen Gesetze gelten und die Verwaltungsbeamten arbeiten, soweit sie der Zarin den Treueid geleistet hatten. Zugleich aber setzte er russische Offiziere als Kontrollorgane ein. Die Russen bemühten sich, Ostpreußen auch emotional für Rußland zu gewinnen und ließen dem Land seine weitgehende Selbstverwaltung. Übergriffe und Plünderungen waren selten.

Doch der Krieg hat eigene Gesetze. So holzten die Russen die Waldgebiete im Norden von Königsberg bis Memel ab und verschwelten das Holz für ihr Flottenbauprogramm. Die Kurische Nehrung, vom Schutz durch den jahrhundertealten Wald entblößt, begann der Erosion zu erliegen, die Dünen wanderten und vernichteten wertvolle Äcker, nach und nach auch 15 Dörfer.

Im Land entstand eine große Münzverwirrung. Die hatte eigentlich der König selbst durch seine Notlage im Krieg und die von ihm veranlaßte stufenweise Reduzierung des Silbergehaltes ausgelöst. Die Russen taten das ihrige dazu, so daß die Übersicht über den tatsächlichen Wert der Zahlungsmittel verlorenging. Zusammenbrüche großer Handelshäuser mit weitreichenden Auswirkungen auf das Wirtschaftsleben blieben nicht aus.

Die mühsam durch Zuwanderungen und bedeutende Förderungen erreichte positive Bevölkerungsbilanz erlitt erneut einen Rückschlag durch ausbrechende Seuchen und durch Kriegsfreiwillige, die sich in erstaunlich hoher Zahl dem König zur Verfügung stellten.

Trotz dieser Einschnitte blieb Ostpreußen stabil. Die zeitweilige Einbindung Ostpreußens in das russische Reich änderte nichts an der Lage. Die Ostpreußen arbeiteten und

Königsberg (Kaliningrad). Immanuel Kants Appelle an die Vernunft blieben zu Lebzeiten ungehört. 1724 wurde er in Königsberg geboren.
Das Denkmal wurde von der Gräfin Dönhoff neu gestiftet. Es entspricht dem einstigen Original vor der Albertina.

lebten ihr Leben. Die Besatzung durch die Russen war zu ertragen und wurde ertragen. Nur der König brachte dafür kein Verständnis auf.

Nach dem für Preußen zunächst erfolgreich verlaufenden Siebenjährigen Krieg in den Jahren 1756 und 1757 endete das Jahr 1758 fast in einer Katastrophe. Die Österreicher waren in Preußen eingefallen. Doch dem besonders in schwierigsten Lagen immer wieder bestechenden Genie des Königs, gepaart mit einem Glück, das ihn nur selten verließ, ausgestattet mit der höchsten Befehlsgewalt und damit immer rasch entscheidungsfähig – gelang es, diese Niederlage durch geschicktes Manövrieren und überfallartige Schlachten bis zur Winterpause noch einmal in einen Sieg zu verwandeln. Das Abenteuerliche in der friderizianischen Kriegsführung – ein Erbe des Großen Kurfürsten – wird in dieser Phase besonders deutlich. Doch auch er hatte Glück, mehr noch als Genie.

Die verlorene Schlacht bei Kunersdorf 1759 hätte das Ende für Preußen bedeuten können.

Am 12. August 1759 kam es dann zwischen den vereinten russisch-österreichischen Truppen und Friedrichs Heer zur Schlacht bei Kunersdorf, die nach den damaligen Regeln der Kriegsführung eigentlich das Ende für Preußen bedeutet hätte. Wie in fast allen Schlachten des Siebenjährigen Krieges kämpfte der König mit einer ans Abenteuerliche grenzenden Taktik. Seinen 43.000 Mann standen 70.000 gegenüber. Er hatte schon ähnliche Schlachten mit noch größeren Unterschieden in der Truppenstärke gewonnen – durch Glück, gepaart mit Können und Risikobereitschaft.

Doch diesmal verließ ihn sein guter Stern. Die totale Niederlage war nicht mehr zu leugnen, die Armee auseinandergelaufen und die Hilfsquellen versiegt. Er trug sich mit Selbstmordgedanken, setzte seinen Bruder, den Prinzen Heinrich, per Dekret zum Generalissimus und Vormund für seinen damals 15jährigen Neffen Friedrich Wilhelm ein. Am Morgen nach der Schlacht teilte er seine Dispositionen dem Minister Finkelstein mit und schrieb: »*Das ist ein grausames Unglück. Ich werde es nicht überleben. Die Folgen werden schlimmer als die Bataille selber sein. Ich habe keine Hilfsquellen mehr, und wenn ich die Wahrheit sagen soll, ich halte alles für ver-*

loren. Ich werde das Verderben meines Vaterlandes nicht überleben.«[6]

Doch auch die Verluste der Russen und Österreicher waren schlimmer als Friedrich kurz nach der Schlacht hatte übersehen können. Der russische Oberbefehlshaber Saltykow schrieb am gleichen Tage an die Zarin Elisabeth: »*Der König von Preußen pflegt seine Niederlagen teuer zu verkaufen. Noch einen solchen Sieg, und ich werde die Nachricht davon mit einem Stab in der Hand allein zu überbringen haben.*«[7]

Kaum hatte den König das Glück in der Schlacht bei Kunersdorf einmal verlassen, fand er es auch sofort wieder. Der österreichische Oberbefehlshaber Marschall Daun drängte Saltykow etwas zu hart zur sofortigen Verfolgung der Preußen. Dieser, ohnehin verstimmt, hielt mit seiner Ansicht, daß die Österreicher die Russen benutzten, damit sie ihnen die Kartoffeln aus dem Feuer holen sollten, nicht hinterm Berge. Er schrieb an Daun: »*Ich habe zwei Schlachten gewonnen und warte, um weiter vorzurücken, nur auf die Nachricht zweier Siege von Ihnen.*«[8] Diese Unstimmigkeit verhinderte, daß die russisch-österreichischen Truppen nach Berlin marschierten. Die gewonnene Zeit genügte Friedrich, um bis zum Winter durchzuhalten. In dieser Jahreszeit hatte damals der Krieg auf beiden Seiten Pause.

Die Kriegsjahre 1760 und 1761 verliefen für Preußen günstiger, doch der König war am Ende. In einem befestigten Lager mit riesigen Vorräten eingeschlossen, von seinen Feinden umringt, war eine Art Patt entstanden. Und die Zeit mußte die Entscheidung zuungunsten Preußens bringen. Da erhielt Friedrich von einer völlig unerwarteten Seite ein plötzliches Hilfsangebot: Die Hohe Pforte in Konstantinopel wollte mit 100.000 Soldaten Österreich im Osten angreifen, und die Tataren kündigten an, von der Krim aus gegen Rußland zu marschieren. Doch der König meinte, alle Hilfe komme zu spät.

Der Tod der Zarin Elisabeth veränderte die Kräftekonstellation.

Da trat ein Ereignis ein, das den Ausgang des Siebenjährigen Krieges auf den Kopf stellen sollte. Am 25. Dezember 1761 starb die Zarin Elisabeth. Ihr Neffe und Nachfolger, der

Gatte Katharinas der Großen, Peter III., ein Bewunderer Friedrichs, trat seine kurze Herrschaft an. Sofort wurde ein Waffenstillstand vereinbart und Peter entließ alle preußischen Gefangenen, die geordnet und unter Waffen dem König wieder zugeführt wurden. Bereits am 5. Mai 1762 kam es zu einem Separatfrieden und einem Bündnisvertrag, und der russische General Tschernitschew traf mit 20.000 Soldaten bei Friedrich in Schlesien ein. Das genügte, um Schweden einen weiteren Separatfrieden schließen zu lassen und somit als preußischer Kriegsgegner auszuscheiden. Das wirkte demoralisierend.

Dann wurde Zar Peter III. im Juli 1762 ermordet, und Katharina II. übernahm die Zarenkrone von Rußland. Sie kündigte sofort das unpopuläre Bündnis und rief Tschernitschew zurück. Dieser offenbarte sich dem Preußenkönig und ließ sich von diesem dazu überreden, den Rückzugsbefehl drei Tage geheimzuhalten. Das genügte Friedrich, um den österreichischen Marschall Daun zu schlagen, zumal Daun einen Teil seiner Truppen zur Bewachung Tschernitschews abstellen mußte. Dies war, von einigen Scharmützeln abgesehen, die letzte Schlacht des Siebenjährigen Krieges.

Im Frieden von Hubertusburg 1763 gehörte Preußen zu den Gewinnern. Es war eine europäische Großmacht geworden.

Im Frieden von Hubertusburg, geschlossen am 15. Februar 1763, einigte man sich zwar darauf, daß alle eroberten Gebiete zurückgegeben werden; Schlesien, vom König im Ersten Schlesischen Krieg erobert, blieb bei Preußen. Das von den Russen bereits geräumte Ostpreußen, das über vier Jahre zum russischen Reich gehört hatte, kam zu Preußen zurück, und Preußen selbst wurde eine europäische Großmacht.

Ostpreußen hatte keinen Anteil an den jetzt folgenden Siegesfeiern. Die Provinz wurde durch Mißachtung und Hohn für etwas bestraft, das sie, zwischen die Mühlsteine der Großen geraten, selbst nicht hatte verhindern können.

Tschernitschew hielt für drei Tage das Schicksal Preußens und damit den Status quo in Europa in seinen Händen. Es ist nicht genau bekannt, ob er den Rückzugsbefehl aus eigenem Ermessen, oder im Auftrag der klugen Katharina mißachtet

Heiligelinde (Swieta Lipka). Die barocke Wallfahrtskirche, 1687-1730 errichtet, enthält das Sanktuarium der Heimsuchung der Heiligen Jungfrau Maria.
Seit dem 17. Jahrhundert steht dieses Heiligtum - mit Unterbrechungen - in Obhut der Jesuiten.
Die Orgel stammt vom berühmten preußischen Hoforgelbauer Josua Mosengel.

hat. Die Wahrscheinlichkeit, daß sie ihren späteren Günstling mit einer gezielten Indiskretion beauftragt haben könnte, ist zumindest hoch. Abgesehen davon, daß sie die starke antipreußische Partei am Petersburger Hof beruhigen mußte, brauchte auch sie zunächst nichts so sehr wie Frieden. Ein neu entfachter Krieg konnte ihre Stellung in Rußland nicht festigen. Zwar war Peter III. in Rußland unbeliebt, aber Gattenmord, selbst dann, wenn dieser zum Nutzen des Staates geschah, war es auch.

Die Türken machten übrigens ihr Angebot an Friedrich wahr, marschierten gegen Österreich und rüsteten gegen Rußland, so daß angenommen werden kann, daß Katharina das Verhalten Tschernitschews gesteuert haben dürfte. Zunächst tat er, als hätte er Landesverrat begangen. Nachdem er auf Friedrichs Vorschlag, den Abberufungsbefehl drei Tage geheimzuhalten, eingegangen war, sagte er zum König: »*Machen Sie mit mir, was Sie wollen, Sire! Das, was ich Ihnen zu tun verspreche, kostet mich wahrscheinlich das Leben; aber hätte ich deren zehn zu verlieren, ich gäbe sie gern hin, um Ihnen zu zeigen, wie sehr ich Sie liebe.*«[9]

Er mußte sein Leben nicht opfern. Im Gegenteil! Er erlebte einen beeindruckenden Aufstieg am Petersburger Hof – auch das ist ein Indiz für die Dankbarkeit der Zarin.

Katharina II. hielt den von Peter III. geschlossenen Frieden ein. Am 6. August 1762, etwa drei Wochen nach Peters Ermordung, gab sie Ostpreußen an Friedrich zurück und annullierte den Annexionsbeschluß ihrer Vorgängerin, der Zarin Elisabeth.

Jetzt begann eine schwierige Zeit für Ostpreußen. Der hart bedrängte König entzog den »ostpreußischen Kollaborateuren« alles an Lebensmitteln, Pferden, Waffen, Stoffen, Leder, und was er an wehrhaften Männern nur irgendwie ausheben konnte. In den letzten sechs Monaten des Siebenjährigen Krieges requirierte der preußische König mehr aus seiner ungeliebten und seiner Meinung nach ungetreuen Provinz als die Russen in knapp fünf Jahren. Alle im Krieg entstandenen Schäden mußte Ostpreußen aus eigener Kraft wiederherstellen.

Nach dem Frieden von Hubertusburg gab es unter den kriegsführenden Mächten niemanden, der die Zeche bezahlt hätte. Das taten – wie immer – die Unbeteiligten.

Alle hatten verloren.

Von den deutschen Ländern hatte Sachsen am meisten im Siebenjährigen Krieg verloren.

Von den deutschen Ländern am meisten Sachsen. Das alte, wirtschaftlich starke und große Kurfürstentum, zu den ersten unter den deutschen Ländern gehörend, hatte es immer wieder vermocht, den Übergriffen des Kaisers sein Gewicht entgegenzusetzen. Mit wachsender Sorge hatte man in Dresden den unaufhaltsamen Aufstieg des Hauses Brandenburg verfolgt und sich bemüht, mit dem Erwerb der teuren polnischen Krone gegenzusteuern. Es war der letzte und vielleicht einzige erfolgversprechende Versuch, mit einem sächsisch-polnischen Großreich die europäische Landkarte neu zu zeichnen. Doch das Bündnis war weder in Polen noch in Sachsen populär genug, um sich selbst zu tragen, und August war nicht der große Kurfürst. Tragisch für Polen, Deutschland und Europa. Die blühende sächsische Wirtschaft blutete aus. Der Geldbedarf für Polen ruinierte das Land. Sachsen mußte sich nach diesem Krieg für immer aus der europäischen Geschichte verabschieden. Sein Versuch, ein sächsisch-polnisches Großreich als Gegenstück zum preußisch-brandenburgischen Entwurf zu gründen, war gescheitert.

Im Siebenjährigen Krieg war Sachsen fast ununterbrochen im Würgegriff Friedrichs. Die Ausbeutung war schamlos. Sachsen ist wie ein Mehlsack, pflegte Friedrich zu sagen, man kann darauf hauen, so viel man will, es kommt immer etwas raus.

Welche Rolle Sachsen in den Friedensverhandlungen zu Hubertusburg spielte, geht deutlich aus dem Brief König Friedrichs vom 11. Februar 1763 an den Legationsrat von Hertzberg in Hubertusburg hervor: »*Die Sachsen geben sich ja ein besonderes Ansehen. Machen Sie ihnen also verständlich, daß sie bei diesem Friedensvertrag nur als ein kleines Anhängsel fungieren, aus Gnade. Sie wollen Gesetze geben, und wir sind nur zwei Meilen von Dresden entfernt.*«[10]

In Preußen hatte man den Versuch Sachsens, Preußen auf einer drittrangigen Position zu halten, verstanden. Sachsen hatte von nun an keine Fairneß mehr zu erwarten. Und zumindest das wurde in Preußen über 200 Jahre lang durchgehalten, wenn man in Berlin die Macht dazu besaß.

Schlimmer noch als Sachsen war es Polen ergangen. Unter den Fürsten aus dem piastischen Hause war Polen einst ein starkes, blühendes Land. Das begann sich zu ändern, als Jagiello von Litauen bei seiner Thronbesteigung mit dem Hochadel Polens einen Wahlvertrag schließen mußte. Seitdem hatte jeder neue König bei seiner Wahl mit für ihn demütigenderen Bedingungen zu rechnen. Bald durfte kein König mehr ohne den Reichstag irgend etwas entscheiden, und Entscheidungen des polnischen Reichstags mußten einstimmig erfolgen. Jeder einzelne Adlige konnte allein durch sein Veto – indem er laut ausrief: Ich verbiete es! – Beschlüsse zu Fall bringen. In hundert Jahren gingen 47 Reichstage auseinander, ohne einen einzigen Beschluß gefaßt zu haben.

Die polnische Adelsdemokratie wurde handlungsunfähig: Eine einzige Gegenstimme konnte Reichstagsbeschlüsse verhindern.

Mut und Kampfentschlossenheit des polnischen Adels reichten nicht aus, um mit der militärischen Entwicklung der Nachbarländer Schritt zu halten. Wirtschaftlich lag Polen am Boden. Während die anderen Länder ein zentrales stehendes Heer unterhielten, umgab sich jeder polnische Edelmann mit eigenen Schlachtschitzen. Im Falle eines Krieges mußte der

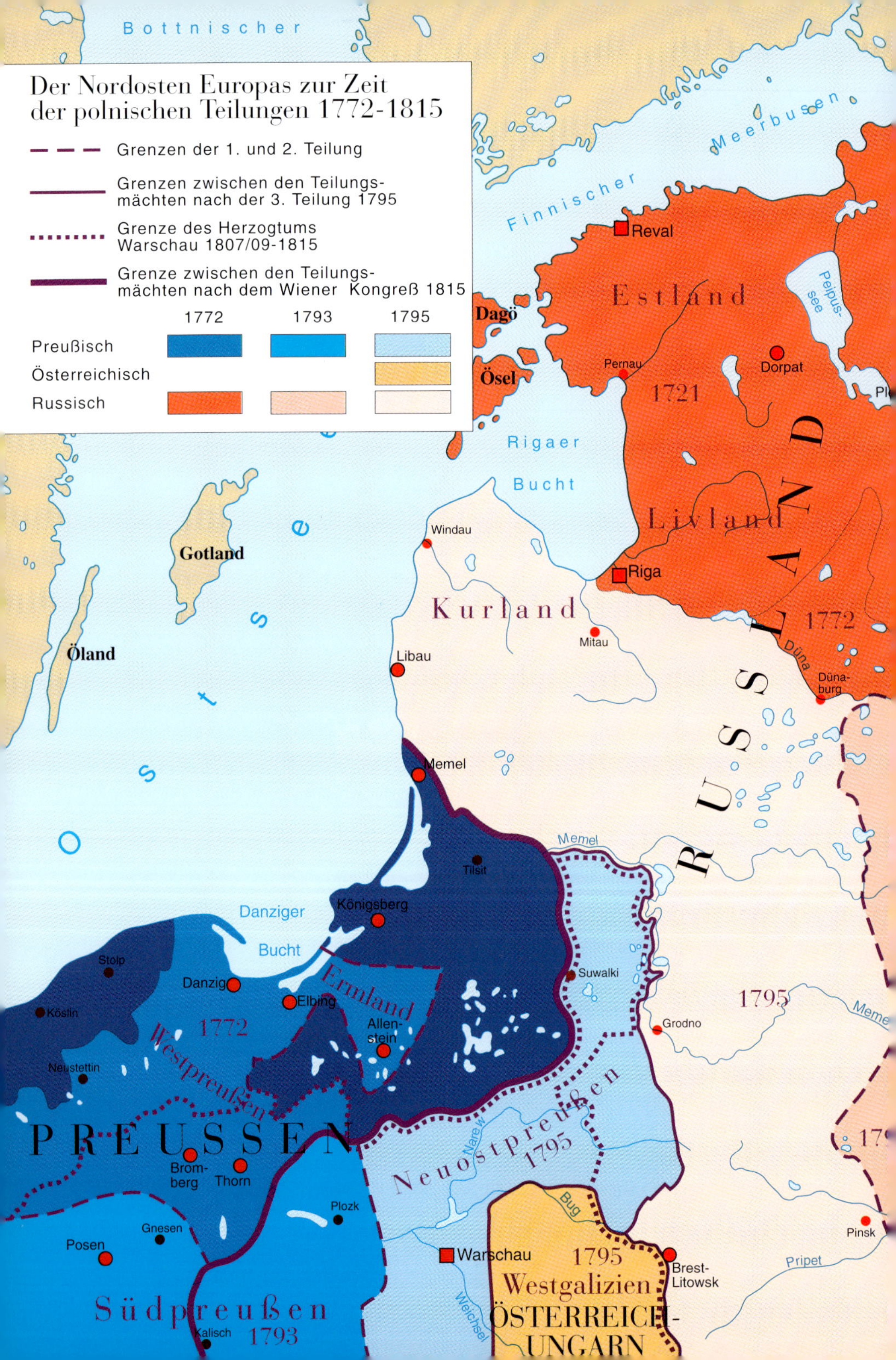
Der Nordosten Europas zur Zeit der polnischen Teilungen 1772-1815
Grenzen der 1. und 2. Teilung
Grenzen zwischen den Teilungsmächten nach der 3. Teilung 1795
Grenze des Herzogtums Warschau 1807/09-1815
Grenze zwischen den Teilungsmächten nach dem Wiener Kongreß 1815
1772
1793
1795
Preußisch
Österreichisch
Russisch
Bottnischer
Finnischer Meerbusen
Reval
Estland
Peipus-see
Dagö
Ösel
Pernau
Dorpat
1721
Rigaer Bucht
Livland
Windau
Riga
Gotland
Öland
Ostsee
Kurland
Mitau
1772
Düna
Libau
Düna-burg
RUSSLAND
Memel
Tilsit
Königsberg
Danziger Bucht
Stolp
Danzig
Elbing
Ermland
Allen-stein
Suwalki
1795
Grodno
Köslin
1772
Westpreußen
Neustettin
PREUSSEN
Brom-berg
Thorn
Narew
Neuostpreußen 1795
Plozk
Gnesen
Posen
Bug
Warschau
1795
Brest-Litowsk
Pinsk
Pripet
Westgalizien
Weichsel
Südpreußen
Kalisch
1793
ÖSTERREICH-UNGARN

König den Adel überreden, kaufen, ihm schmeicheln oder drohen, damit er seine Armee mobilisieren konnte. Wie hoch dann die Kampfkraft war, läßt sich erraten. Machtlos im eigenen Staat, mußten Polens Herrscher zunächst an Schweden Livland und Estland abtreten. Dann die Lehenshoheit über Ostpreußen an Brandenburg und schließlich an Rußland Kiew und Smolensk. Der schrittweise Exodus des polnischen Großreiches war nicht aufzuhalten.

Noch einmal bekam Polen durch den Retter Europas von den Türken, den polnischen Nationalhelden Johann III. Sobieski (1674-1696), dem die Schlachta durch ihre ständige Nörgelei genauso das Leben zur Hölle gemacht hatte wie den Königen vor ihm, einen nationalen Aufschwung. Er schlug 1683 mit einem Entsatzheer die Türken bei Wien entscheidend. Doch der Aufschwung war nicht groß genug, den Tod des klugen Königs Sobieski zu überdauern. Die Adelsdemokratie war zu stark, und Polen wurde immer mehr zu ihrem und zum Spielball fremder Mächte. Da standen in Polen Königswahlen bevor. Fast schien es, als griffe das Schicksal selbst in die Geschichte der Deutschen und Polen ein, um beiden Völkern die Chance eines Neubeginns miteinander zu geben. Friedrich August I., Kurfürst von Sachsen (1694-1733), durch Freigebigkeit, Glanz und Galanterie vielleicht dem polnischen Lebensgefühl sogar näher stehend als Conti – der bläßliche Kandidat Frankreichs – gewann durch List, Klugheit, sächsisches Gold und schließlich durch seinen Übertritt zum Katholizismus die zuerst offenen Hände, dann die Stimmen, nicht aber die Herzen des polnischen Adels, der Rzeczpospolita. Alles nicht gerade im Sturm, wohl aber mit ständigem Aufwind und durch Betrug. Augusts Griff nach der polnischen Krone wurde ihm lange als persönlicher Ehrgeiz ausgelegt. Doch es war viel mehr. Als einer der ganz wenigen Fürsten erkannte Friedrich August früh genug die Gefahr, die im scheinbar unaufhaltsamen Aufstieg des Hauses Brandenburg und seinen nach Abrundung schreienden, sich ständig ändernden Grenzen für Frieden und Ausgewogenheit in Europa und speziell für Sachsen und Polen entstanden war.

August der Starke hatte zwar die Stimmen der polnischen Adligen gewonnen, nicht aber ihre Herzen.

Durch den Traum von einem sächsisch-polnischen Bundesstaat wollte er ein Stoppzeichen setzen. Doch August der Starke war nicht stark genug, um in den Wirren der Zeit eine dauerhafte und tragfähige Union zwischen Sachsen und Polen zu schmieden. Er taktierte, zahlte, schmeichelte und drohte, konnte sich selbst und sein Königshaus aber weder in Polen noch im pietistischen, eifersüchtigen Sachsen zu der die Integration beider Länder bewirkenden Institution machen. In Polen fürchtete der polnische Adel die absolutistischen Bestrebungen Augusts, und in Sachsen bekämpfte ihn die protestantische Geistlichkeit – versteckt, aber auch offen – vor allem wegen seines Übertritts zum Katholizismus. Vielleicht hätte die europäische Geschichte eine Wendung zum Besseren genommen. Doch das ist Spekulation. Ganz davon abgesehen, erkannte die geniale Vision König Augusts in Polen und Sachsen niemand als genial an. Dafür erkannte man sie in Preußen, Rußland und Österreich um so schneller. Erst heute – nach 300 Jahren – beginnt man in Polen und Sachsen gerechter über die damals vertane historische Chance zu denken.

Erst heute beginnt man in Polen und in Sachsen die vertane historische Chance vor 300 Jahren neu zu bewerten.

Nach Augusts Tod wollte Frankreich die polnische Krone Stanislaus Leszczynski aufsetzen, verfolgte die Politik aber halbherzig. Rußland entschied schließlich, daß der schwache Schöngeist Friedrich August II. von Sachsen polnischer König wurde. Von da an wurde die polnische Politik in Petersburg gemacht. Der Adel verpraßte die dürftigen Einnahmen des Landes. Die Bauern wurden immer erbarmungsloser ausgebeutet. Ein Mittelstand existierte nicht.

1763 boten polnische Patrioten, die nicht zusehen wollten, wie ihr Vaterland verkam, dem vielleicht fähigsten unter den lebenden Hohenzollern, dem Bruder des Königs, Prinz Heinrich, die polnische Krone an. Friedrich II. lehnte für ihn ab. Er wollte keinen Krieg mit Rußland riskieren – vor allem aber wollte er den Prinzen Heinrich nicht auf einem Thron neben sich haben. Ihm lag mehr daran, Polen in der gegebenen Ohnmacht zu halten. 1764 schloß er mit der Zarin Katharina ein Bündnis, das sich – nur leicht kaschiert – gegen Polen richtete und das es dem Lande nicht gestattete, die bisherige polnische Wahlverfassung zu ändern. Dann setzte die Zarin die Wahl ihres Geliebten Stanislaus Poniatowski zum polnischen König durch. Zum Unglück der Polen tat sich eine polnische Katholikenpartei durch die Verfolgung aller Lutheraner und Orthodoxen hervor. Katharina nahm das zum Anlaß, letzteren zu helfen.

Der katholische Adel trat in der Konföderation zu Bar zusammen und erklärte König Poniatowski – die wirklichen Machtverhältnisse einfach irgnorierend – für abgesetzt. Das wiederum nahm Katharina zum Anlaß, Truppen in Polen einmarschieren zu lassen, die die Konföderation zersprengten, dabei aber auf türkisches Gebiet vorrückten. Das löste einen Krieg mit der Türkei aus, den Rußland aber mit erfolgreichen Schlachten beenden konnte.

Aus Besorgnis um den russischen Machtzuwachs, kam es zu einer Annäherung zwischen dem österreichischen Kaiser Joseph II. – seine Mutter, Maria Theresia, hatte ihn zum Mitregenten erhoben – und Friedrich. Man nahm sich vor, Rußland zum Frieden mit der Türkei und zum Rückzug aus Polen zu ermahnen und schickte den preußischen Prinzen Heinrich nach Petersburg.

Da drohte ein Zwischenfall seine Mission scheitern zu lassen. Österreich hatte das Zipser Land besetzt, Polen protestierte, konnte sich dagegen aber nicht wehren. Katharina hatte sich offenbar bereits entschieden, wie mit Polen zu verfahren sei. Ihr Zorn über den Eingriff in ihren indirekten Machtbereich blieb aus. Bei einem Empfang des Prinzen sprach sie die berüchtigt gewordenen Worte: »*Es scheint, daß man sich in Polen nur zu bücken braucht, um ein Stück Land zu nehmen. Wenn der Wiener Hof das Königreich Polen zerstückeln will, so werden die übrigen Nachbarn das gleiche Recht haben.*«[11]

Polen geriet zwischen die Machtinteressen der Großmächte und - wurde geteilt.

In der Nachschrift zu seinem Brief an König Friedrich II. vom 8. Januar 1771 beschreibt Prinz Heinrich den Vorgang in Petersburg so: »*Nachdem ich meinen Brief beendet hatte, war ich abends bei der Kaiserin. Sie sagte scherzend, die*

Österreicher hätten zwei Starosteien in Polen besetzt und das kaiserliche Wappen an ihrer Grenze aufgerichtet. Dann fragte sie: ›Warum sollten denn nicht alle anderen auch etwas nehmen?‹ Ich erwiderte, daß Sie, teuerster Bruder, wenn Sie auch in Polen einen Truppenkordon gezogen hätten, doch nicht zwei Starosteien besetzt hielten. ›Aber‹, fuhr die Kaiserin lachend fort, ›warum denn nicht sie besetzen?‹

Einen Augenblick nachher trat Graf Tschernitschew (der gleiche, der zehn Leben für Friedrich hatte geben wollen) *heran und sagte im Verlauf einer Unterredung über denselben Gegenstand: ›Aber warum wollen Sie nicht das Bistum Ermland nehmen? Denn es muß doch jeder etwas haben.‹*«[12]

Kurze Zeit später waren sich Rußland und Preußen über die Teilung einig. Die Einbeziehung Josephs II. von Österreich, der bereits voll unter dem Einfluß Friedrichs stand, war leicht. Da trat Maria Theresia noch einmal mit großer Entschiedenheit gegen die Teilung auf.

Aus einem Brief der Kaiserin Maria Theresia an den Fürsten Kaunitz: »*Als alle meine Länder angefochten wurden und ich gar nicht mehr wußte, wo ich ruhig niederkommen sollte, versteifte ich mich auf mein gutes Recht und den Beistand Gottes. Aber in dieser Sache, wo nicht allein das offenbare Recht himmelschreiend, sondern auch alle Billigkeit und gesunde Vernunft gegen uns ist, muß ich bekennen, daß ich mich zeitlebens nie so geängstigt und geschämt habe.*

Bedenken Sie, mein Fürst, was wir vor aller Welt für ein Exempel statuieren, wenn wir um ein elendes Stück Polen oder von der Moldau oder der Wallachei unsere Ehre und Reputation in die Schanze schlagen. Ich merke sehr wohl, daß ich allein bin und keinen Verbündeten mehr habe, doch darum lasse ich die Sache nicht zu, ohne meinen größten Gram zum Ausdruck zu bringen. Sei es, wenn so viele große Männer es wollen. Aber – wenn ich schon längst tot bin, wird man erst erfahren, was aus dieser Verletzung von allem, was bisher heilig und gerecht war, hervorgegangen ist.« [13]

Bei aller Entschiedenheit ihrer Vorbehalte in dem Schreiben zeigt sie doch ihre Resignation. Als Joseph ihr vorstellte, daß die Teilung dann eben ohne Österreich erfolgen würde, gab sie nach. Am 5. August 1772 kamen die drei Mächte überein, Polen unter sich aufzuteilen.

Preußen erhielt im wesentlichen das Ermland und Westpreußen – ohne Danzig und Thorn. Damit wurden die dem Orden ehemals gehörenden Gebiete nach 300jähriger polnischer Oberherrschaft wieder mit Ostpreußen vereinigt. Am 14. September 1772 ließ Friedrich II. Westpreußen besetzen. Am 27. September 1772 fand auf der Marienburg die Huldigung statt.

Ab 1772 nannten sich die preußischen Könige nicht mehr »Könige in« sondern »Könige von« Preußen, da Westpreußen wiedergewonnen war.

Rußland erhielt polnisch Livland und mehrere Wojewodschaften Altpolens und Österreich Zips und Galizien. Der Rest blieb ein selbständiges Königreich von Katharinas Gnaden für ihren Günstling und Geliebten Poniatowski – in absoluter Abhängigkeit von Rußland.

Von nun an nannten sich die preußischen Könige nicht mehr »in« sondern »von« Preußen.

Bei dieser Teilung Polens hielt sich Preußen noch zurück und hatte nur ehemals preußische Gebiete mit einer mehrheitlich deutschen Bevölkerung in sein Staatsgebiet eingegliedert. Diese Zurückhaltung änderte nichts daran, daß sich Preußen an der Teilung Polens aktiv beteiligt hatte.

Für das Land und seine Bewohner begann nun eine lange Zeit der Teilung. Die unterschiedliche dreigeteilte Entwicklung hat Polen als Volk nicht in Frage stellen können. Das Ermland war kein eigentlicher Teil Polens und weitgehend deutschsprachig. Auch Westpreußens Stellung seit der einseitigen Annexion durch Polen von 1466 zumindest sehr umstritten. Ob die Bewohner in der Mehrheit zu Preußen oder zu Polen gehören wollten, ist nicht nachweisbar. Gefragt hat sie niemand. Sprachunterschiede hatten in diesen Gebieten noch nie eine wesentliche Rolle gespielt.

Friedrich II. war sich vollkommen im klaren, daß er und seine »Mitverschwörer« dem Land ihre Bedingungen ausschließlich aus ihrer Nützlichkeit aufdiktiert hatten. Auf eine kritische Anfrage Voltaires antwortet der König rechtfertigend am 9. Oktober 1773: »*Um auf Ihren König von Polen zurückzukommen. Ich weiß, daß man in Europa ziemlich allgemein glaubt, daß die vor kurzem veranstaltete Teilung Polens das Resultat politischer Kunstgriffe sei, die mir zugeschrieben werden. Dennoch ist nichts weniger der Wahrheit gemäß. Nachdem umsonst verschiedene Anordnungen und Auskunftsmittel in Vorschlag gebracht waren, blieb keine andere Alternative übrig als die Teilung oder der Ausbruch eines allgemeinen europäischen Krieges. Der Schein täuscht, und das Publikum urteilt nur nach dem Scheine. Was ich Ihnen sage ist so wahr wie der siebenundvierzigste Lehrsatz des Euklid.«*[14]

Friedrich war bei der polnischen Teilung nicht davon ausgegangen, mit der Rückführung der einmal zum Ordensstaat gehörenden Gebiete vielleicht altes Unrecht wieder gutzumachen. Eine solche Denkweise kam bei den sich nach jedem Krieg ändernden Grenzen damals weder in der Bevölkerung noch bei ihm auf. Ein Bevölkerungswunsch nach Wiedervereinigung oder Anschluß an Preußen ist in dieser Zeit nicht zum Ausdruck gebracht worden; der Wunsch nach einem Verbleib in einem polnischen Staat ebenfalls nicht. Dadurch, daß Polen die jetzt in den preußischen Staat eingegliederten Gebiete 1466 durch einen einseitigen Unrechtsakt in einer für Polen günstigen Situation annektiert hatte, wurde die über 300 Jahre später erzwungene polnische Teilung und Zerstückelung genauso wenig zum Recht, wie es nachfolgende Rechtsbrüche, gleich von welcher Seite begangen, sein konnten. Die Spirale von Gewalt und Gegengewalt drehte sich deshalb schneller und schneller.

176 Jahre lang sollte die polnische Teilung andauern. Erst 1918 wurde wieder ein souveräner polnischer Staat errichtet.

Der König dachte an die Abrundung Preußens im äußersten Nordwesten. Mit der Landverbindung zu Ostpreußen besserten sich die wirtschaftlichen Möglichkeiten für die Provinz beträchtlich. Der König brachte in die neuen Gebiete die religiöse Toleranz ein, beendete die Willkür des Adels, ersetzte die polnische Leibeigenschaft durch die zwar erheblich mildere, aber dennoch eine Form der indirekten Sklaverei bleibende »preußische Erbuntertänigkeit«, führte ein gerechteres Steuersystem ein und stellte Mittel zur Hebung der

Bodenfruchtbarkeit und zum Landerwerb neuer deutscher wie polnischer Bauern zur Verfügung. Am 24. Oktober 1773 schreibt er an Voltaire: »*Ich war in Preußen* (gemeint ist Westpreußen), *um die Leibeigenschaft aufzuheben, barbarische Gesetze abzuschaffen, vernünftigere an ihre Stelle zu setzen, einen Kanal eröffnen zu lassen, der die Weichsel, die Netze, Warthe, Oder und Elbe miteinander verbinden soll, Städte aufzubauen ... Sümpfe zu trocknen und Ordnung einzuführen, die man dort nicht einmal dem Namen nach kannte.*«[15]

Einen wesentlichen Aufschwung nahm die Volksbildung. Noch während der Regierungszeit Friedrichs II. wurden mehr als 300 Schulen gebaut. Die größten Verbesserungen gab es in der Rechtssicherheit. Das preußische Landrecht wurde in Westpreußen eingeführt. Da das Ermland in die Provinz Ostpreußen eingegliedert wurde, übernahm es das in Ostpreußen geltende Recht automatisch. Die Folter wurde abgeschafft – in Preußen übrigens fünfzig Jahre vor der französischen Revolution.

Der König verwaltete sein Land wie einen Gutshof. Er regelte alles, von ihm ging jede Veränderung aus, und er unterdrückte unbewußt jeden eigenen Gedanken. Und gerade weil er alles regeln wollte, kannte er das Land, das er regierte, nicht mehr. Erzogen im friederizianischen Sinne, materiell besser gestellt als die Nachbarvölker, gerechter lebend durch einen gerechten vormundschaftlichen König, ging die Zeit an Preußen vorbei, ohne daß es im Lande bemerkt wurde. Friedrich hat nie ein Wort von Kant gelesen. Wahrscheinlich wußte er nichts von seiner Existenz. Sein Gespräch mit dem Fabeldichter Gellert zeigt die ganze Unkenntnis eines hoch gebildeten, aufgeklärten Monarchen über das, was sich im deutschen Geistesleben entwickelte.

Der König empfing den Fabeldichter Gellert in Leipzig, im Apelschen Hause. Dieser war verdrießlich und krank und hatte sich zunächst gegen den Besuch gesträubt. Major Quintus überredete ihn aber.

König: *»Ist Er Prof. Gellert?«*
Gellert: *»Ja, Ihro Majestät.«*
König: *»Der englische Gesandte hat mir Gutes von Ihm gesagt. Wo ist Er her?«*
Gellert: *»Von Hainichen bei Freiberg.«*
König: *»Hat Er nicht noch einen Bruder in Freiberg?«* (Es ist bemerkenswert, daß sich der König an einen Hauptmann Gellert aus Hainichen erinnern kann, nicht aber an einen bedeutenden deutschen Dichter.)
Gellert: *»Ja, Ihro Majestät.«*
König: *»Sage Er mir, warum wir keine deutschen Schriftsteller haben?«*
Major Quintus: (der bei dem Gespräch anwesend war) *»Ihro Majestät sehen einen vor sich, den gar die Franzosen übersetzt haben und den deutschen La Fontaine nennen.«*
König: *»So! Na, das ist viel.«* (an Gellert gewandt) *»Er hat also La Fontaine gelesen.«* (gemeint ist abgeschrieben)
Gellert: *»Ja, Ihro Majestät, aber nicht nachgeahmt. Ich bin ein Original.«*
König: *»Gut! Also einen. Warum haben wir nicht mehr gute Autoren?«*
Gellert: *»Ihro Majestät sind nun einmal gegen die Deutschen.«*
König: *»Nein!«*
Gellert: *»Wenigstens gegen die deutschen Schriftsteller.«*
König: *»Das ist wahr.«*
Gellert: *»Und überhaupt lassen sich verschiedene Ursachen angeben, warum die Deutschen noch nicht in allen Arten guter Schriften sich hervorgetan. Vielleicht hat es ihnen auch an Augusten und Ludwigs gefehlt.«* (Gemeint sind Friedrich August III. – nicht der Starke – und Ludwig XIV. von Frankreich. Jetzt wird der König zynisch.)

König : *»Hat Er nicht in Sachsen gar zwei Augusten gehabet?«*

Gellert: *»Wir haben in Sachsen auch einen guten Anfang gemacht.«*

König (fast drohend)*:*
»Will Er gar einen August in ganz Deutschland haben?«

Gellert: *»Nicht eben das. Ich wünsche nur, daß ein jeder Herrscher in seinem Lande die Genies aufmuntere.«*[16]

Der König läßt Gellert noch eine Fabel vortragen und winkt dann aber ab. Gellert wird verabschiedet. Später bezeichnet er ihn als den vernünftigsten unter allen deutschen Gelehrten. Obgleich sich Quintus bemüht, für Gellert einen neuen Termin zu bekommen, erreicht er nichts. Der König hat seine Meinung vom unterentwickelten deutschen Geistesleben nicht geändert.

In Königsberg überwanden Geistesgrößen wie der Philosoph Kant, Gottfried Hagen, der Begründer der wissenschaftlichen

Königsberg (Kaliningrad). Der historische Holzstich von 1844 zeigt das Geburtshaus von Immanuel Kant.

Pharmazie, der Nationalökonom und Staatstheoretiker Jacob Kraus, der Oberbürgermeister und Schriftsteller Kurt von Hippel oder der Philosoph Johann Georg Hamann die preußische geistige Enge und erwarben sich Weltgeltung, ohne daß der König irgendwie davon Kenntnis erhielt oder Interesse gezeigt hätte. Andererseits nahmen auch diese Männer zwar die heraufziehende französische Revolution als eine Lösung für Frankreich zur Kenntnis, hätten aber nie, auch nur theoretisch, daran gedacht, daß sie Allgemeingültiges oder gar auch eine Lösung für Preußen bieten könnte.

So dämmerte Preußen ruhig dahin, gelenkt von dem großen König, der alle inneren Widersprüche verdeckte und sie in seiner Person zugleich vereinigte. Erst als er selbst nicht mehr da war und andere das von ihm errichtete, scheinbar für die Ewigkeit geschaffene Gebäude erhalten sollten, brach es beim ersten kleinen Anstoß wie ein Kartenhaus zusammen. Jetzt aber begann mit der Huldigung zu Marienburg die offizielle Eingliederung der neuen Gebiete in den preußischen Staat und damit eine neue Epoche.

Friedrich II. starb am 17. August 1786 voller Sorge, daß ein für Preußen ungünstiger Krieg ausbrechen könnte, sobald er die Augen geschlossen habe. Der kam dann auch, aber ganz anders als der König es erwartet hatte.

1789 lehrte die Französische Revolution alle Herrscherhäuser das Zittern.

Unverdauliche Brocken. Drei Jahre nach Friedrichs Tod brach die Französische Revolution aus. Für Europas Herrscherhäuser begann ein großes Zittern. Friedrich II. hatte immer befürchtet, daß nach seinem Tode ein großer europäischer Krieg ausbrechen könnte. Er war fast sicher, daß sein schwer zu verteidigender Staat hineingezogen werden würde und beobachtete die Welt mit Argusaugen, die Hand an der Lunte seiner Kanonen. Doch die Hand wurde schwächer und schwächer. Die Welt nahm das nicht zur Kenntnis, solange es die Hand Friedrichs war. Mit Sorge betrachtete er seinen unreifen Neffen. Für eine Revolution des Volkes, die den weiteren Verlauf der Weltgeschichte ändern würde, gab es allerdings keinen Raum in den Gedanken des Philosophen von Sanssouci. Das ließ auch seine patriarchalische Lebenseinstellung nicht zu. Nie wäre er auf den Gedanken gekommen, daß ein Volk seine Geschicke selbst bestimmen wollte und könnte. Hatte er nicht alles zum Besten gerichtet? Was wollte ein Volk noch mehr? Und er hatte sogar Recht. Das Königshaus und die Adelsherrschaft in Preußen – nicht weniger absolut als in Frankreich – waren dennoch weit entfernt von der anderswo üblichen maßlosen Ausbeutung und der tiefen Verachtung der untersten Schichten. Hier gab es weder die schamlose Zurschaustellung des Reichtums auf der einen und noch den unersättlichen Hunger verbunden mit totaler Rechtlosigkeit auf der anderen Seite. Die preußischen Könige sorgten für das Wohl ihrer Untertanen. Das preußische Landrecht schützte den Bauern vor allzu weit gehenden Übergriffen. »Die Herren Räte sollen nicht mit meiner Bauern Pferde spazieren fahren.«, hatte Friedrich Wilhelm bereits ein halbes Jahrhundert zuvor geschrieben. Wie konnte ein König sich in dieser Zeit seiner Fürsorgepflicht deutlicher stellen.

Friedrich II. hatte sich als Patriarch verstanden. Und als fürsorglicher dazu.

Am 29. Mai 1785, wenige Monate vor seinem Tode, kanzelte König Friedrich II. den Präsidenten der Neumärkischen Kammer, den Grafen von Logau, in einem Schreiben wie einen Schuljungen ab, weil er Hochwasserschäden nach Ansicht des Königs nicht schnell genug beseitigt habe:

»*... Ihr kümmert Euch um nichts und tut nichts, was einem Präsidenten von der Provinz obliegt und seine Pflicht und Schuldigkeit von ihm erfordert. ... Ich will Euch wohl raten, daß ich bald die Anschläge kriege von dem geschehenen Wasserschaden ... Sofern Ihr aber in Eurer bisherigen Gleichgültigkeit so fortfahret, so könnt Ihr auch gewiß sein, daß sehr unangenehme Verfügungen erfolgen werden ...*«[17]

Das wird in etwa zur gleichen Zeit geschrieben, als die französische Königin auf die Frage, warum das Volk sich denn zusammenrotte, die Antwort bekommt: Das Volk habe kein Brot, und darauf vollkommen verständnislos entgegnet: Dann sollen sie doch Kuchen essen.

Und dennoch, zwischen dem gemäßigten Absolutismus Friedrichs II. und der »Erklärung der Rechte des Menschen und des Bürgers«, beschlossen von der französischen Nationalversammlung vom 20. bis 26. August 1789, lagen Welten.

»Erklärung
der Rechte des Menschen und des Bürgers,
beschlossen von der Nationalversammlung in den Sitzungen
vom 20., 21., 23., 24. und 26. August 1789,
genehmigt vom König.

Präambel.

Die als Nationalversammlung vereinigten Vertreter des Französischen Volkes betrachten die Unkenntnis der Menschenrechte, die Vergessenheit oder Mißachtung, in die sie geraten sind, als die einzigen Ursachen der öffentlichen Mißstände und der Verderbtheit der Regierungen. Daher haben sie beschlossen, in einer feierlichen Erklärung die angestammten, unveränderlichen und heiligen Rechte des Menschen darzutun, auf daß diese Erklärung jeglichem Gliede der menschlichen Gesellschaft ständig vor Augen sei und ihm seine Rechte und Pflichten für und für ins Gedächtnis rufe; auf daß die Handlungen der gesetzgebenden sowie der ausübenden Gewalt jederzeit am Endzweck jeder politischen Einrichtung gemessen werden können und um so mehr Achtung finden mögen; auf daß die Forderungen der Bürger, nunmehr auf klare und unerschütterliche Prinzipien gegründet, stets der Aufrechterhaltung der Verfassung und dem Wohle aller dienen.

So erkennt und verkündigt die Nationalversammlung, angesichts des Höchsten Wesens und unter seinen Auspizien, die Rechte des Menschen und des Bürgers wie folgt:

I.

Frei und gleich an Rechten werden die Menschen geboren und bleiben es. Die sozialen Unterschiede können sich nur auf das gemeine Wohl gründen.

II.

Der Zweck jeden politischen Zusammenschlusses ist die Bewahrung der natürlichen und unverlierbaren Menschenrechte. Diese Rechte sind Freiheit, Eigentum, Sicherheit und Widerstand gegen Bedrückung.

III.

Jegliche Souveränität liegt im Prinzip und ihrem Wesen nach in der Nation; keine Körperschaft und kein einzelner kann eine Autorität ausüben, die sich nicht ausdrücklich von ihr herleitet.

IV.

Die Freiheit besteht darin, alles tun zu können, was anderen nicht schadet. Also hat die Ausübung der natürlichen Rechte bei jedem Menschen keine anderen Grenzen als die, den anderen Mitgliedern der Gesellschaft den Genuß der gleichen Rechte zu sichern. Diese Grenzen können nur durch das Gesetz bestimmt werden.

V.

Das Gesetz hat nur das Recht, Handlungen zu verbieten, die der Gesellschaft schädlich sind. Was nicht durch Gesetz verboten ist, darf nicht verhindert werden, und niemand kann gezwungen werden, etwas zu tun, was das Gesetz nicht befiehlt.

VI.

Das Gesetz ist der Ausdruck des allgemeinen Willens; alle Bürger haben das Recht, persönlich oder durch ihre Vertreter an seiner Schaffung mitzuwirken. Es muß für alle das gleiche sein, mag es nun beschützen oder bestrafen. Alle Bürger sind vor seinen Augen gleich. Sie sind in der gleichen Weise zu allen Würden, Stellungen und öffentlichen Ämtern zugelassen, je nach ihrer Fähigkeit und ohne andere Unterschiede als ihre Tüchtigkeit und Begabung.

VII.

Niemand kann angeklagt, verhaftet und gefangen gehalten werden in anderen als den vom Gesetz festgelegten Fällen und in den Formen, die es vorschreibt. Wer Willkürakte anstrebt, befördert, ausführt oder ausführen läßt, ist zu bestrafen; aber jeder Bürger, der durch ein Gesetz gerufen oder erfaßt wird, muß augenblicklich gehorchen; durch Widerstand macht er sich schuldig.

VIII.

Das Gesetz darf nur unbedingt und offensichtlich notwendige Strafen festsetzen, und niemand darf bestraft werden, es sei denn kraft eines bereits vor seinem Delikt erlassenen, veröffentlichten und legal angewandten Gesetzes.

IX.

Jeder wird so lange als unschuldig angesehen, bis er als schuldig erklärt worden ist; daher ist, wenn seine Verhaftung als unerläßlich gilt, jede Härte, die nicht dazu dient, sich seiner Person zu versichern, auf dem Gesetzeswege streng zu unterdrücken.

X.

Niemand darf wegen seiner Überzeugungen, auch nicht der religiösen, behelligt werden, vorausgesetzt, daß ihre Betätigung die durch das Gesetz gewährleistete öffentliche Ordnung nicht stört.

XI.

Die freie Mitteilung seiner Gedanken und Meinungen ist eines der kostbarsten Rechte des Menschen. Jeder Bürger darf sich also durch Wort, Schrift und Druck frei äußern; für den Mißbrauch dieser Freiheit hat er sich in allen durch das Gesetz bestimmten Fällen zu verantworten.

XII.

Die Sicherung der Menschen- und Bürgerrechte macht eine öffentliche Gewalt notwendig; diese Gewalt wird demnach zum Nutzen aller eingesetzt, nicht aber zum Sondervorteil derjenigen, denen sie anvertraut ist.

XIII.

Für den Unterhalt der öffentlichen Gewalt und für die Ausgaben der Verwaltung ist eine allgemeine Steuer vonnöten; sie ist gleichmäßig auf alle Bürger zu verteilen nach Maßgabe ihres Vermögens.

XIV.

Die Bürger haben das Recht, selbst oder durch ihre Vertreter die Notwendigkeit einer öffentlichen Auflage zu prüfen, sie zu bewilligen, ihren Gebrauch zu überwachen und ihre Teilbeträge, Anlage, Eintreibung und Dauer zu bestimmen.

XV.

Die Gesellschaft hat das Recht, von jedem öffentlichen Beauftragten ihrer Verwaltung Rechenschaft zu fordern.

XVI.

Eine Gesellschaft, deren Rechte nicht sicher verbürgt sind und bei der die Teilung der Gewalten nicht durchgeführt ist, hat keine Verfassung.

XVII.

Da das Eigentum ein unverletzliches und heiliges Recht ist, darf es niemanden genommen werden, es sei denn, daß die gesetzlich festgestellte öffentliche Notwendigkeit es augenscheinlich verlangt, und nur unter der Bedingung einer gerechten und im voraus zu entrichtenden Entschädigung.

Den Vertretern des Französischen Volkes«[18]

In Preußen gab es keine revolutionäre Situation. Allenfalls in den rheinischen Gebieten; in Ostpreußen nicht. Aber vielleicht brach gerade deshalb die ruhmgekrönte Armee Friedrichs bereits zwei Jahrzehnte nach seinem Tod beim ersten ernsthaften Zusammentreffen mit der Revolutionsarmee zusammen. Die Zeit forderte ihren Tribut, und die Zeit Friedrichs lief nicht sehr schnell ab – dafür aber unaufhaltsam.

Ehe man in Preußen richtig begriff, was eigentlich vor sich ging beim Nachbarn Frankreich, war man aus Übermut bereits mitten drin im großen europäischen Krieg, den Friedrich befürchtet hatte. Und als man mit Mühe und Gesichtsverlust wieder herauskam, gab es niemanden, der daraus hätte eine Lehre ziehen können – so gewaltig war der Schatten des großen Königs.

Friedrich II. hatte seinen Neffen und Nachfolger verachtet und nicht in die Regierungsgeschäfte einbezogen. So stand der junge König unerfahren einer völlig neuen Situation gegenüber.

Der am 25. September 1744 geborene Neffe des Königs, Friedrich Wilhelm, wurde von seinem großen Onkel wegen seiner unkonventionellen Lebensweise verachtet. Das führte unter anderem dazu, daß er ihn nicht mit den Regierungsgeschäften vertraut gemacht hatte. Und gerade er hätte Fingerspitzengefühl und Weitsicht wie kaum ein Herrscher vor ihm gebraucht, denn in den elf Jahren seiner Herrschaft (1786-1797) wurde Europa erschüttert wie nie zuvor. Ostpreußen dagegen blieb davon unberührt. So als sammle das Land wieder einmal alle Kraft für die da noch kommenden Bewährungsproben. Es blieb ruhig und still hinter den tiefen Wäldern mit dem Gemisch von Sprachen und Völkern, während im Westen die alte Welt unwiederbringlich zerbarst. Der Souverän Volk betrat die Weltgeschichte.

Die Unerfahrenheit ließ den jungen König – angestachelt von England – ein unüberlegtes Bündnis mit der von Rußland und Österreich hart bedrängten Türkei schließen. Beinahe hätte ihn das in einen Krieg mit den beiden Nachbarn gestürzt. Die französische Revolution, die alle Monarchien Europas den Atem anhalten ließ, verhinderte dies noch einmal, aber er taumelte bereits ins nächste Unglück.

Im August 1791 kamen in Pillnitz Kaiser Leopold und König Friedrich Wilhelm II. zusammen. Furcht leitete ihr

Handeln. Sie beschlossen, den französischen König mit Waffengewalt zu befreien. Nach einer Kriegserklärung Frankreichs an Österreich erklärte Friedrich Wilhelm jetzt auch seinerseits dem revolutionären Frankreich den Krieg. Zunächst mit größeren Erfolgen. Da erließ der Herzog von Braunschweig als preußischer Feldmarschall – in völliger Verkennung der wirklichen Lage – in Frankreich ein Manifest an die französische Nation. Darin hieß es, daß sich die Behörden und Nationalgardisten, die Offiziere und Mannschaften sofort der Autorität des Königs zu unterstellen hätten. Bei Nichtbefolgung drohte er den Betroffenen harte Strafen an. Paris sollte zerstört, die Mitglieder der Nationalversammlung füsiliert, jeder Widerstand mit Zerstörung der Häuser der Beteiligten bestraft werden. Dümmer konnte man den Nationalstolz und das Freiheitsgefühl der Franzosen nicht verletzen. Ein nationaler Aufschrei war die Folge.

Friedrich Wilhelm II. – im Bündnis mit Österreich – erklärte 1791 dem revolutionären Frankreich den Krieg.

Am 20. September 1792 siegte der französische General Kellermann durch die Kanonade von Valmy. Die Preußen mußten sich über den Rhein zurückziehen. Inzwischen verloren die Österreicher die Niederlande an General Dumouriez, Custine eroberte sogar Mainz und Frankfurt, und Ludwig XVI. verlor – in direkter Folge des Manifestes – 1793 seinen Kopf.

Hier bin ich geboren – soll Napoleon unter Anspielung auf das Pillnitzer Königstreffen von 1791 gesagt haben, als er den Ort im Jahr 1806 besuchte.

Furcht vor dem Unverständlichen leitete jetzt die Fürstenhöfe und ließ die erste Koalition gegen Frankreich, an der sich – außer Rußland – alle bedeutenden Staaten Europas beteiligten, entstehen. Zunächst mit Erfolg. Ein vereinigtes Heer unter dem Herzog von Coburg eroberte die Niederlande zurück. General Dumouriez verriet sein Vaterland und ging zur Koalition über. Mainz wurde zurückerobert. In der Vendée und der Bretagne brachen Aufstände für die Bourbonen aus, die sich bis tief in die napoleonische Ära hinein fortsetzten. Robespierre rief in der höchsten Not den Volkskrieg aus. Junge Generäle wie Carnot, Pichegru oder Hoche lehrten sehr bald die europäische Koalition genauso das Fürchten, wie der Kampfgeist der französischen Revolutionsheere die feudalen europäischen Armeen zerschlug. Holland wurde erneut zurückerobert und zur Batavischen Republik ausgerufen. Lüttich, Aachen, Köln, Bonn und Koblenz gingen an die Franzosen verloren. Am 15. Juli 1794 endete auch die zweite Schlacht bei Kaiserslautern – die wohl blutigste in diesem Krieg – mit einem triumphalen Sieg der Franzosen.

Nach verlorenen Schlachten wurde 1795 ein Separatfrieden zwischen Preußen und Frankreich geschlossen. Friedrich Wilhelm II. stand vor einem Scherbenhaufen.

Panik brach am preußischen Hof aus. Das Kriegsabenteuer, in das sich Friedrich Wilhelm II. mit Begeisterung gestürzt hatte, endete in einem schändlichen Separatfrieden, der am 5. April 1795 in Basel zwischen Preußen und Frankreich geschlossen wurde. Frankreich gab die eroberten westrheinischen Gebiete Kleve und Jülich nicht zurück, sondern nur vage Versprechungen ab, dies nach dem Reichsfrieden zu tun oder Preußen anderweitig zu entschädigen.

Friedrich Wilhelm II. und Preußen standen vor einem politischen Scherbenhaufen. Die reichsten Landstriche waren verloren, Preußen hatte seine Verbündeten im Stich gelassen und saß auf dem Reichstag zu Regensburg allein auf der Anklagebank. Die Kriegskassen waren leer, das hohe Ansehen, das Preußen unter Friedrich dem Großen in Deutschland gewonnen hatte, war dahin. Österreich, der alte Rivale, stärker denn je. Das schlimmste war jedoch, daß die in Europa gefürchtete preußische Armee, die unter Friedrich einer halben Welt standgehalten hatte, ohne ihn geschlagen worden war. Die Zeit vor Tannenberg wiederholte sich. Erstarrt vor Ehrfurcht vor dem großen Friedrich, wagte niemand, irgend etwas zu ändern, was er eingeführt hatte. Schließlich war Preußen unter Friedrich das geworden, was es war. Nur Friedrich selbst lebte nicht mehr.

Jetzt wäre die Zeit für Reformen dagewesen, und die Zeit hätte gereicht. Doch dazu bedurfte es Männer, die zumindest die innere Bereitschaft aufgebracht hätten, die Ursachen für die preußischen Niederlagen und die Siege der französischen Revolutionsarmeen zu analysieren. Doch die gab es im Preußen Friedrich Wilhelms II. nicht. Mit dem Kernsatz: *Die*

Welt ruht so sicher auf den Schultern des Atlas wie Preußen auf den Schultern seiner Armee, beschrieb Theodor Fontane den allgemeinen Glauben am Hof und in den Kreisen der Armee. Wie weich die Knie des Atlas geworden waren, sollte sich bald zeigen.

Während im Westen alles Züge einer Katastrophe annahm, kam es im Osten zur *zweiten polnischen Teilung*. Friedrich Wilhelm, über den Machtzuwachs Rußlands und Österreichs wegen der drohenden Zerstückelung der Türkei beunruhigt, schloß 1790 ein Defensivbündnis mit Polen. Er bot Polen sogar Hilfe bei der Ausarbeitung einer neuen Verfassung an. Es schien, als nehme die Geschichte beider Länder eine Wende zum Guten. Die polnische Lobby im preußischen Kabinett wollte ein stärkeres, verbündetes Polen zum Nachbarn und setzte sich kurzzeitig durch. Das preußische Kabinett billigte sogar die polnische Verfassung. In Petersburg läuteten die Alarmglocken. Die Zarin Katharina II. geriet darüber in Zorn. Ein preußisch-polnisches Bündnis fürchtete sie mehr als die französischen Revolutionsgarden. Die waren weit. 1792 ließ sie Truppen in Polen einmarschieren. Friedrich Wilhelm erschrak. Jetzt drohte ein Zweifrontenkrieg, und er selbst kannte die Schwächen der preußischen Armee.

Preußens Versuch, ein Bündnis mit Polen zu schließen, erschreckte die russische Zarin. Sie bot stattdessen die zweite polnische Teilung an.

Als sich die Verteidiger der polnischen Verfassung unter Kosziusko, der in Amerika unter Washington gekämpft hatte, nun auch noch auf die französische Revolutionstheorie zu stützen begannen, bekam Friedrich Wilhelm wirkliche Furcht. Jetzt – so glaubte er – stand ihm nicht nur im Westen, sondern auch im Osten eine losgelassene Meute von Königsmördern gegenüber. Dazu das aufgebrachte Rußland. Am 6. Januar 1793 gab er eine öffentliche Erklärung ab. In dieser wies er auf diese Gefahr öffentlich hin und beruhigte damit zunächst Petersburg. Wenige Tage zuvor hatte Polen es ihm leicht gemacht. Eine Delegation hatte vor dem französischen Nationalkonvent eine Erklärung abgegeben, daß die polnische Nation die jakobinischen Grundsätze teile. Dadurch kam der preußische König auch im eigenen Kabinett unter Druck.

Die Zarin, jetzt mehr beunruhigt über das schwankende Preußen als über das eventuelle Bündnis Preußen-Polen, bot Friedrich Wilhelm nun die zweite polnische Teilung an. Der, unter Druck von allen Seiten, ging schließlich darauf ein und ließ auch eine Armee in das wehrlose Land einmarschieren. Die zweite polnische Teilung wurde am 16. April 1793 vertraglich zwischen Rußland und Preußen geschlossen. Preußen erhielt Danzig und Thorn nebst umliegender Gebiete. Sie wurden in Westpreußen eingegliedert. Dazu die Wojewodschaften Posen, Gnesen, Inowroclaw, Kalisch und Block, die unter dem Namen Südpreußen vereinigt wurden, und den Bezirk Czenstochau. Wieder hatte Preußen Polen verraten und die Schraube der Gewalt weitergedreht. Dafür trat es Tauroggen an Rußland ab. Der polnische Reichstag gab dazu seine Zustimmung, um überhaupt etwas zu behalten. Empört erhob sich das Volk unter dem zurückgekehrten Kosziuzko und dessen Freund Madalinski. Sie eroberten Warschau und machten die russische Besatzung nieder. Da schickte die Zarin ihren genialen Feldmarschall Suworow nach Polen. Der beendete den Aufstand ebenso blutig wie den Pugotschowaufstand im eigenen Land. Preußen, vom Aufstand nur berührt, sah zu.

1795 kam es zur dritten polnischen Teilung. Ein polnischer Staat existierte de facto nicht mehr.

Im März 1795 kam es zur *dritten*, nicht aber letzten *Teilung Polens*. Preußen erhielt zusätzlich das Gebiet von Warschau und alles links der Weichsel bis zum Palatinat Krakau. Dazu eine litauische Wojewodschaft links vom Njemen.

Die Furcht Preußens vor einem revolutionären Polen nach den Niederlagen in Frankreich war groß. Die Rußlands ebenfalls. Beide waren durch die Unberechenbarkeit ihres Nachbarn verunsichert und fürchteten, wegen des polnischen Bevölkerungsteils im jeweils eigenen Land, ein Übergreifen der Unruhen. Und dies in einer Zeit, in der alles Gesicherte in Frage zu stehen schien. Die französischen Revolutionsgerichte versetzten die Herrscherhäuser Europas in Panik. In Preußen befürchtete man zusätzlich, daß Rußland den polnischen Kuchen schließlich allein verschlucken könnte. Dann hätte Rußland in Mitteleuropa gestanden. Deshalb die Beteiligung an der Zerstückelung des wehrlosen Nachbarn. Erneut hatten sich Rußland und Preußen als Räuber profiliert, und die Welt hatte es hingenommen. Doch diesmal war man sich in Preußen klar darüber, daß der Brocken groß und schlecht verdaulich war, den man geschluckt hatte.

König Friedrich Wilhelm II. gelang es in den elf Jahren seiner Regierungszeit, Preußen um mehr als die Hälfte zu vergrößern.

Der unfähige und eigentlich glücklose König Friedrich Wilhelm II. hatte das Gebiet Preußens bis zu seinem Tod am 16.11.1797 um mehr als die Hälfte vergrößert, der Bevölkerungszuwachs betrug sogar 61 Prozent. Dafür hatte er ein Volk geteilt, das bei all den unbestrittenen Bemühungen Preußens um die Verbesserung der Lage der polnischen Bevölkerung im preußischen Teil ein ständiger Unruheherd bleiben mußte. Hinzu kam der Verlust an Ansehen in Deutschland, leere Kassen, fehlendes Vertrauen des Volkes in die Regierung. Dazu ein Dünkel, basierend auf preußischen Kriegserfolgen, die 50 Jahre zurücklagen, ohne daß sich im Staat, in der Armee, in der Wirtschaft des Landes etwas geändert hatte.

Nur Friedrich II. war nicht mehr da. Dafür seine ängstlichen, glücklosen, beschränkten Nachfolger. Und Polen – durch den preußischen Coup mit Rußland – als ein unversöhnlicher Feind jetzt mitten im preußischen Land. Ein schwieriges Erbe.

Eine Großmacht wankt. Als Friedrich Wilhelm III. (1797-1840) 28jährig die Nachfolge seines mit 54 Jahren verstorbenen Vaters antrat, war Preußen äußerlich eine Großmacht. Vor 50 Jahren hatte Friedrich II. Schlesien erobert und im Kampf gegen die größten europäischen Mächte behauptet. Zugleich legte er damit einen Sperriegel zwischen Sachsen und Polen. Er jedenfalls wußte genau, was ein sächsisch-polnischer Staatenbund für Preußen bedeutet hätte. Schon deshalb beutelte er Sachsen erbarmungslos, wann immer er Macht und Gelegenheit dazu hatte. Richtig integriert war Schlesien aber noch nicht. Dazu hatte die Zeit nicht gereicht.

Die polnischen Erwerbungen hatten Preußen eher geschwächt als gestärkt. Ostpreußen erlebte noch immer eine Friedensperiode von über einem Jahrhundert, wenn wir von einigen Scharmützeln und der unglücklichen Schlacht von Groß Jägersdorf 1757 absehen. Es war zwar etwas an den Rand der preußischen Geschichte geraten, doch die Bewohner schätzten den Frieden und den daraus entstehenden relativen Wohlstand. Niemand ahnte, daß das kleine Land sehr bald wieder ins Rampenlicht der europäischen Geschichte rücken würde. Preußen hatte Probleme, doch nach außen sichtbar nicht mehr oder nicht weniger als seine Nachbarn. Es war ein Staat beachtlicher Größe mit einer der stärksten Armeen Europas, einer funktionierenden Verwaltung und einer für damalige Verhältnisse ausgezeichneten Infrastruktur. Kaum einer ahnte, daß dieses Preußen so schnell, so katastrophal, so schmachvoll und demütigend zusammenbrechen würde. Das läßt sich nicht allein dadurch erklären, daß Reformen nach Friedrich II. ausblieben. Auch Österreich hatte keine weitreichenden Änderungen nach dem Tode Maria Theresias durchgeführt, aber die kaiserlichen Vielvölkerarmeen waren die einzigen, die den napoleonischen Truppen trotz furchtbarer Niederlagen weitgehend allein und ebenbürtig gegenüberstanden.

Und dennoch hat Preußen diese furchtbare Katastrophe als Staat überlebt, und die Hohenzollern blieben, während andere alte Monarchien die Zeiten nicht überdauerten.

Friedrich Wilhelm III., preußischer König seit 1797, versuchte an den Leistungen des großen Friedrich anzuknüpfen.

Friedrich Wilhelm III. war sich seiner persönlichen Verantwortung für den Staat, den er zu führen hatte, voll bewußt. Er verachtete die leichtsinnige, verschwenderische Günstlingswirtschaft seines Vaters und versuchte, dort anzuknüpfen, wo Friedrich II. aufgehört hatte. Doch die Ehrfurcht vor dem großen Ahnen und die Last der Verantwortung vor der Geschichte lähmten ihn. Er kopierte Friedrich in Äußerlichkeiten – so gilt er als »Vater« der dümmlichen abgehackten preußischen Militärsprache. Anders aber als sein Vorfahr zauderte er dort, wo er hätte handeln müssen, und preschte vor, wo Klugheit und Zurückhaltung das Gebot der Stunde gewesen wären. Persönlich integer, mutig und stolz, als Staatsmann dagegen feige und lähmend, war er in einer schwierigen Zeit der unrechte Mann für eine Position, die ihm durch Geburt zugefallen, die auszufüllen er jedoch nicht fähig war. Seine Beliebtheit im Volk verdankte er vor allem seiner Frau, der Königin Luise. Sie gewann aller Herzen nicht nur, weil sie jung und schön war, sondern auch durch Klugheit und staatsfrauliches Geschick, durch Nationalismus im besten Sinne des Wortes standhielt, als Deutschland seine bis dahin tiefste Erniedrigung erlebte.

Königin Luise von Preußen. Gemälde von J. Grassi, 1802. Die Königin nahm von Königsberg aus bestimmenden Einfluß auf die preußischen Reformen.

Nach seiner Thronbesteigung am 16. November 1797 säuberte Friedrich Wilhelm zunächst den Verwaltungsapparat von den unfähigen Günstlingen seines Vaters.

1798 reiste das Königspaar nach Königsberg. Ein symbolhafter Besuch, denn noch einmal sollte die »Provinz« preußische Geschichte schreiben. Die eher schwerblütigen Ostpreußen bereiteten dem Paar – vor allem der Königin – einen Empfang, der deren künftige Haltung zu Ostpreußen und die Ostpreußens zum Königshaus prägen sollte. Es gelang Friedrich Wilhelm, die Finanzen des Staats wieder zu ordnen und ein Sparsamkeitsregiment einzuführen, das bis zu Kleinlichkeiten durchorganisiert wurde.

Inzwischen verlor die zweite Koalition gegen Frankreich Schlachten und letztlich auch den Krieg. Deutschland trat im Frieden von Campo-Formio am 17. Oktober 1797 das linke Rheinufer ab. Napoleon schickte sich an, die Karte Europas nach seinen Vorstellungen umzugestalten.

Die preußische Königin Luise bezauberte Zar Alexander bei seinem Besuch in Memel. Seit jenem Tag im Jahre 1802 bestand zwischen beiden eine herzliche Freundschaft.

Zar Alexander I. und Friedrich Wilhelm III. trafen sich am 9. Juli 1802 am äußersten Ende Preußens, in Memel. Hier sah Alexander die Königin Luise zum ersten Mal. Sie bezauberte den russischen Herrscher durch Charme und Klugheit und gewann so in ihm einen persönlichen Freund für Preußen über ihren frühen Tod hinaus. Wenn es so etwas wie Freundschaft zwischen Herrschenden gibt, dann traf das auf Zar Alexander und Königin Luise zu.

Napoleon blieb von der russisch-preußischen Freundschaft nicht unbeeindruckt. Er sah in Preußen eine ernst zu nehmende Macht. Zunächst entschädigte er Preußen für seine verlorenen linksrheinischen Gebiete mit anderen, die ihm allerdings nicht gehörten, die er demzufolge auch nicht wirklich übergeben konnte. Napoleon schaltete und waltete in Deutschland bereits nach Gutdünken. Der steife, auf seine äußerliche Würde bedachte preußische König machte sich zum Komplizen Napoleons, indem er Geschenke annahm, die nicht dem Schenker Napoleon, sondern anderen deutschen Fürsten gehörten. Napoleon beobachtete das aufmerksam und bewertete es richtig.

Als die Franzosen 1803, der kurze Frieden mit England wurde gerade durch einen neuen Krieg abgelöst, Hannover – im Herzen Deutschlands und unmittelbar an der preußischen Grenze gelegen – mit ganz offenem Völkerrechtsbruch besetzten, schwieg der preußische König. Er schwieg auch, als der Herzog von Enghien, ein Anwärter auf den Thron der Bourbonen, in einer Nacht- und Nebelaktion auf Napoleons Geheiß aus Deutschland entführt und erschossen wurde. Ein zweiter Königsmord. Das, so soll der schlaue und verräterische Außenminister Talleyrand zum Coup Napoleons gesagt haben, war schlimmer als eine Dummheit, es war ein Fehler.

Die Entrüstung darüber war groß am preußischen Hofe: Königin Luise, die Minister Stein und Hardenberg, die Marschälle Blücher und Rüdel zeigten sich empört. Der König aber schwieg »mit klirrendem Stolz«, so sagte man später. Dagegen war Friedrich Wilhelm der erste, der im Juni 1804 die neue Kaiserwürde Napoleons anerkannte.

1805 schmiedete der englische Minister Pitt die dritte Koalition gegen Frankreich. Ihr gehörten England, Österreich und Rußland an. Der preußische König, von Rußland einerseits und Frankreich andererseits zu einem Bündnis gedrängt, schwankte und entschied sich nicht. Da verletzte Marschall Bernadotte die Neutralität Preußens und marschierte durch ansbachisches Gebiet Österreich entgegen. Die Königin Luise und ihre Kriegspartei, angeführt von den Ministern Hardenberg und vom und zum Stein, versuchten, den unentschlossenen König zum Koalitionsbeitritt zu bewegen. Es kam zu einem Treffen zwischen Alexander, Friedrich Wilhelm und dem Erzherzog Anton von Österreich, in dessen Verlauf der nicht mehr ausweichen könnende Friedrich Wilhelm schließlich in einen »bewaffneten Vermittlungsvertrag« einwilligte. Am Grabe Friedrichs II. schworen dann zu mitternächtlicher Stunde und in Anwesenheit der Königin Luise Alexander und Friedrich Wilhelm einen heiligen Eid, bis zur Befreiung Deutschlands gemeinsam zu kämpfen.

Am Grabe Friedrichs II. schworen Zar Alexander und König Friedrich Wilhelm den heiligen Eid, gemeinsam für die Befreiung Deutschlands zu kämpfen und hielten ihn.

Am nächsten Tag reiste der Minister Haugwitz in das napoleonische Heerlager, um diesem die ultimativen Forderungen Preußens zu überbringen und anschließend in Schönbrunn der Koalition beizutreten. Haugwitz nahm sich Zeit, und als er das napoleonische Lager erreichte, waren Rußland und Österreich bereits in der berühmten Schlacht bei Austerlitz vernichtend geschlagen. Österreich bat um Frieden, Alexander zog seine Truppen ab. Haugwitz vergaß seine Mission sofort und gratulierte dem Kaiser der Franzosen zu seinem großen Sieg.

Napoleon, dem weder die Szene am Grabe Friedrichs noch die eigentliche »Haugwitz'sche Mission« verborgen geblieben waren, behandelte Preußen so demütigend, wie es dies verdiente, und zwang ihm am 15. Februar 1806 ein Bündnis auf, das – von Napoleon wohl berechnet – die englische Kriegserklärung an Preußen zur Folge haben mußte und auch hatte.

Doch das genügte Napoleon nicht. Er behandelte den Preußenkönig wie einen Duodezfürsten. Er verlangte die Entlassung Hardenbergs, und der König entließ ihn, später die Entlassung Steins, und der König entließ ihn. Napoleons Schwager Murat besetzte einen preußischen Bezirk am Rhein, und der König blieb still. Am 12. Juni 1806 stiftete Napoleon den Rheinbund, nachdem sich Bayern, Württemberg, Baden, Darmstadt und andere Kleinstaaten unter die französische Schutzherrschaft begeben und vom Deutschen Reich getrennt hatten, und der preußische Hof erfuhr dies aus der Zeitung. Napoleon ließ Kaiser Franz in Wien wissen, daß er das Reich nicht mehr anerkenne und »vergaß«, dies seinem Verbündeten Preußen mitzuteilen.

Napoleon demütigte Preußen und provozierte den Krieg.

Inzwischen erfuhr man durch gezielte Indiskretionen am Preußischen Hof, daß Napoleon im Friedensfalle das Königreich Hannover an England zurückgeben werde, er hatte es gerade erst Preußen geschenkt und daß er Rußland einen noch abzuschließenden Friedensvertrag versüßen wollte, indem er Alexander das zu Preußen gehörende Preußisch-Polen versprach. Napoleon verschenkte Gebiete seines Koalitionspartners, bevor Preußen überhaupt Gelegenheit zu einer Meinungsäußerung bekam. Große Achtung vor der militärischen Stärke Preußens hatte er offenbar nicht.

Am Hof zu Potsdam war nun auch dem Letzten klar, daß Napoleon einen Krieg mit Preußen provozierte. Jetzt aber stand Preußen allein. Das war die Quittung für Friedrich Wilhelms Taktieren. Alle drängten den König zum Krieg. Doch der fühlte instinktiv die Schwäche der preußischen Armee und versuchte, Zeit zu gewinnen. Auch der alte Fürst Hohenlohe zauderte. Er hielt die preußische Armee nicht für kriegsreif. Die Kriegspartei jedoch schwamm auf einer nationalen Woge und riß alles mit. Der König gab ihr schließlich nach.

Beschämt durch das schwärmerische Auftreten der eigenen Frau, gedrängt durch seinen Bruder, Prinz Louis Ferdinand, fürchtend, vor seinem Volk und der Welt als feige zu gelten, und absolut davon überzeugt, daß Napoleon ihn ohnehin angreifen werde, entschloß er sich im falschen Moment zur falschen Tat: Am 8. Oktober 1806 erklärte Friedrich Wilhelm III. Frankreich den Krieg.

Alexander brach sofort alle Verhandlungen mit Napoleon ab und setzte seine Truppen in Richtung Preußen in Marsch. In Preußen brach ein unglaublicher Jubel los. Wen hatte denn Napoleon bis jetzt eigentlich besiegt? Österreich? Die hatten schon beim großen Friedrich das Fürchten gelernt. Italiener? Die waren zerstritten und abhängig von ausländischen Mächten. Russen? Die kämpften nur auf eigenem Territorium gut. Jetzt aber würde Napoleon auf die beste Armee Europas treffen, und was die im Siebenjährigen Krieg mit den Franzosen gemacht hatte, wußte jedes Schulkind vom Rhein bis zur Memel. Das war vor 50 Jahren.

Am 10. Oktober 1806 stieß Prinz Louis Ferdinand von Preußen mit 6.000 Mann bei Saalfeld auf die fünffach überlegenen Franzosen. Die Schlacht begann sofort und dauerte sechs Stunden. Der Prinz fiel, die Armee wurde vernichtet, der Weg nach Thüringen war frei. Vier Tage später, am 14. Oktober 1806, kam es zur Doppelschlacht bei Jena und Auerstädt. Die Preußen marschierten in der schrägen Schlachtordnung Friedrichs auf, die sich vor 50 Jahren bewährt hatte. Jetzt wurden sie, weil sie zu dicht gestaffelt waren, niedergemäht, noch bevor es zur ersten Feindberührung kam. Die

In den Schlachten bei Saalfeld und bei Jena und Auerstedt wurde die einst so glorreiche preußische Armee vernichtend geschlagen.

Verbindung zwischen der Armee des Herzogs von Braunschweig und der des Fürsten Hohenlohe funktionierte nicht. In den ersten Minuten bereits starb der Herzog von Braunschweig. Chaos brach aus. Beide geschlagenen Armeen liefen gegeneinander und wurden von ihren Verfolgern niedergemacht. Napoleon weigerte sich zunächst, zu glauben, daß es die preußische Hauptmacht war, die bei Jena und Auerstädt zerschlagen worden war.

Schmählicher als die Schande der Niederlage war das, was folgte. Die greisen, verängstigten Befehlshaber der gut ausgestatteten, hochgerüsteten, vortrefflich bewaffneten Festungen ergaben sich widerstandslos den Franzosen. Wieder wollte Napoleon nicht glauben, was ihm berichtet wurde. Selbst nach dem ihm unerklärlich leichten Sieg bei Jena und Auerstädt hätten sich die Festungen bis zum Eintreffen der in Eilmärschen heranrückenden Russen halten können. Preußens Reserven hätten auch zur Aufstellung einer neuen Armee bei weitem ausgereicht. Statt dessen nichts als Panik und sklavische Unterwerfung. Einen Tag nach der Schlacht von Jena und Auerstädt übergab sich eine der stärksten Festungen Preußens, Erfurt, kampflos. Napoleon hatte keine allzu hohe Meinung vom Preußenkönig, aber allerhöchste Achtung vor der Armee Friedrichs, deren Siege und Niederlagen er genauestens analysiert hatte.

Die preußischen Festungen ergaben sich kampflos. Am 27. Oktober 1806 zog Napoleon in Berlin ein.

Bereits am 27. Oktober 1806 zog Napoleon in Berlin ein. Der Gouverneur, Fürst Hatzfeld, weigerte sich sogar, vor der kampflosen Übergabe Berlins die unermeßlichen Kriegsvorräte wegschaffen zu lassen, weil das die Franzosen erzürnen könnte.

Am 25. Oktober 1806 kapitulierte Spandau, am 29. Oktober 1806 Stettin, am 1. November 1806 Küstrin. Magdeburg, die damals stärkste Festung Europas, in ihren Mauern befand sich eine Reservearmee von 22.000 Mann, kapitulierte, ohne einen Schuß abgegeben zu haben, am 8. November 1806. Fürst Hohenlohe gab am 28. November 1806 bei Prenzlau auf. Innerhalb von sechs Wochen war die Großmacht Preußen zerschlagen.

Napoleon rief von Berlin aus das polnische Südpreußen zum Aufstand auf, der brach auch aus, griff aber nicht auf Ost- und Westpreußen über. Im ersten Halbjahr 1807 kapitulierten alle preußischen Festungen in Schlesien.

1807 schien Preußen verloren.

Preußen schien verloren zu sein.

Eine Zeit tiefster Erniedrigung. Die Festungen Silberberg, Danzig, Kolberg und Graudenz aber widerstanden. Die inzwischen herangekommenen Russen vereinigten sich mit den beiden verbliebenen preußischen Armeen unter L'Estocqu und Kalkreuth in der Nähe von Königsberg, bei Preußisch-Eylau.

Am 7. und 8. Februar 1807 kam es dort zu einer der blutigsten Schlachten der napoleonischen Kriege. Die Russen unter Benningsen und die beiden ihm unterstellten preußischen Korps, brachten die Franzosen zum Stehen. Die Schlacht endete unentschieden. Beide Seiten schrieben sich den Sieg zu. Am nächsten Morgen zog sich Napoleon nach Passarge zurück, Benningsen nach Königsberg. Napoleon bot jetzt dem wankelmütigen König Friedrich Wilhelm einen Sonderfrieden an. Doch der blieb diesmal fest. In der Konvention von Bartenstein vereinigte er sich erneut mit Alexander.

Das Unglück hatte sich aber an die Fersen des Königs geheftet. Zunächst kapitulierte Danzig nach dreimonatigem Kampf – aber in vollen Ehren. Dann kam der 14. Juni 1807 und die furchtbare Schlacht von Friedland. Die Russen verloren und zogen sich über den Njemen zurück. Friedrich Wilhelm stand wieder allein Napoleon gegenüber, in einer schlechteren Lage als je zuvor.

In Tilsit begannen die Friedensverhandlungen zwischen Napoleon und Alexander.

Friedrich Wilhelm wurde wie ein Höfling behandelt. Zu den Gesprächen zwischen Zar und Kaiser wurde er nicht hinzugezogen. Schließlich gelang es der Königin Luise, in einer persönlichen Begegnung mit Napoleon die Atmosphäre zu lockern. Dennoch waren die Friedensbedingungen hart.

Preußen behielt Altpreußen, Pommern, Brandenburg und Schlesien.

Um Friedrich Wilhelm besonders zu verletzen, ließ Napoleon in den Artikel IV des Friedensvertrages den Satz aufnehmen, daß er Preußen »aus Verehrung für seine Majestät, den Kaiser von Rußland« nicht von der Landkarte streichen lasse. Der Friede von Tilsit wurde am 8. Juli 1807 unterzeichnet.

Ostpreußen blieb in seinen Grenzen erhalten. Das durch die dritte polnische Teilung von Preußen erbeutete Südpreußen, Neuostpreußen und Warschau bildeten das von Napoleon geschaffene Herzogtum Warschau, das mit dem neuen Königreich Sachsen für dessen getreue Dienste noch einmal in

Tilsit (Sowjetsk). Gedenktafel an den am 8. Juli 1807 hier geschlossenen Frieden zwischen Rußland, Preußen und dem napoleonischen Frankreich.

Personalunion verbunden wurde. Ein teurer Königstitel für Sachsen und ein noch teureres Geschenk, wie sich wenige Jahre später zeigen sollte.

Schmerzlich für das Königspaar war, daß sich auch Freund Alexander ein Stückchen aus der preußischen Erbmasse nahm. Das Gebiet um Bialystock fiel an Rußland. Danzig wurde dem Namen nach Freistaat unter dem Schutz der Könige von Preußen und Sachsen, in Wirklichkeit war es jetzt ein französischer Ostseestützpunkt. Die Landverbindung zwischen Ostpreußen und der Mark Brandenburg, also dem preußischen Kernland, blieb bestehen.

Ganz Ostpreußen wurde von den Franzosen besetzt. Auch hier herrschte Trauer, nicht aber Mutlosigkeit. In der Zeit der tiefsten Erniedrigung Deutschlands war es allein Ostpreußen, das seine Ehre hoch hielt. Bemerkenswert ist, daß diese »Franzosenzeit« den ostpreußischen Völkern das eigentliche Nationalgefühl gab. Jetzt wurden sie alle Ostpreußen. Während sich im übrigen Preußen Adel und Bürger gleichermaßen vor den Eroberern demütigten und sklavisch jeden Befehl ausführten, kam es hier bereits 1806 zur Bildung der ersten Freikorps. Von den »ruhmbekleckerten« preußischen Offizieren zunächst verlacht, bildeten gerade sie später das Rückgrat der Befreiungskriege.

Im französisch besetzten Ostpreußen wurden die ersten Freicorps gegründet.

Eine ungeheuerliche Kontribution von acht Millionen Franken und vier Millionen Kriegsschulden wurden der Provinz und der Stadt Königsberg auferlegt. Sie mußten sofort beglichen werden. Königsberg nahm Kredite auf und hat den letzten Wechsel bei Privatgläubigern im Jahre 1901 eingelöst. Berlin überließ Königsberg die Ehre, preußische Schulden zu bezahlen.

Marodierende – zunächst russische, dann französische – Truppen fügten dem Land schwerste Schäden zu. Eine Viehseuche in bis dahin nicht gekanntem Ausmaß vernichtete die Tierbestände. Die Kontinentalsperre drohte das Land restlos zu ruinieren.

Das Königspaar blieb zunächst in Ostpreußen. Während der König in stoischer Ruhe dahinlebte, wurde die Königin zum Symbol des Widerstands. 1808 gründeten ernsthafte patriotische Männer den von ihr geförderten »Tugendbund«. Bereits im Oktober 1807 war der entlassene Freiherr vom und zum Stein vom König zurückgerufen worden und begann sofort mit den Reformen.

Die in Memel gegründete Imediat, eine Reformgesellschaft, der ostpreußische Männer wie Theodor von Schön, August Stögemann oder Hermann von Boyen das Gepräge gaben, wurde am 16. Januar 1808 nach Königsberg verlegt. Das Berliner Generaldirektorium hatte schon 1807 seinen Sitz in Königsberg genommen, das somit immer mehr zum Verwaltungs- und Reformzentrum Preußens wurde.

In der dunkelsten Zeit preußischer Geschichte wurde Königin Luise zum Symbol des Widerstands.

Die Reformen begannen ganz und gar unmilitärisch. Mit dem Edikt vom 9. Oktober 1807 wurde die Bauernbefreiung von der Erbuntertänigkeit abgeschlossen. Nicht geregelt war damit der Landbesitz. Dennoch stellte dieses Gesetz einen gewaltigen Schritt nach vorn dar. Ein Jahr später, am 27. Juli 1808, erhielten die Domänenbauern Ostpreußens, und das waren zwei Drittel der Bauernstellen, das uneingeschränkte Besitzrecht über Boden, Gebäude und Vieh zum amtlichen Taxpreis, der in 24 Jahren abzulösen war. Mit den Adelsbauern wurden Kompromisse geschlossen, die teils zur Verselbständigung der Bauernstellen führten, teils aber auch im Gegenteil, in einer Art »Bauernlegen« mit geringer Entschädigung, endeten.

Eine umfassende Verwaltungs- und Gerichtsreform trat am 26. Dezember 1808 in Kraft. Danach wurden Verwaltungsangelegenheiten in Ostpreußen durch die Regionalregierungen in Königsberg, Gumbinnen und Marienwerder geregelt. Die Oberlandesgerichte saßen in Königsberg und Marienwerder.

Stein mußte auf Befehl Napoleons am 24. November 1808 erneut entlassen werden, da seine Pläne für eine preußische Volkserhebung aufgedeckt worden waren. Er floh zunächst nach Österreich und dann nach Rußland, wo er bis 1813 weiter an seiner Reformpolitik arbeitete. Einen Neuansatz der Reformen brachte 1810 der Freiherr von Hardenberg – nun aber schon von Berlin aus – in Gang. Wichtig war das Säkularisationsedikt vom 30. Oktober 1810, mit dem der Kirchenbesitz verstaatlicht wurde. Die Reformpolitik Steins und der Männer um ihn machten Königsberg in den Jahren 1807-1809 zum Zentrum Preußens. Hier wurden die Grundlagen für die kommende Volkserhebung gelegt. Im Januar 1813 schrieb Ernst Moritz Arndt, der mit dem Freiherrn vom und zum Stein in Königsberg eintraf, seine Heeresreformschrift: »Was bedeutet Landsturm und Landwehr?«

Tilsit (Sowjetsk). Die Königin-Luise-Brücke in Tilsit von der linken Memelseite aus gesehen. Die Brücke wurde 1907 zur Erinnerung an die bis dahin dunkelste Stunde Preußens erbaut. 1944 wurde sie von deutschen Soldaten beim Rückzug gesprengt. Nur das Portal blieb von der historischen Brücke erhalten.

1812 requirierten die nach Rußland ziehenden französischen Truppen die letzten ostpreußischen Reserven und schürten damit den Volkszorn.

Doch zuvor hatte das Land noch schwere Prüfungen zu bestehen. Zunächst mußte, wie schon erwähnt, Ostpreußen allein die Mittel für die Staatsverwaltung und die Kontributionen aufbringen, eine Mißernte im Jahre 1811 traf Ostpreußen schwer. Und 1812 requirierten die quer durch Ostpreußen nach Rußland ziehenden französischen Armeen die letzten Reserven für ihren Bedarf. Das alles schürte den Volkszorn und drängte mit elementarer Wucht zur Erhebung, die dem König schließlich nur die Wahl ließ, hinweggefegt zu werden oder sich an deren Spitze zu stellen.

Am 30. Dezember 1812 schloß der erzkonservative preußische General Yorck gegen den Willen seines Königs mit dem russischen General Diebitsch die Konvention von Tauroggen. Eine unerhört mutige Tat für einen alles andere als demokratisch gesinnten preußischen Militär. Als er am 8. Januar 1813 in Königsberg einrückte, wollte der ängstliche König ihn absetzen und verhaften lassen, obgleich Yorck dem König das einzige Korps erhalten hatte, das er noch besaß. Aber es gab niemanden, der das gekonnt hätte, und Yorck hatte man auch zu verstehen gegeben, daß das ganze nicht gar so ernst gemeint sei. Jedenfalls hatte er nichts mehr zu verlieren und erteilte am 21. Januar 1813 den Befehl, auf Elbing und Marienburg vorzurücken.

Für Irritationen sorgte eher der Freiherr vom und zum Stein, der mit einer Vollmacht als Kommissar des Zaren Alexanders in Ostpreußen zum Aufstand aufrief und damit Yorck's Unterstützung nicht fand. Schon der Begriff »Kommissar« hatte keinen guten Klang in Preußen. Erinnerte er doch allzu stark an die polnische Lehenshoheit. Inzwischen waren die Stände zu sehr Preußen geworden, um einem ausländischen Aufruf zu folgen. Alle wollten die Befreiung. Doch niemand wünschte, daß dies allein russischen Waffen zu danken war. Ein bemerkenswertes neues Selbstverständnis in Ostpreußen. Die Erinnerungen an den Siebenjährigen Krieg hatten aber wohl auch den furchtbaren Schatten einer möglichen Annexion durch die Russen auf die ostpreußischen Lande geworfen.

Am 3. Februar 1813 gelang es Scharnhorst, den schwankenden König zur Militärkoalition mit Rußland zu bewegen. Am 28. Februar 1813 wurde das Bündnis zu Kalisch geschlossen. Die ostpreußische Landwehr wurde mit der »Verordnung über die Organisation der Landwehr« am 17. März 1813 auf ganz Preußen ausgedehnt. Der Sturm brach los, der schließlich mit dem totalen Zusammenbruch des französischen Kaiserreiches endete. Ostpreußen und besonders Königsberg hatten in dieser schweren Zeit die Ehre Preußens in Europa gerettet.

Im März 1813 brach der Sturm los, nachdem der preußische König in die Militärkoalition mit Rußland eingewilligt hatte.

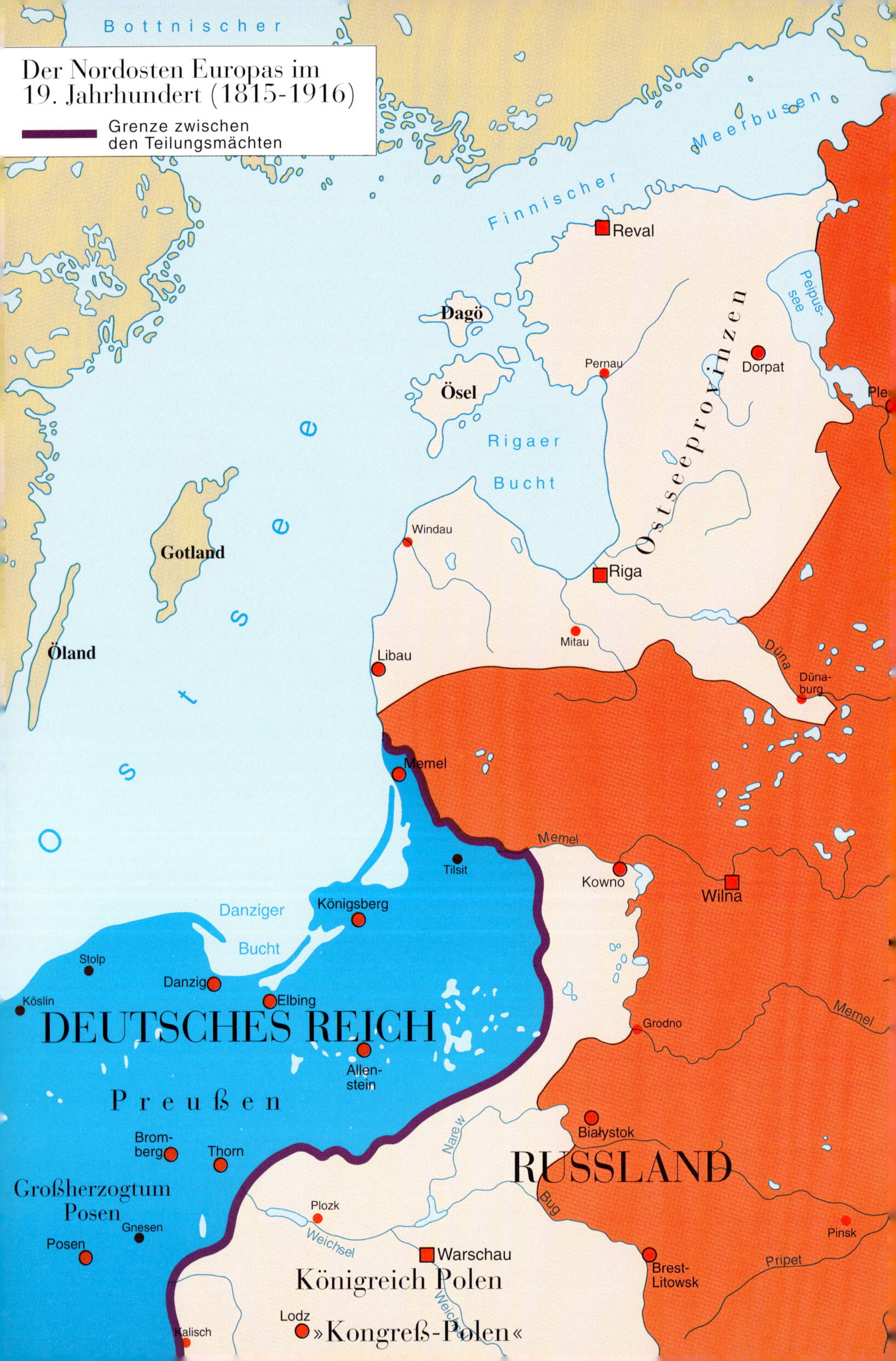
Der Nordosten Europas im 19. Jahrhundert (1815-1916)
Grenze zwischen den Teilungsmächten
Bottnischer
Finnischer Meerbusen
Reval
Peipus-see
Dagö
Ösel
Pernau
Dorpat
Ostseeprovinzen
Rigaer Bucht
Windau
Riga
Mitau
Gotland
Öland
Ostsee
Libau
Düna
Düna-burg
Memel
Tilsit
Memel
Kowno
Wilna
Danziger Bucht
Königsberg
Stolp
Köslin
Danzig
Elbing
DEUTSCHES REICH
Allen-stein
Grodno
Memel
Preußen
Brom-berg
Thorn
Białystok
Narew
RUSSLAND
Großherzogtum Posen
Gnesen
Posen
Plozk
Weichsel
Bug
Pinsk
Warschau
Brest-Litowsk
Pripet
Königreich Polen
Lodz
»Kongreß-Polen«
Kalisch

B*ismarck und die polnische Frage.* Ostpreußen war in der zweiten Hälfte der napoleonischen Ära zum letzten Mal in seiner Geschichte als eine relativ selbständig handelnde Kraft hervorgetreten. In der zweiten Hälfte des 19. Jahrhunderts wuchs Preußen zu einem mächtigen Staat heran, von dem schließlich die Reichsgründung ausgehen konnte. Da war für ein Eigenleben der Provinzen nur noch bedingt Raum.

Der Fortschrittsglaube während und nach den Befreiungskriegen hatte sich nicht erfüllt. Schwer lag die Hand Metternichs auf Europa. Das führte in Ostpreußen für ein Vierteljahrhundert zur Abwendung von der großen Politik, hin zur Konsolidierung der Geschäfte, zur Familie im Sinne der Biedermeierzeit. Unter dem Oberpräsidenten Schütz wurde 1829 aus Ost- und Westpreußen die Provinz Preußen gebildet. Die jetzt größere Verwaltungseinheit verfügte über bessere wirtschaftliche Möglichkeiten zum Wiederaufbau des Landes.

Als England zum Schutz der eigenen Wirtschaft Zölle einzuführen begann, hatte das verheerende Folgen auf die Landwirtschaft Ostpreußens. Der Präsident versuchte, durch Stützungen das Schlimmste zu verhindern. Trotzdem kamen Güter und Bauernwirtschaften in großer Zahl unter den Hammer.

Doch das Land erholte sich wieder. Unter Schütz erlebte die Königsberger Universität, die Albertina, ihre höchste Blüte. Der Wiederaufbau der Marienburg wurde begonnen und damit an die Traditionen des Landes auch äußerlich angeknüpft. Das gebildete Bürgertum gewann Einfluß auf das Geistesleben. Juden erhielten gleiche Bürgerrechte. Viele ließen sich taufen. Besonders in Ostpreußen entwickelte sich unter den jüdischen Bevölkerungsteilen die Tendenz, Juden und zugleich Deutsche zu sein und so am Gedeihen des Staates mitzuwirken.

Königsberg (Kaliningrad). Historisches Foto von der Vorderansicht der Universität. Rechts vom Eingangsportal das Reiterstandbild Friedrich Wilhelms III. (1945 zerstört).

Ostpreußen wurde im Vormärz zu einem Hort des Liberalismus. Die Umwandlung der absoluten in eine konstitutionelle Monarchie erfolgte zwar in Berlin, hatte aber ihre geistigen Grundlagen auch im Osten. Erfolglos forderte die Elbinger Bürgerschaft im Landtag die Einführung einer Verfassung. Der Königsberger Landtag von 1840 bat Friedrich Wilhelm IV. (1850-1858/1861), das Verfassungsversprechen seines Vaters einzulösen. Doch der lehnte ab. Als der Oberpräsident von Schön daraufhin, menschlich vom König zutiefst enttäuscht, in seiner Schrift »Woher? Wohin?« die Einrichtung von Generalständen forderte, wurde der verdienstvolle Mann entlassen.

In der Flugschrift des jüdischen Arztes Jacoby »Vier Fragen, beantwortet von einem Ostpreußen« wurde der König erstmals attackiert. Doch der Höhepunkt der bürgerlichen

Bewegung war eine Massenveranstaltung der Einwohner Königsbergs und Elbings in Pillau, an der Delegierte aus ganz Ostpreußen teilnahmen. Diese wahrscheinlich erste deutsche Massenveranstaltung erregte Aufsehen in ganz Deutschland.

Am 11. April 1848 stellte Preußen im Bundestag den Antrag, Ost- und Westpreußen in den Deutschen Bund aufzunehmen. Der Antrag wurde einstimmig angenommen. Die achtundvierziger Revolution verlief in der Provinz Preußen ruhig. Zwar gab es auch hier eine Reihe von Mißständen – die nicht richtig beendete Bauernbefreiung sowie soziale Forderungen der entstehenden Arbeiterbewegung in Königsberg und Elbing – doch wurden diese Widersprüche hier nicht hinter Barrikaden ausgetragen, sondern auf die altpreußische, patriarchalische Art gelöst. Es bildeten sich Verbände auf beiden Seiten, die aber über Versammlungen nicht hinauskamen.

1848 wurden Ost- und Westpreußen in den Deutschen Bund aufgenommen.

Furcht löste lediglich die Nähe Rußlands aus. Viele Ostpreußen sahen mit Recht im Zaren Nikolaus den Vertreter der alten Zustände, der mit der Kosakenpeitsche in Europa für Ordnung sorgen wollte. Man fürchtete, daß Friedrich Wilhelm die Russen ins Land holen könnte, wie es Österreich in Ungarn gerade tat. Als ein Kurier an den Zaren in Ostpreußen abgefangen wurde, befürchtete man schon das Schlimmste. Doch auch die radikalsten ostpreußischen Revolutionäre gingen nicht so weit, das Postgeheimnis zu brechen. Deshalb blieb bis heute unbekannt, was Friedrich Wilhelm IV. seinem Schwager Nikolaus I. mitteilen wollte.

So wurde der Höhepunkt der Revolution überschritten. Ein einiges deutsches Reich war nicht entstanden. Friedrich Wilhelm hatte die Kaiserkrone, die ihm vom Königsberger Professor Simson in der Paulskirche angeboten worden war, abgelehnt. Der König wollte keine Krone vom Volk. Und eine, die ihm ein naturalisierter Jude, der sich als Vertreter des deutschen Volkes aufspielte, entgegenhielt, wollte er schon gar nicht, sondern, wenn überhaupt, dann eine Kaiserkrone aus Fürstenhand. Das einzige Ergebnis der Revolution blieb die dem König »oktroyierte« Verfassung. Sie war nicht das, was man erhofft hatte, aber dennoch der erste Schritt zu einer konstitutionellen Monarchie in Preußen.

Ostpreußens Eigenständigkeit und Eigenleben endeten hier.

Berlin war nun die Hauptstadt eines wirtschaftlich und kulturell aufwärts stürmenden Staates und riß alles in seinen Sog, was Rang, Namen und Erfolg im Lande hatte. In der Praxis erwies sich der preußische Verfassungsstaat zentralistischer als der Absolutismus.

Königsberg (Kaliningrad). Der Schloßteich mit der Burgkirche um 1810. Ein Aquarell von Wilhelm Barth.

Wirtschaftlich allerdings ging es Ostpreußen gut. Die Wirtschaft orientierte sich nach Osten. Der Krimkrieg brachte einen Aufschwung für den ostpreußischen Handel, für die Häfen und die Infrastruktur des Landes. Tausende russischer Fuhrleute bevölkerten die Straßen zur russischen Grenze. Sie brachten Geld ins Land für Pferdefutter, Übernachtungen, Reparaturen und durch den Handel. Der Wegfall der Binnenzölle und die Gründung des Zollvereins verbesserten die Lage weiter. Die Ostbahn erreichte Danzig 1852 und Königsberg 1853. Der Anschluß an das russische Eisenbahnnetz wurde 1857 hergestellt. Ostpreußen kam damit aus seiner Randlage heraus und rückte ins Zentrum Preußens. Die Industrie begann aufzublühen. Die Universität platzte aus ihren Nähten und erhielt 1862 einen Neubau des Architekten Stüber.

Am Jahrestag der Völkerschlacht bei Leipzig, am 18. Oktober 1861, krönte sich König Wilhelm I. (der Bruder und seit 1858 Mitregent von Friedrich Wilhelm IV.) feierlich in der Königsberger Schloßkirche. Es war die zweite preußische Königskrönung und zugleich die letzte im Ordensschloß zu Königsberg. Das war sowohl eine anmaßende Selbstdarstellung der Monarchie als auch eine Absage an die Demokratie; zugleich lag darin eine heute gespenstisch anmutende Vorahnung auf sich anbahnende, bedeutende Veränderungen in Deutschland, die in Versailles ihren Anfang und ihr Ende haben sollten. Adolph Menzel hat den pompösen Glanz dieses selbstherrlichen Aktes, der von der Ordensburg aus noch einmal die Stadt Königsberg ins europäische Rampenlicht rückte, meisterhaft festgehalten.

Wilhelm I. krönte sich 1861 an historischer Stätte, in der Königsberger Schloßkirche, zum König von Preußen.

Ein Jahr später, in der »schwierigsten Stunde« der preußischen Monarchie, wurde Bismarck preußischer Ministerpräsident. Mit der Reichsgründung am 18. Januar 1871 endet die selbständige Geschichte Ostpreußens endgültig. Auf den Tag genau vor 170 Jahren, am 18. Januar 1701, hatte sich der Kurfürst Friedrich III. von Brandenburg zum König in Preußen gekrönt. Die Ostprovinz hatte dem neuen Staat

Brandenburg ihren Namen hinterlassen. Jetzt ging wiederum dieser Staat Preußen im Deutschen Reich auf, gab ihm aber sein Gepräge.

Der Eisenbahnbau schloß Ostpreußen enger an das gesamtdeutsche Verkehrsnetz an.

1878 wurde die Provinz Preußen wieder in Ost- und Westpreußen geteilt. Die Hauptstadt Ostpreußens blieb Königsberg, während Danzig Sitz des Oberpräsidiums von Westpreußen wurde. Für die Trennung gab es eine Reihe von Gründen, vor allem wirtschaftlicher Art. Danzig war zu einem eigenständigen Industriezentrum geworden und hatte Anschluß an das gesamtdeutsche Verkehrsnetz. Der Eisenbahnbau von Danzig nach Marienburg und Mlawa half außerdem, das Weichsel-Hinterland wirtschaftlich zu erschließen.

Eine wichtige Entscheidung spielte auch der in Preußen aufkommende polnische Nationalismus. Durch die Teilung Polens ging in den zu Preußen gekommenen polnischen Landesteilen das Bestreben der Regierung Friedrich Wilhelms IV. zunächst dahin, gleiches Recht für alle Bewohner, einschließlich des Rechts der freien Religionsausübung, zu sichern. Man verhielt sich so, als habe man sich nicht ein fremdes Land einverleibt, sondern ein überwiegend von Deutschen bewohntes Land zurückgewonnen. Mit den blutigen polnischen Aufständen zwischen 1846 und 1848 begann man erstmals, von einer polnischen Frage in Preußen zu sprechen.

Nun waren die Lebensbedingungen in »Russisch-Polen« und in »Österreich-Polen« einfach schlechter als in »Preußen-Polen«, so daß es zu einer Einwanderungswelle nach Westpreußen kam. Die Bemühungen der polnischen Kirche, das polnische Nationalbewußtsein wachzuhalten, zeigte Erfolg. Es kam zu Landkäufen polnischer Magnaten und Organisationen in einigen Teilen des Landes und in dessen Folge zu einem überproportionalen Zuzug von Polen.

Die preußische Regierung stellte für eine Gegenbewegung nun ebenfalls Mittel zur Verfügung, zu einem Mehrheitsausgleich kam es aber trotzdem nicht. Zum Teil von den Gütern gefordert, von der sich entwickelnden Industrie organisiert, eskalierte der Zuzug. Die Behörden verfolgten die Entwicklung mit Besorgnis, das innenpolitische Klima verschlechterte sich.

Das aus Deutschen, Franzosen, Flamen, Wallonen, Holländern, Schweizern, Tschechen, Masuren, Polen, Litauern und Russen zusammengewachsene Preußenvolk besaß mittlerweile eine eigene Identität. Die Bewohner des Staates wollten Preußen sein, nicht mehr Angehörige der Völker, aus denen sie einst gekommen waren. Die Integration war vollständig – und änderte sich erst durch die polnischen Teilungen.

Zwar lag der Anteil der polnischen Bevölkerung in Westpreußen bei etwa einem Drittel und in Ostpreußen weit darunter, doch die Polen, in ihrem Nationalgefühl gedemütigt, wollten Polen bleiben und keine Preußen werden. Also nutzten sie die demokratischen Möglichkeiten, die ihnen in Preußen, nicht aber in Rußland oder Österreich gegeben waren, für ihre nationale Sache.

Die in Preußen lebenden Polen nutzten alle demokratischen Möglichkeiten des Landes für ihre nationale Sache.

Bismarcks Kulturkampf war darauf ausgerichtet, den Einfluß der Kirchen im öffentlichen Leben überhaupt, besonders aber an den Schulen zurückzudrängen und damit in Ost- und Westpreußen auch die Wirksamkeit des starken polnischen Klerus zu beschneiden. Dessen Propaganda hatte es nämlich verstanden, den nationalen Gedanken auf eine einfache Formel zu bringen: Deutsch, das ist evangelisch, polnisch ist katholisch. In Wirklichkeit verlief die Religionsgrenze in Preußen quer durch die Bevölkerung, doch interessierte das niemanden. Der Nationalismus, im deutsch-polnischen Verhältnis einmal geboren, war nicht mehr wegzudenken.

Um die polnische Frage im preußischen Sinne lösen zu können, wollte Bismarck die Polen in Preußen wirtschaftlich besser stellen und dazu bringen, ihre Wünsche nach einer nationalen Einheit für Polen aufzugeben. Diesen Kampf verlor der Kanzler und damit auch Preußen-Deutschland.

Es ist hier nicht Raum zu untersuchen, wie gut die polnische Bevölkerung in Preußen gelebt hat und ob sie noch besser hätte leben können. Ursache für den immer stärker werdenden polnischen Nationalismus waren die polnischen Teilungen. Preußen hatte sich selbst den Unruhefaktor ins Land geholt. Man glaubte, das werde sich schließlich durch die Zeit lösen.

Regierungsbezirke in Ost- und Westpreußen von 1878-1918

Provinz Ostpreußen

Provinz Westpreußen

Hauptstädte bzw. Kreisorte der Regierungsbezirke

Westpreußen

Be	Berent
Br	Briesen
Da	Danzig
Di	Dirschau
DK	Deutsch Krone
El	Elbing
Fl	Flatow
Gr	Graudenz
Hö	Höhe
Ka	Karthaus
Ko	Konitz
Ku	Kulm
Lö	Löbau
Mb	Marienburg
Mw	Marienwerder
Ne	Neustadt
Ni	Niederung
PS	Preußisch Stargard
Pu	Putzig
Ro	Rosenberg
Sb	Strasburg
Sl	Schlochau
Sm	Stuhm
Sz	Schwetz
Th	Thorn
Tu	Tuchel

Ostpreußen

Al	Allenstein
An	Angerburg
Ba	Bartenstein
Br	Braunsberg
Da	Darkehmen
Fi	Fischhausen
Ge	Gerdauen
Go	Goldap
Gu	Gumbinnen
Hb	Heiligenbeil
He	Heydekrug
Hg	Heilsberg
In	Insterburg
Jo	Johannisburg
Kö	Königsberg
La	Labiau
Lö	Lötzen
Ly	Lyck
Me	Memel
Mo	Mohrungen
Ne	Neidenburg
Ni	Niederung
Ol	Oletzko
Or	Ortelsburg
Os	Osterode
PE	Preußisch Eylau
PH	Preußisch Holland
Pi	Pillkallen
Ra	Ragnitz
Rg	Rastenburg
Rö	Rössel
Se	Sensburg
Sp	Stallupönen
Ti	Tilsit
We	Wehlau

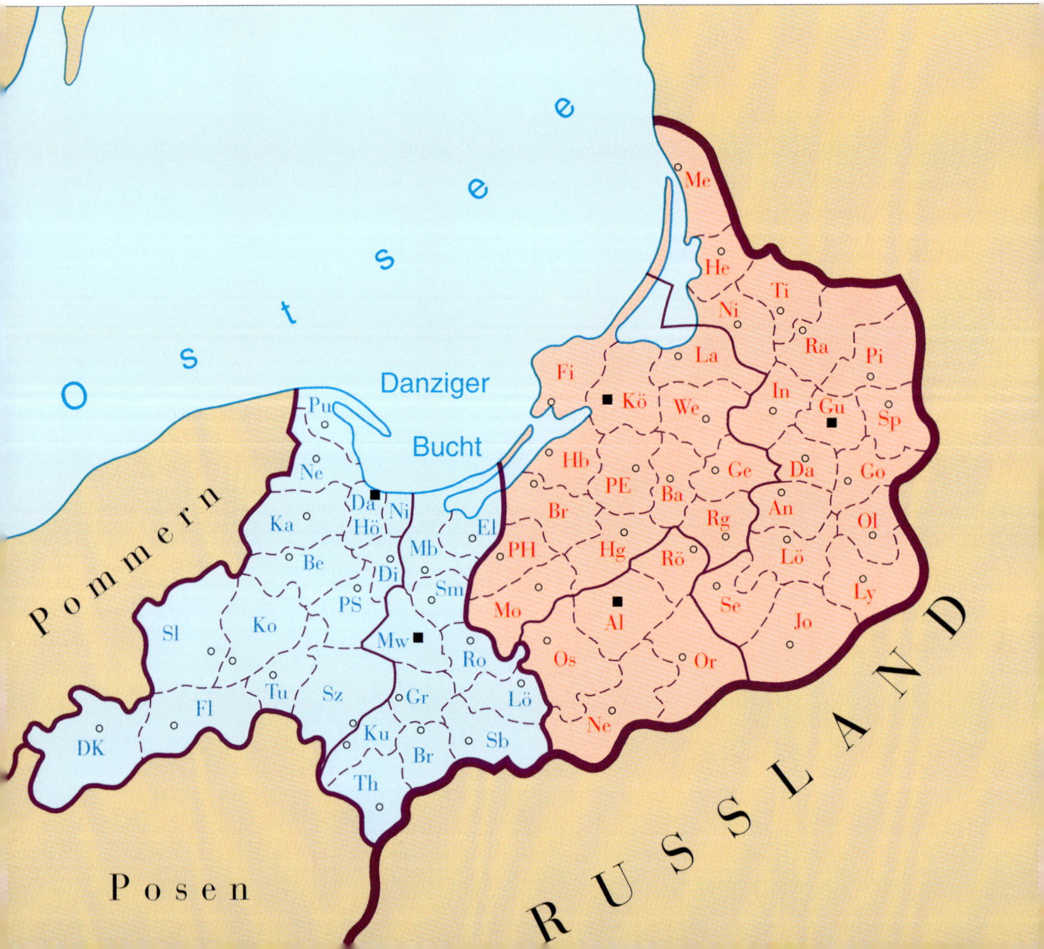

Das Recht der Polen, für einen eigenen Staat zu kämpfen, wurde eigentlich überall anerkannt, sogar von den drei, für die polnische Teilung verantwortlichen Mächten. Das galt allerdings nur solange, bis dieser künftige polnische Staat das Stück Land zurückforderte, das jene einst ergaunert hatten.

Am 28. Januar 1886 hielt Bismarck seine berühmte Polenrede im Reichstag, in der er die Situation glasklar analysierte, aber zu keiner akzeptablen Lösung für Polen, Deutschland und dessen Nachbarn vordringen konnte, was auch schwer genug war. Er begann mit folgenden Worten:

»Wir haben die Erbschaft übernommen, uns mit zwei Millionen polnisch sprechender Untertanen, so gut wir können, auf den selben Gebieten, welche die Grenzen des preußischen Staates umschließen, einzuleben. Wir haben diese Situation nicht gemacht, unsere Politik kann von sich dasselbe sagen, was, ich weiß nicht mehr, auf welcher Forstakademie, geschrieben stand: ›Wir ernten, was wir nicht gesäet haben, wir säen, was wir nicht ernten werden.‹«[19]

Hier irrte der eiserne Kanzler nicht. Im deutschen Volk sollte erst die nächste Generation ernten, was frühere Herrscher gesät hatten – und die darauffolgende gleich noch einmal. Nur, Saat und Ernte gingen diesmal fast ineinander über.

Pillau (Baltijsk). Luftaufnahme der Hafenanlagen. Pillau war einst der Vorhafen von Königsberg: wobei beide Orte durch gut ausgebaute Wasserstraßen verbunden waren und selbst große Schiffe den Innenhafen von Königsberg erreichen konnten. Baltijsk ist noch immer Sperrgebiet für Touristen.

Ostpreußen profitierte wirtschaftlich von der Reichseinigung, wenn es auch seine eigenständige Rolle in der Politik verloren hatte. Königsberg entwickelte seinen Handel mit Rußland in Dimensionen, die im Reich ohne Beispiel waren. Zu den klassischen ostpreußischen Exporten wie Getreide und Holz kamen immer mehr hochwertige Maschinen. Die Vertiefung der Wasserstraße Königsberg-Pillau und der Ausbau des Innenhafens (bis 1906) gaben der Stadt die logistischen Voraussetzungen.

1914 konnte Ostpreußen auf einen hundertjährigen Frieden zurückblicken.

Ostpreußen konnte auf einen hundertjährigen Frieden zurückblicken. Die drei preußischen Kriege mit Dänemark, Österreich und Frankreich von 1864-1870 hatten das Land direkt nicht berührt. Man hatte sich bereits daran gewöhnt, daß Parteiquerelen oder nationalistische Demonstrationen der polnischen Bevölkerung das Äußerste an Unruhe waren, was für die Provinz vorstellbar sei.

Da wurde erneut die Brandfackel des Krieges in diese Idylle geschleudert, die alles veränderte, was bis dahin galt. Die Bevölkerung Ostpreußens traf der Krieg unerwartet. Man hatte das Geschrei in Berlin, Paris, Petersburg und die Drohreden der Monarchen weit weniger ernst genommen als in anderen Provinzen. Ostpreußen war einfach zu weit weg. Und die letzten Kriege hatten sich ja auch anderswo abgespielt. Warum also aufregen?

Ostpreußen im Ersten Weltkrieg. Der kaiserliche Generalstab ging davon aus, daß die »russische Dampfwalze« einige Zeit brauchen würde, um im Kriegsfalle richtig in Gang zu kommen. Bis dahin wollte man im Westen klare Verhältnisse schaffen, um sich dann voll auf die Russen konzentrieren zu können. Sein ganzes politisches Leben hatte Bismarck darauf verwandt, einen Zweifrontenkrieg zu verhindern und sorgsam darauf geachtet, daß kein Bündnis zwischen Frankreich und Rußland zustande kam. Die Freundschaft zu Rußland war der Dreh- und Angelpunkt Bismarckscher Außenpolitik. Das fein gewobene Sicherheitsnetz wurde nach seiner Entlassung in kürzester Frist durch dümmliches Verhalten, Großmannssucht und Konzeptionslosigkeit in der Außenpolitik verspielt.

Am 1. August 1914 begann der Erste Weltkrieg.

Bereits am 14. August fielen die Russen mit ihrer Njemenarmee in das wieder einmal viel zu schwach geschützte Ostpreußen ein. Ein erstes Zusammentreffen des 1. Korps unter General von François bei Stallupönen mit den Russen am 17. August endete zwar siegreich, doch mußte sich François wegen des schnell eintreffenden russischen Nachschubs zurückziehen. Eine zweite Schlacht, am 19. und 20. August bei Gumbinnen, wurde abgebrochen, weil der Oberbefehlshaber General von Prittwitz eine Einkesselung durch die rasch heranrückende russische Narewarmee befürchtete. Damit gab er den Russen ungewollt den Weg nach Königsberg frei.

Zwei Wochen nach Kriegsausbruch fielen russische Truppen in Ostpreußen ein und wurden in verlustreichen Schlachten besiegt.

Der deutsche Generalstab begriff den Ernst der Situation und ersetzte den zögerlichen General Prittwitz durch Hindenburg und Ludendorff. Auf dem Plan des letzteren aufbauend, der vorsah, die Narewarmee zu vernichten, bevor die Njemenarmee ihr zu Hilfe kommen konnte, kam es vom 26. bis 30. August zu der wahrscheinlich an Menschenleben verlustreichsten Schlacht des Ersten Weltkrieges, die mit einer nahezu totalen Vernichtung der russischen Narewarmee endete. Über 90.000 Russen fielen oder gerieten in Gefangenschaft. In der nur wenige Tage später folgenden zweiten Schlacht »an den Masurischen Seen« gelang es dem russischen Oberbefehlshaber Rennenkampf, unter hohen Verlusten – es gab 30.000 russische Tote und Gefangene – die Hauptteile der Njemenarmee durch eine geordnete Flucht auf russisches Gebiet zu retten.

Ob die bedeutenden Siege allein der Kriegskunst Hindenburgs und Ludendorffs zu verdanken waren, wie in der deutschen Geschichtsschreibung überwiegend geschildert, sei dahingestellt. Die Beschränktheit der russischen Generäle Samsonow und Rennenkampf, die beide ihre Fähigkeiten nachgewiesen hatten, innere Aufstände niederzuschlagen, den Beweis, daß sie Schlachten gewinnen könnten, aber bisher schuldig geblieben waren, hatte sicher einen Anteil am Sieg der Deutschen. Zumindest wird es in der russischen Geschichtsschreibung überwiegend so gesehen. Fest steht, daß die russische Offensive scheiterte und Ostpreußen nach etwa drei Wochen befreit war.

Die hektische Flucht der verstörten Bevölkerung nach dem russischen Überfall war weniger auf Greueltaten, wie später oft behauptet, zurückzuführen, sondern viel eher auf die Konzeptionslosigkeit der deutschen Behörden. Rechtzeitig erstellte Evakuierungspläne für den Fall eines russischen Einmarsches existierten genauso wenig, wie es sie am Ende des Zweiten Weltkrieges gab. Wenn auch Situation und die Motive der Handelnden nicht ohne weiteres vergleichbar sind.

Auch im Ersten Weltkrieg gab es Übergriffe und Plünderungen durch russische Soldaten in Ostpreußen. Deren Duldung durch die russische Heeresleitung oder gar eine systematische Verschleppung der Bevölkerung sind aber nicht nachweisbar. Insgesamt verloren 1.500 Zivilisten in Ostpreußen ihr Leben. 350 davon wurden wegen Spionage erschossen. Das sind – im Verhältnis zu den Toten der Schlachten – wenige zu beklagende Menschenleben.

Noch ein zweites Mal drangen die Russen zu Jahresbeginn 1915 in Ostpreußen ein. Diesmal bewiesen die Behörden, daß sie gelernt hatten. Es gab einen Evakuierungsplan, und der funktionierte auch reibungslos, so daß der besetzte Teil des Landes fast menschenleer war. In der »Masurischen Winterschlacht« vom 7. bis zum 21. Februar 1915 retteten Hindenburg und Ludendorff Ostpreußen zum zweiten Mal. Über 100.000 Russen bezahlten diese Niederlage mit ihrem Leben oder ihrer Freiheit. Zwar nahmen die Russen noch einmal für kurze Zeit Memel und Tauroggen ein und belagerten Tilsit, doch am 28. März hatte der letzte russische Soldat Ostpreußen verlassen. Abgesehen von den Kriegsschäden, Dienstverpflichungen, Demontagen und der allgemeinen Verknappung war für Ostpreußen der Erste Weltkrieg damit zwar zu Ende, doch 40.000 Gebäude lagen in Schutt und Asche, 135.000 Pferde, 250.000 Rinder und 200.000 Schweine waren in russische Gulaschkanonen gewandert oder

Am 28. März 1915 hatte der letzte russische Soldat Ostpreußen verlassen. Die Zerstörungen waren groß. Ostpreußen war die einzige deutsche Provinz, die im Ersten Weltkrieg zum Kriegsschauplatz geworden war.

mitgenommen worden. Ostpreußen war die einzige deutsche Provinz, die im Ersten Weltkrieg zum Kriegsschauplatz wurde. Die übrigen Schlachten fanden auf den Territorien der deutschen Kriegsgegner statt.

Im Mai 1915 begann die deutsche Offensive im Kurland. Im August wurden Kowno, Warschau und Brest-Litowsk erobert. Anfang September Grodno und im Oktober Riga. Dort festigte sich die Front. Ostpreußen lag sicher und weit hinter der Kampflinie. Es darf angenommen werden, daß nun ebenso viele russische Pferde, Rinder und Schweine den Weg in deutsche Gulaschkanonen nahmen, doch gibt es darüber in Deutschland kaum genaue Aufzeichnungen.

Einen etwas makaberen Beigeschmack des zweifellos bedeutenden Befreiungsschlages Hindenburgs vom 26. bis 30. August 1914 bekam dann der Name »Tannenbergschlacht«, den Ludendorff persönlich dafür ausgewählt hatte. Damit wurde eine gedankliche Verbindung von der Niederlage des Deutschen Ritterordens von 1410 zu der der Russen von 1914 gezogen und die Legende von einem ewigen Kampf und letztlichen Sieg der Germanen gegen die Slawen geboren. Genau genommen waren an der Tannenbergschlacht von 1410 weder Russen noch Deutsche beteiligt, wenn man davon absieht, daß es auf der polnisch-litauischen Seite russisch-tatarische Söldner gegeben hat und der Orden ein deutscher Orden war, der hier aber in eigener Sache für den eigenen Staat gekämpft und verloren hatte.

Hohenstein (Olsztynek). Historische Aufnahme (1930) des Tannenbergdenkmals: Ausdruck der von Ludendorff initiierten Tannenberg-Legende.

Rache für Tannenberg war die Schlacht von 1914 ganz sicher nicht. Und genauso sicher ist, daß sie nicht bei Tannenberg stattgefunden hat. Der Ort liegt einige Kilometer westlich des Kriegsschauplatzes von 1914.

Auch die Polen gingen in ihrer Geschichtsschreibung mit der Tannenbergschlacht (die bei ihnen Grunwald heißt) großzügig um. Auch sie stellten sie 1960 – anläßlich der 550-Jahrfeier – in der Literatur und im Film so dar, als hätte es von der Niederlage bei Tannenberg 1410 eine direkte und logische Linie zur deutschen Niederlage im Zweiten Weltkrieg gegeben, und der Sieg der polnisch-russischen Waffenbrüderschaft sei Beweis, daß von 1410 bis 1945 ein annähernd lückenloses Traditionsbündnis der Slawen bestanden hätte, von kleinen Mißverständnissen einmal abgesehen. Doch das ist Teil der Geschichte des kalten Krieges. Die sachliche Aufarbeitung der deutsch-polnisch-russisch-litauischen Geschichte macht erfreuliche Fortschritte. Dabei ist das noch nicht die schlimmste wissentlich falsche Interpretation der gemeinsamen Geschichte der Deutschen und der Polen, weder von der einen noch der anderen Seite.

Die Tannenbergschlacht wurde von deutscher wie von polnischer Seite aus oft tendenziös interpretiert. Erst seit Beendigung des Kalten Krieges macht die sachliche Geschichtsaufarbeitung erfreuliche Fortschritte.

Das weitere Schicksal der Deutschen, Polen und Russen in und um Ostpreußen wurde zunächst nicht mehr von ihnen selbst bestimmt. Am 11. November 1918 kapitulierte Deutschland im Wald von Compiègne. Der deutsche Kaiser dankte ab; ihm folgten auf Druck der machtvollen Novemberrevolution in Deutschland alle regierenden Fürsten. Deutschland wurde Republik.

Bereits am 8. Januar 1918 hatte Präsident Wilson in seiner 14-Punkte-Erklärung eine neue Nachkriegsordnung gefordert. Der Punkt 13 lautete:

»*Ein unabhängiger polnischer Staat soll errichtet werden, der die von einer unbestreitbar polnischen Bevölkerung bewohnten Gebiete umfassen soll, denen ein freier und gesicherter Zugang zum Meere gewährleistet werden und dessen territoriale Integrität durch internationalen Vertrag garantiert werden wird.*« [20]

Die Erklärung war die ehrenwerte Absicht der künftigen Sieger, ein Jahrhundertunrecht zu beenden und den geteilten polnischen Staat auf weitgehend ethnischer Grundlage wiederherzustellen. Das erwies sich in der Praxis als so nicht durchführbar. Ethnisch vollkommen reine deutsche oder polnische Gebiete konnte es nach einer 150jährigen Teilung des Landes und der Zugehörigkeit großer polnischer Gebiete zum deutschen Sprachraum weder in Preußen noch in Ostpreußen geben, da der Binnenwanderung der Bevölkerung zu keinem Zeitpunkt Beschränkungen auferlegt worden waren. Und dann war da auch wieder der verhängnisvolle traumatische »Zugang zum Meer« – das alte Ziel von 1309 – und als logische Folge die Umwandlung Ostpreußens in eine Exklave.

»Siege, aber triumphiere nicht«
(Marie von Ebner-Eschenbach)

Der polnische Korridor. Es mußten vernünftige Regelungen gefunden werden, um den künftigen polnischen Staat lebensfähig zu machen, ohne dem deutschen die Lebensfähigkeit zu beschneiden. Beide waren zu erhalten und es galt, künftigen Zündstoff möglichst auszuschließen.

Daß die Polen in der für sie günstigen Situation versuchten, Maximalforderungen durchzusetzen, darf nach der 150jährigen, als nationale Erniedrigung empfundenen Teilung keinen verwundern. Polen fand dabei in seinem europäischen Lieblingsvolk Frankreich einen willigen Alliierten, der seine Wünsche unterstützte. Auch das verwundert nach dem Gang bisheriger Geschichte nicht. An die Zukunft der beiden Völ-

Königsberg (Kaliningrad). Schiffe im Hafen.

ker, deren Territorien gerade neu vermessen wurden, dachten die Herren am Verhandlungstische wahrscheinlich zu wenig.

Deutschland war nicht in Versailles vertreten.

In Königsberg herrschte die Volksmarinedivision, die bereits Kontakte zur Roten Armee unterhielt, die 40 Kilometer hinter der Grenze operierte. Die Bevölkerung Ostpreußens wie des gesamten preußischen Ostraumes war auf mögliche Gebietsabtretungen nicht vorbereitet. Deshalb traf sie die Unterzeichnung des Friedensvertrages von Versailles am 28. Juni 1919 wie ein Blitz aus heiterem Himmel. Die Empörung der ostpreußischen Bevölkerung, der direkt wie der indirekt Betroffenen, war genauso groß wie der offen gezeigte Triumph der Polen. Eine traumhafte Situation für künftige Rattenfänger! Verständnis für Polen auf deutscher Seite und Mäßigung auf der polnischen waren so nicht zu erwarten.

Deutschland trat wieder einen Teil Westpreußens, den größten Teil Posens, das Kulmerland und das Soldauer Gebiet ohne Volksabstimmung an Polen ab. Danzig und Umgebung wurde Freie Stadt unter polnischer Aufsicht. Das war völkerrechtlich in etwa die Wiederherstellung des Zustandes von 1772. Das Territorium Memel, 2.657 Quadratkilometer umfassend und von 150.000 Menschen bewohnt, das seit 1422 zum Ordensstaat und später zu Ostpreußen gehört hatte, wurde ohne Volksabstimmung an die Alliierten (Frankreich, Italien, Großbritannien und Japan) als deren Mandatsgebiet abgetreten. Dieser Schwebezustand bestand bis 1923; am 10. Januar 1923 besetzten Angehörige eines in Heydekrug gebildeten, aus litauischen Nationalisten bestehendes »Komitees zur Rettung Klein-Litauens« das Gebiet. Durch die Macht des Faktischen gehörte das Memelgebiet nun als autonomes Gebiet bis März 1939 zu Litauen. Drei Jahre später, also 1926, mußte Litauen den Kriegszustand über Memel verhängen, der bis zur Wiederangliederung an Deutschland 1939 nicht aufgehoben werden konnte. Die Annexion des Memelgebietes durch Litauen war rechtlich ein vom Versailler Vertrag nicht gedeckter Akt, der es noch leichter machte, gegen ihn und die, die ihn gewollt hatten, mobil

1918 wurde der polnische Staat auf Beschluß der Alliierten wieder errichtet. Völkerrechtlich wurde in etwa der status quo von 1772 wiederhergestellt.

zu machen. 498 Jahre hatte die Grenze zwischen Ostpreußen und Litauen Bestand gehabt, jetzt erhob Litauen Ansprüche. Die deutsche Machtlosigkeit hinterließ schwere Wunden. Zwar änderte sich für die Bevölkerung im Memelgebiet wenig. Die überwiegende Mehrheit verstand sich als litauische Preußen. Die Grenzen blieben weitgehend offen, Sprachen, Sitten und Gebräuche wurden nicht behindert. Nur der Schmuggel entwickelte sich zu einer Art Schattenwirtschaft.

Da mit den Gebietsabtretungen keine amtlich gewollten ethnischen Bereinigungen in den abgetretenen Gebiete einhergingen und den Minderheiten zunächst auch Minderheitsschutzrechte eingeräumt wurden, waren die Bedingungen für die betroffenen Deutschen nicht anders, als sie es für die von der Teilung betroffenen Polen über hundert Jahre lang in Preußen und danach im vereinten Deutschland gewesen waren. Dennoch kamen mit den Gebietsabtretungen ein Reihe von Erschwernissen hinzu.

Ostpreußen war Exklave geworden. Die Landverbindung zum Deutschen Reich führte wieder durch Pommerellen, Zankapfel seit jenem unglücklichen Jahr 1309.

Die Handelswege verlängerten sich von bisher 120 Kilometern auf 300 Kilometer, da der natürliche Absatzweg über Danzig für landwirtschaftliche Produkte nicht mehr zur Verfügung stand. Inflation und Reparationen trafen das Land wie ganz Deutschland, wirkten hier aber zusätzlich. Der »Korridor« führte wieder durch das im Jahre 1309 vom Orden einst erworbenen Pommerellen, mit dem der unglückliche deutsch-polnische Stern aufgegangen war. Jetzt erschwerte und verteuerte er den Export aus dem angeschlagenen Ostpreußen. Die Behinderungen im Straßen- und Schienennetz durch die polnische Seite wurden später sicher übertrieben, lagen aber stets im Bereich des Möglichen.

Das war für die dort wohnenden Deutschen bitter und für Deutschland als Wirtschaftsraum eine zusätzliche Härte. Jetzt wäre der Zeitpunkt für Polen dagewesen, dem gedemütigten, orientierungslosen Deutschland die Hand zu reichen, denn man hatte ja keinen Krieg gegeneinander geführt. Doch daran dachte niemand.

Polen hatte sich nie mit der Teilung abgefunden. 150 Jahre hatte es seine Volksidentität erhalten und ohne Unterbrechung mit wechselnden Methoden und Erfolgen für seine nationale Wiedergeburt gekämpft – in allen drei beteiligten Staaten. Ein Verbleib in Deutschland kam für Polen überhaupt nicht in Betracht. Es war nur recht und billig, wenn Polen ohne Wenn und Aber auf der Rückgabe seiner ihm nach 1772 geraubten Gebiete bestand. Nur wollte das in Ostpreußen niemand verstehen. Die Massenmedien heizten in beiden Ländern die Stimmung an. Der kurz darauf ausbrechende polnisch-russische Krieg machte aber Ostpreußen sichtbar, wie verwundbar das Land eigentlich war. Zwar blieb es vom Vormarsch der Polen genauso unberührt wie vom russischen Gegenschlag und dem »Wunder an der Weichsel« Pilsudskis. Aber Krieg an den Grenzen ist immer ein Trauma. Besonders, wenn man selbst schutzlos ist.

Massenmedien heizten in beiden Ländern die Stimmung an.

Einige der abgetretenen Gebiete waren mittlerweile fast ausschließlich von Deutschen bewohnt. Dafür hatten andere, jetzt innerdeutsche, einen hohen Polenanteil. Das alles komplizierte die Lage. Die durchaus nicht kleine deutsche Lobby in der polnischen Geschäftswelt und im Adel sah im deutschen Wirtschaftsraum die besseren wirtschaftlichen Chancen und schaute jetzt trotz der Freude über die polnische Wiedergeburt mit gemischten Gefühlen in die Zukunft. Unverhohlen forderten Scharfmacher in Polen die Angliederung Ostpreußens, ohne zu bedenken, wie groß der Nachbar war und wie schnell er sich wieder erholen könnte.

Vielleicht hätte eine Volksabstimmung da und dort sogar zugunsten Deutschlands ausfallen können. Diese Frage stellte sich aber nicht. Die nationalen Emotionen in Polen schlugen zu hoch, das Nationalgefühl der Deutschen war, für die meisten unvorbereitet und unerwartet, zu tief verletzt worden, um sachlich so sensible Fragen besprechen zu können.

Zu diesem Zeitpunkt war auf beiden Seiten an einen Dialog nicht zu denken. Dennoch, wäre es allein bei diesen Abtretungen geblieben, hätte die historische Chance bestanden, daß es zu einer Verständigung zwischen Deutschen und Polen gekommen wäre. Bis dahin war das historische Recht auf der polnischen Seite, und es gab auch in Deutschland Kräfte, die bereit waren, das historische Unrecht am polnischen Volk wiedergutzumachen.

Mit einer an Sicherheit grenzenden Wahrscheinlichkeit hätten sich die Emotionen in Deutschland gelegt. Der plötzlich in Polen so stark gewordene Panslawismus wäre in den »Mühen der Ebene« – sprich: im wirtschaftlichen Alltag – einer allmählichen Ernüchterung und neuen Sachlichkeit gewichen. Die Möglichkeiten der engen wirtschaftlichen Verflechtung zwischen Deutschland und Polen waren groß und die gegenseitigen Vorteile einer Zusammenarbeit auch.

Doch es ist leicht, den Verlauf der Geschichte aus der Gegenwart rückwirkend korrigieren zu wollen. Im neu entstandenen Polen und im isolierten, gedemütigten, orientierungslosen Deutschland stand nicht eine einmalige Situation zur Debatte, die bereinigt werden mußte, sondern es galt, 700 Jahre an Erfahrungen aufzuarbeiten. Das Positive der so langen gemeinsamen Geschichte verschwand dabei. Das Trennende, das Verletzende, das die jeweils andere Seite Demütigende wurde herausgefordert und in den Vordergrund gestellt. Der vorläufig letzte Akt in Ostpreußens Tragödie begann eigentlich schon hier – und nicht erst 1945.

Polen forderte auch in anderen ost- und westpreußischen Kreisen Volksabstimmungen über die territoriale Zugehörigkeit.

An der Rückgabe der ursprünglich zu Polen gehörenden Gebiete gab es rechtlich wenig zu deuteln, ganz gleich wie das in Teilen der betroffenen deutschen Bevölkerung gesehen wurde. Doch in seiner überschäumenden nationalen Euphorie setzte Polen durch, daß auch in den westpreußischen Kreisen Marienburg, Stuhm und Marienwerder sowie den ostpreußischen Kreisen Neidenburg, Ortelsburg, Lyck, Allenstein und anderen Volksabstimmungen abgehalten werden mußten, ob die Gebiete bei Deutschland bleiben oder zu Polen gehören wollten.

Dieser Vorschlag zielte direkt auf die deutschen Empfindlichkeiten. Er war so unnötig wie folgenreich. Er löste in Deutschland eine heute kaum noch vorstellbare Welle von Wut und Haß auf Polen aus und verschaffte später den Nationalsozialisten ein weites Feld für ihre Demagogie. Im Bewußtsein der Ostpreußen waren die Polen keine Fremden.

Man hatte lange genug zusammen gelebt und sich schätzen gelernt. Daß Polen ein geteiltes Land war und die Mehrzahl der Polen das nicht wollte, hatte man verdrängt. Jetzt betrachtete man Polen als den hinterhältigen Nachbarn, der die eigene Gutmütigkeit ausnutzte, um sich selbst zu bereichern. Das brachte Haß hervor.

Dieser Schlag war vor allem deshalb so sinnlos, weil auch die polnische Seite nicht ernsthaft mit einer Option für Polen rechnen konnte. Die Abstimmungsergebnisse lagen dann auch durchweg bei weit über 90 Prozent der Stimmen für einen Verbleib in Deutschland. Selbst wenn berücksichtigt wird, daß die Wahlen emotionsgeladen verliefen, fanden die internationalen Kontrolleure keine wesentlichen Beanstandungen. Die Wahlordnung legte fest, daß alle über 20jährigen stimmberechtigt waren, die in den Abstimmungsgebieten wohnten oder dort geboren waren. In diesen Fällen mußten die Stimmen persönlich im Geburtsort abgegeben werden, Briefwahl war nicht gestattet. Damit war beabsichtigt, die Chancen Polens zu verbessern. Die internationale Wahlkommission ging davon aus, daß es eine beachtliche Binnenwanderung polnischer Bürger in die an Polen abgetretenen Gebiete gegeben habe. Die sehr kurzen Entfernungen mußten sich – so die Annahme – auf die Stimmabgabe auswirken. Das Wahlalter war ganz bewußt um ein Jahr unter das für Deutschland geltende zurückgesetzt worden, weil die unteren Jahrgänge durch die Kriegsverluste Deutschlands besonders stark dezimiert waren. Doch dieser Zwang zur Abstimmung führte dazu, daß bei den in Deutschland Wohnenden und in Ostpreußen Geborenen ein »nationales Aufbruchsgefühl« hervorbrach. Schiffe und Züge wurden gechartert, nur um in Ostpreußen wählen zu können. Das wiederum war nicht einmal nötig, weil die Mehrheitsverhältnisse eigentlich eindeutig waren.

Die nationalistischen Gefühle steigerten sich auf beiden Seiten.

Die deutsche nationalistische Welle löste wiederum in Polen Gegenreaktionen aus: Reisende wurden im polnischen Korridor behindert. Beide Seiten steigerten sich immer mehr. Polen konnte und wollte nicht einlenken. Als die Botschafterkonferenz in Paris am 12. August 1920 die Abstimmungsergebnisse anerkannte und die Gebiete Deutschland zusprach, kam es wegen einiger Dörfer, die Polen plötzlich zusätzlich von der deutschen Seite forderte und auch erhielt, zu einer neuen antipolnischen Welle in Deutschland. Mit den Dörfern konnte Polen nicht viel beginnen. Das zeigte sich dann auch im September 1939. Für Deutschland waren sie, obgleich auf der östlichen Seite der Weichsel gelegen, also als polnische Brückenköpfe gedacht, nur aufreizende Nadelstiche, die das Unrechtsbewußtsein auf beiden Seiten wachhielten. Polen brachten sie nichts außer der Befriedigung, den großen Nachbarn zusätzlich gedemütigt zu haben. Die Atmosphäre aber war von nun an vergiftet. Die Nationalisten auf beiden Seiten rieben sich die Hände.

Typisch für die ostpreußische Landschaft sind baumbestandene Alleen.

Natürlich ist es Unsinn anzunehmen, daß die erzwungenen Volksabstimmungen in Ost- und Westpreußen in Deutschland dem Faschismus bestimmend den Weg bereitet hätten. Aber sie trugen dazu bei, das in der ostpreußischen Bevölkerung traditionell lockere Verhältnis zu Polen zu zerstören. In Deutschland bereiteten sie den Boden für ein undefinierbares Gemisch von Haß, Angst, Verachtung, Aggression, Bedrohung und Isolation, in dem dann die furchtbare faschistische Saat so leicht aufgehen konnte.

Der nationale Triumph machte taub und blind. In Polen gab es 1920 genauso wenig Raum für Stimmen der Vernunft und Mäßigung wie bei jubilierenden Siegern zu anderen Zeiten. Was ab 1939 möglich werden sollte, konnte man sich 1920 noch in keinem der betroffenen Länder vorstellen. Niemand in Polen konnte oder wollte 1920 darüber nachdenken, daß Deutschland ein Nachbar Polens war und es bleiben würde. Nicht immer so machtlos, nicht ewig hilflos einem fremdbestimmten Schicksal ausgeliefert.

Trotz des im Versailler Vertrag wie in der polnischen Verfassung garantierten Minderheitenschutzes kam es in Polen zu deutschfeindlichen, aber auch in Ostpreußen zu polenfeindlichen Aktionen in Schulen und bei Landkäufen; es gab Behinderungen in der Wirtschaft usw. Andererseits konnten sich viele Deutsche nicht damit abfinden, daß sie nicht mehr Staatsvolk, sondern Minderheit waren, nicht mehr in Deutschland, sondern in Polen lebten und daß Polen seine natürlichen Rechte wie die territoriale Neugliederung, die Einführung des Polnischen als Amtssprache auch in deutsch dominierten Gebieten, das Recht zur Namensänderung und anderes mehr für sich beanspruchte. Sofort begann die deutsche Auslandspropaganda, für eine Abwanderung der Deutschen zu werben. Später wurde dann jede Wirtshausschlägerei, bei der ein Deutscher oder ein Pole verletzt worden war, zum »Pogrom« der Gegenseite aufgebauscht. Das auch früher unter Bauern vorkommende, »versehentliche« Umpflügen eines Grenzrains zwischen zwei Feldern kam als »Landnahme« in die Schlagzeilen, und jedes mißglückte Geschäft wurde zur »Diskriminierung«.

Zwischen 1920 bis 1930 wanderten aus den wieder zu Polen gehörenden Gebieten fast Dreiviertel aller Deutschen aus.

Von 1920 bis 1930 wanderten aus den wieder zu Polen gehörenden Gebieten jedenfalls Dreiviertel aller Deutschen aus. Wieviele Polen von Ostpreußen nach Polen zogen, ist nicht bekannt. Ethnische Säuberungen hat es damals aber nirgendwo gegeben, sieht man von örtlich begrenzten oder privaten Diskriminierungen ab. Keiner wurde von Haus und

Hof vertrieben oder gezwungen, sein Deutschtum oder sein Polentum zu verleugnen. Einzelne provozierende Maßnahmen, wie die Kündigung des Minderheitenschutzvertrages durch Polen am 13.9.1934, blieben unerklärliche Ausnahmen. Die Signaturstaaten des Versailler Vertrages protestierten nicht. Hitlers Presse reagierte prompt und in der bekannten Weise.

Ostpreußen war durch die Nachkriegsordnung von allen deutschen Provinzen am schwersten getroffen. Die Landverbindung zum Reich existierte nicht mehr. Alle ostpreußischen Waren mußten auf dem Landwege durch den polnischen Korridor transportiert werden, die damit verbundenen Zollgebühren verteuerten die Getreideexporte. Auch die kulturellen Bindungen zum Reich wurden schwieriger. Memel, bisher Tor zu den neuen baltischen Staaten, gehörte ebenfalls nicht mehr zu Ostpreußen.
Zu allem Übel fielen die Getreidepreise. Ostpreußen, das Bauernland, überschuldete sich mehr und mehr. Erst 1926 wurden der Ostfonds und die Grenzlandhilfe eingerichtet. 1928 verwendete sich Hindenburg persönlich für eine Vergabe von Förderkrediten. Doch gestoppt wurde der wirtschaftliche Niedergang der ostpreußischen Bauern erst durch das Osthilfegesetz von 1931, das unter anderem den Bestand der Höfe sicherte.
Die vor allem aus Kreisen der polnischen Aufstandsveteranen immer lauter geäußerten Ansprüche auf Ostpreußen warfen noch zusätzlich einen Schatten der Zukunftsunsicherheit über das Land.

Vielen schien die sich in preußischer Tradition darstellende Hitlerpartei der einzige Garant für die Sicherheit ihres Landes zu sein. Ostpreußen wählte Hitler. Nach seiner Machtergreifung kam es zunächst auch zu einer Wende in den Beziehungen zwischen Deutschen und Polen.

Am 26. Januar 1934 wurde ein deutsch-polnischer Nichtangriffspakt geschlossen, der aufhorchen ließ. Am 24. Februar 1934 kam es zu einem deutsch-polnischen Presseab-

Königsberg (Kaliningrad). Noch immer sind in der Innenstadt Zeugen an das Inferno von 1945 zu sehen.

kommen, mit dem die gegenseitige Polemik zumindest begrenzt werden sollte. Am 10. Februar 1935 besuchte Hermann Göring Polens Präsidenten, Marschall Pilsudski, der auf ihn »einen tiefen Eindruck« gemacht habe. Bei diesem Besuch kam es zu einem ungewöhnlichen Angebot. War es eine

Provokation? Endgültige Klarheit darüber gibt es nicht. Nach dem Besuch notierte der polnische Staatssekretär Szembek:

»Göring kehrte begeistert von Polen zurück. Begeistert von den Menschen, ihrem Benehmen und über den ihm bereiteten Empfang. Ganz besonders hatte es ihm die Liebenswürdigkeit des Präsidenten der Republik angetan, der ihn zur Jagd in Polen für die kommende Saison einlud.«[21]

1934 schlug Göring polnischen Militärs noch einen gemeinsamen Waffengang gen Osten vor. Fünf Jahre später folgte der Angriff auf Polen. Der verhängnisvolle Zweite Weltkrieg begann.

Göring war ungewöhnlich mitteilsam; hauptsächlich den Generälen und besonders dem General Sosnkowski gegenüber. Er ging sehr weit, als er ein antisowjetisches Bündnis und einen gemeinsamen Marsch auf Moskau vorschlug. Gleichzeitig ließ er durchblicken, die Ukraine werde polnisches Einflußgebiet sein. Das klang sicher gut in polnischen Militärkreisen. Der Nordwesten Rußlands würde deutsches Einflußgebiet. Da gab es kaum etwas mißzuverstehen. In Polen schien man den deutschen Faschismus deshalb anfangs nicht so bedrohlich zu sehen. Doch die Zeit war bereits sehr ernst und nicht für »Flirts« geeignet. Zu diesem Zeitpunkt schien man in Deutschland die Polen und ihre dreißig Divisionen gern als einen zeitweiligen Verbündeten zu sehen.

Bereits einen Monat später, am 18.3.1935, erklärte Hitler dem verblüfften Diplomatischen Korps, daß Deutschland sich als Souverän betrachte und 36 Divisionen aufstellen werde; 10 waren ihm laut Versailler Vertrag nur erlaubt. Am 21. Mai 1935 wurde das Reichsverteidigungsgesetz verabschiedet, das dem Führer ohne Zustimmung des Reichstages die Versetzung des Deutschen Reiches in den »Verteidigungszustand« erlaubte, was gleichbedeutend mit der Generalmobilmachung war.

Am 7. Mai 1935 erhielt die NSDAP die absolute Mehrheit bei den Senatswahlen in Danzig, am 30. September 1935 siegte die NSDAP-Einheitsliste bei den Wahlen zum Memel-Landtag, um nur zwei Beispiele zu nennen.

Dann das Münchener Abkommen. Die Bedingungen sind bekannt. Weniger bekannt ist, daß 1938 Polen ein Stück der Tschechoslowakei erhielt. Am 2. Oktober 1938 besetzen polnische Truppen das Teschener Gebiet (Olse) mit etwa einer Million Einwohner. Es kann zu der Zeit nicht ausgeschlossen werden, daß Hitler tatsächlich mit Polen kooperieren wollte. Wie ernst die politischen und militärischen Kreise in Polen über ein Zusammengehen mit Deutschland nachdachten, ist nicht bekannt.

Am 24. Oktober 1938 kam dann unerwartet für Polen ein neuerliches deutsches Angebot: Außenminister von Ribbentrop schlug dem polnischen Außenminister Lipski eine Verlängerung des Nichtangriffspaktes von 1934, eine gegenseitige Grenzgarantie und den Tausch Danzigs gegen noch zu erobernde Gebiete in der Ukraine sowie den Bau einer exterritorialen Eisen- und Autobahn durch den polnischen Korridor und den Beitritt Polens zum Antikominternpakt vor. Polen zauderte, verhandelte gleichzeitig mit England und Frankreich, lehnte nicht ab, sagte auch nicht zu, sondern taktierte. Hitler, der die dreißig polnischen Divisionen bei dem geplanten Krieg gegen die Sowjetunion sicher gern an seiner Seite gehabt hätte, verlor langsam die Geduld.

Ob das Angebot ein »ehrliches« war oder eine Art Provokation, kann nicht mit Sicherheit gesagt werden.

Im März 1939 müßte die Entscheidung gefallen sein. Die Wahrscheinlichkeit, daß diese im Zusammenhang mit der litauischen Rückgabe des Memelgebietes stand, ist nicht zu weit hergeholt. Litauen hatte Memel am 10. Januar 1923 in einem Handstreich an sich gebracht und entgegen den Bestimmungen des Versailler Vertrages annektiert. Jetzt kam es an Deutschland zurück. Am 22. März 1939 wurde der Staatsvertrag über die Rückgabe unterzeichnet. Keine der Signaturmächte des Versailler Vertrages nahm den Vorgang zur Kenntnis. Wie sollten sie auch? Einst hatten sie den Rechtsbruch gefördert, nun mußten sie wieder schweigen. Memel war wohl die einzige rechtmäßige Erwerbung Hitlers. Ostpreußen hatte im Nordosten wieder seine ursprüngliche, 500 Jahre alte Grenze und Hitler feierte das und sich selbst am 23. März 1939 vor dem Rathaus zu Memel.

1939 wurde das 1923 von Litauen annektierte Memelgebiet an Deutschland zurückgegeben. Es war wohl die einzige rechtmäßige territoriale Erwerbung Hitlers.

Das polnische Schweigen hielt an und beendete den deutschen »Flirt«. Polen, gestützt auf das britisch-französiche Garantieabkommen, fühlte sich wahrscheinlich auch absolut sicher. Am 31. März 1939 hatte England erneut Bestandsgarantien für Polen abgegeben.

Die Kündigung des deutsch-polnischen Nichtangriffspaktes am 28. April 1939 war eine der letzten Warnungen vor dem Überfall.

Hitler war enttäuscht und reagierte voller Wut. Am 3. April 1939 unterzeichnete er den »Fall Weiss«, die Vorbereitung zum Überfall auf Polen. Die Kündigung des deutsch-polnischen Nichtangriffspaktes am 28. April 1939 war eine der letzten Warnungen vor dem Überfall.

Am 15. August 1939 suchte der deutsche Botschafter in Moskau, von der Schulenburg, den sowjetischen Außenminister Molotow auf. Er verlas ihm eine Bitte seines Chefs, des deutschen Außenministers von Ribbentrop, ihn (Ribbentrop) bis zum 23. August 1939 in Moskau zu empfangen. Schulenburg bekräftigte seine Bitte mit der Übergabe eines persönlichen Schreibens von Hitler an Stalin. *Es gibt nichts, was wir nicht miteinander klären könnten*, schrieb Hitler sinngemäß. Stalin meinte das auch und antwortete dementsprechend am 21. August 1939, ebenfalls persönlich an Hitler. Am 23. August 1939 wurde der deutsch-sowjetische Nichtangriffspakt unterzeichnet. Die Russen bestanden auf einem Zusatzabkommen, denn der deutsch-polnische »Flirt« war auch ihnen nicht verborgen geblieben.

Dieses, bis 1992 von Moskau als nicht existent verleugnete Papier hat folgenden Wortlaut:

»Zusatzprotokoll zum Nichtangriffspakt zwischen Deutschland und der UdSSR vom 23. August 1939

Aus Anlaß der Unterzeichnung des Nichtangriffsvertrages zwischen dem Deutschen Reich und der Union der Sozialistischen Sowjetrepubliken haben die unterzeichnenden Bevollmächtigten der beiden Teile in streng vertraulicher Aussprache die Frage der Abgrenzung der beiderseitigen Interessensphären in Osteuropa erörtert. Diese Aussprache hat zu folgendem Ergebnis geführt:

1. *Für den Fall einer territorial-politischen Umgestaltung in den zu den baltischen Staaten (Finnland, Estland, Lett-*

land, Litauen) gehörenden Gebieten bildet die nördliche Grenze Litauens zugleich die Grenze der Interessensphären Deutschlands und der UdSSR. Hierbei wird das Interesse Litauens am Wilnaer Gebiet beiderseits anerkannt.

2. *Für den Fall einer territorial-politischen Umgestaltung der zum polnischen Staate gehörenden Gebiete werden die Interessensphären Deutschlands und der UdSSR ungefähr durch die Linie der Flüsse Narew, Weichsel und San abgegrenzt. Die Frage, ob die beiderseitigen Interessen die Erhaltung eines unabhängigen polnischen Staates erwünscht erscheinen lassen und wie dieser Staat abzugrenzen wäre, kann endgültig erst im Laufe der weiteren politischen Entwicklung geklärt werden.*
   In jedem Falle werden beide Regierungen diese Frage im Wege freundschaftlicher Verständigung lösen.
3. *Hinsichtlich des Südostens Europas wird von sowjetischer Seite das Interesse an Bessarabien betont, von deutscher wird das völlige politische Desinteressement an diesen Gebieten erklärt.*
4. *Dieses Protokoll wird von beiden Seiten streng geheim behandelt werden.*

Moskau, den 23. August 1939

Für die Deutsche Reichsregierung
v. Ribbentrop

In Vollmacht der Regierung der UdSSR
W. Molotow« [22]

Neun Tage später, am 1. September 1939, begann der Zweite Weltkrieg mit dem Überfall auf Polen. Damit wurde auch das letzte Kapitel in der Geschichte des deutschen Ostpreußens aufgeschlagen, obwohl der Krieg erst fünf Jahre später dieses Land berühren sollte.

Der Vernichtungskrieg. Am 5. Dezember 1940 unterzeichnete Hitler das Dokument »OKW/WEST/Abt. L (I), Nr. 33408/40 G. K Chef«, später »Fall Barbarossa« genannt. Es enthielt die Pläne zum Überfall auf die Sowjetunion. Hitler formulierte gleich zu Beginn die Art und Weise, wie jetzt Krieg zu führen sei: »*Ein Krieg wie gegen Rußland kann nicht ritterlich geführt werden. Es handelt sich um einen Kampf der Weltanschauungen und rassischen Gegensätze und ist daher mit nie dagewesener, erbarmungsloser Härte zu führen.*«[23]

Er war – ganz besonders im Osten – kein Krieg wie andere, von denen es unzählige auf der Erde und Hunderte in Europa gegeben hatte.
Diesmal war *alles* anders.
Lassen wir die Dokumente sprechen, um zu versuchen, verstehen zu können, was »ethnische Säuberung« und »Besatzermentalität« Mitte dieses blutigen Jahrhunderts bedeuteten: Da wäre zunächst ein relativ harmloser Beleg für den Umgang der Sieger mit den Besiegten.

Anweisung des Leiters des Kreises Konin, Margull, an die deutsche Bevölkerung am 4. November 1939:
»*Ich weise hiermit im Einvernehmen mit dem Herrn Stadtkommandanten auf folgendes hin:*
1. *Jeder Pole, ausgenommen sind Frauen, ist verpflichtet, jeden Deutschen in Uniform durch Abnehmen der Kopfbedeckung bzw. durch Verbeugung zu grüßen. Dabei ist es gleichgültig, welche Uniform der Deutsche trägt. (Wehrmachts-, Partei-, Polizei-, Forstschutz-, Beamtenuniform usw.)*
2. *Ich erwarte von jedem Uniformträger, daß er bei Unterlassung des Grußes diesen sofort selbst erzwingt bzw. den Polen bei der Abnahme der Kopfbedeckung entsprechend behilflich ist.*«[24]

Auch die Lebensgrundlagen eines besetzten Volkes sollten systematisch zerstört werden. Wie das geschah, darüber informiert der Bericht des Wirtschafts-Rüstungsamtes OKW vom 25. November 1939 unter Bezugnahme auf eine Rede des Reichsministers Franck vom 03.10.1939 in Polen. Das galt zunächst für den Krieg:

»...[Es] kommt nur eine Ausnutzung des Landes durch rücksichtslose Ausschlachtung, Abtransport aller für die deutsche Kriegswirtschaft wichtigen Vorräte, Rohstoffe, Maschinen, Fabrikationseinrichtungen usw., Heranziehung der Arbeitskräfte zum Einsatz im Reich, Drosselung der gesamten Wirtschaft Polens auf das für die notdürftigste Lebenshaltung der Bevölkerung unbedingt notwendige Minimum, Schließung aller Bildungsanstalten, insbesondere der technischen Schulen und Hochschulen zur Verhütung einer polnischen Intelligenzschicht in Frage. Polen soll wie ein Kolonie behandelt werden. Die Polen werden die Sklaven des Großdeutschen Weltreiches werden.«[25]

Doch auch an längerfristige Perspektiven für unseren Nachbarn nach einem deutschen Sieg war gedacht:

Über die Behandlung der Fremdvölker. Aus der Denkschrift des Leiters des Rassenpolitischen Amtes der NSDAP, Gross, vom 28. November 1940:

»Bei der Behandlung der Fremdvölkischen im Osten müssen wir darauf sehen, so viel wie möglich einzelne Völkerschaften anzuerkennen und zu pflegen, also neben den Polen und Juden die Ukrainer, die Weißrussen, die Goralen, die Lemken und die Kaschuben. Wenn sonst noch irgendwelche Volkssplitter zu finden sind, auch diese. ...

Für die nichtdeutsche Bevölkerung des Ostens darf es keine höheren Schulen geben als die vierklassige Volksschule. Das Ziel dieser Volksschule hat lediglich zu sein: Einfaches Rechnen bis höchstens 500. Schreiben des Namens, eine Lehre, daß es ein göttliches Gebot ist, den Deutschen gehorsam zu sein und ehrlich, fleißig und brav zu sein.

Lesen halte ich nicht für erforderlich.

Außer dieser Schule darf es im Osten überhaupt keine Schulen geben. ...

Diese Bevölkerung wird als führerloses Arbeitervolk zur Verfügung stehen und Deutschland jährlich Wanderarbeiter und Arbeiter für besondere Arbeitsvorkommen (Straßen, Steinbrüche, Bauten) stellen; sie wird selbst dabei mehr zu es-

sen und zu leben haben als unter der polnischen Herrschaft, bei eigner Kulturlosigkeit unter der strengen, konsequenten und gerechten Leitung des deutschen Volkes berufen sein, an dessen ewigen Kulturtaten und Bauwerken mitzuarbeiten und diese, was die Menge der groben Arbeiten anbelangt, vielleicht erst ermöglichen.«[26]

Und um Mißverständnisse gar nicht erst aufkommen zu lassen, sei noch einmal aus der Rede des Reichsführers SS, Heinrich Himmler, vom 16. September 1942 zitiert:

»Was an gutem Blut überhaupt auf der Welt vorhanden ist, an germanischem Blut, das haben wir zusammenzuholen. Wir werden die Volksdeutschen heimführen: Die Germanen werden sich, ob sie wollen oder nicht, ob sie es einsehen oder nicht, zu diesem Reich bekennen müssen – aus dem Zwang des geschichtlichen Gesetzes heraus, aus dem Zwang des Blutes heraus. Jedes gute Blut – und das ist der erste Grundsatz, den Sie sich merken müssen – das Sie irgendwo im Osten treffen, können Sie entweder gewinnen, oder Sie müssen es totschlagen. Es auf der anderen Seite zu belassen, damit dort morgen wieder ein Führer ersteht – kleinen, großen oder mittleren Formats – das wäre ein Verbrechen an uns selbst, denn letzten Endes besiegen kann uns nur unser eigenes Blut ... oder die Früchte, die Errungenschaften unseres eigenen Blutes.«[27]

Fünf Wochen nach dem Überfall war Polens staatliche Existenz ausgelöscht; es wurde zum Generalgouvernement degradiert.

Fünf Wochen nach dem Überfall war Polens staatliche Existenz ausgelöscht, es wurde zum Generalgouvernement degradiert und Himmler zum »Reichskommissar für die Festigung des deutschen Volkstums« ernannt. Geplant war, etwa acht Millionen Polen und 700.000 Juden aus den annektierten polnischen Gebieten innerhalb von zehn Jahren zu vertreiben und durch »ins Reich« geholte Deutsche aus dem Baltikum, Bessarabien, der Bukowina, Ungarn und später aus dem Gebiet der Wolgadeutschen neu zu besiedeln.

Die Umsiedlung der Deutschen begann bereits im September 1939 und setzte sich zunächst bis 1941 fort. Etwa ab Juli 1942 begann die Zamosc-Aktion, ein von Himmler durchgesetzter Großversuch, 27.000 Deutsche im Kreis Zamosc anzusiedeln. Aus deutscher Sicht mißlang die Aktion. Der polnische Widerstand war zu stark, die Aussiedlung kam nur schleppend voran.

Dennoch wurden immer wieder, zum Teil widersprüchliche Pläne zur Germanisierung vorgelegt, die teils begonnen, teils auf die Zeit nach dem Endsieg »verschoben« wurden.

Soviel zur Theorie. Wie diese »Endlösung« durch Deutsche in die Praxis umgesetzt wurde, reflektierte der polnische Außenminister Bartoszewski in seiner REDE AUF DER SONDERSITZUNG DES DEUTSCHEN BUNDESTAGES UND DES BUNDESRATES AM 28. APRIL 1995 IN BONN:

»Für Polen dauerte der Krieg fünf Jahre, acht Monate und acht Tage. Auslöser waren die deutsche Aggressivität, die Passivität der Westmächte, vor allem aber der Pakt vom 23. August 1939 zwischen Hitler und Stalin, in dessen Geheimprotokoll das Schicksal des polnischen Staates und einiger anderer in Mittel- und Osteuropa festgeschrieben wurde.

Im besetzten Polen errichteten deutsche Behörden zwischen 1940 und 1942 Konzentrationslager für Polen und Vernichtungslager für Juden und Bürger anderer Länder.

Auschwitz, Birkenau, Chelmno-Kulmhof, Treblinka, Maidanek, Sobibar, Belzec, Groß-Rosen und Stutthof sind einige von vielen Namen mit symbolhafter Bedeutung.

Vernichtet wurden drei Millionen polnische Juden, etwa drei Millionen Juden, die Staatsbürger anderer Länder waren, zwei Millionen polnischer Christen, jeder vierte polnische Priester, jeder vierte polnische Wissenschaftler, jeder fünfte polnische Lehrer.

2,3 Millionen Polen wurden zwangsumgesiedelt. 2,5 Millionen Polen nach Deutschland zur Zwangsarbeit verschleppt. 200.000 polnische Kinder zu Germanisierungszwecken nach Deutschland gebracht, von denen nur etwa ein Viertel zurückgeführt werden konnte.

Polens Grenze wurde um einige hundert Kilometer nach Westen verschoben, zwei Drittel des ursprünglichen polni-

Königsberg (Kaliningrad). Mit der Rekonstruktion des 1945 verschwundenen Bernsteinzimmers haben russische Künstler begonnen.

schen Territoriums verlor Polen an die Sowjetunion. Die Entschädigungen im Westen (zu Lasten Deutschlands) eingerechnet, wurde das polnische Staatsgebiet um 20 Prozent kleiner.

Der polnische Aufstand von 1944 in Warschau ist im polnischen Gedächtnis fixiert als ein Akt der bewußten Barbarei, der Ausrottung der Zivilbevölkerung der polnischen Hauptstadt, der Verwandlung der Stadt in ein Ruinenfeld.

Der Hitler-Okkupant sprach den Juden das Recht auf Leben ab, den Polen das Recht Mensch zu sein.« [28]

Am 30. März 1941, drei Monate vor dem Überfall auf die Sowjetunion, sprach Hitler im kleinen Sitzungssaal des Reichstags vor 250 höheren Befehlshabern und umriß seine Auffassung vom kommenden Krieg: »*Bolschewismus ist gleich asoziales Verbrechertum.... Wir müssen vom Standpunkt des soldatischen Kameradentums abrücken.... Der Kommunist ist vorher kein Kamerad und nachher kein Kamerad.«* [29]

Die faschistische deutsche Reichsführung hatte klargelegt, was ihren Nachbarn, den Polen, Russen, Ukrainern und anderen, zugedacht war und vielen auch zugefügt wurde. Nur dann, wenn alles, was in deutschem Namen ab 1939 geschah, im Gedächtnis – vor allem bei uns Deutschen – bleibt, wird das Inferno Ostpreußens am Ende des Krieges vielleicht zu begreifen sein. Und wieder, wie nach 1762 und 1914/15, mußte »die Provinz« für das Reich »bezahlen«. Nur daß dem Land diesmal ein Blutzoll auferlegt wurde, der den von Deutschen verursachten Greueltaten in nichts nachstand.

Das Inferno. Heute, in einer Zeit, in der in jedem europäischen Haushalt auch der entfernteste Krieg abends am Bildschirm verfolgt werden kann, ist es kaum noch vorstellbar, wie wenig informiert die ostpreußische Bevölkerung über den tatsächlichen Kriegsverlauf im Sommer 1944 war. Die Behörden gingen gegen Gerüchtemacher scharf vor. Es gab in vielen Dörfern noch keinen Strom, und der Radiobesitz gehörte durchaus nicht zur Standardausstattung ostpreußischer Bauernhäuser. Die Zeitungen berichteten von Frontbegradigungen und Abwehrkämpfen mit Begriffen, die den Leuten nicht geläufig waren. Informationsquellen hätten Feindsender sein können. Doch auf die Verbreitung solcher Nachrichten stand die Todesstrafe. Und die Briefe der Frontsoldaten waren vorsichtig formuliert.

Rastenburg (Ketrzyn). Im Forst Görlitz bei Rastenburg befand sich eines der Führer-Hauptquartiere, die sogenannte »Wolfsschanze«. Das Foto zeigt den Eingang zum Privatbunker Hitlers.

Natürlich blieben die häufigen Truppenbewegungen nicht verborgen, und auch die vor den Bombennächten fliehenden Berliner, die zuerst wie Heuschreckenschwärme eingefallen waren und später ausblieben, wurden registriert. Dennoch vertraute die Masse der Bevölkerung den Beschwichtigungen der Reichsführung. Schließlich glaubten alle, daß irgendwo in den dunklen, tiefen Wäldern Ostpreußens der Führer seine Befehlszentrale, die sagenhafte »Wolfsschanze« habe, und dort würde er den Feind ja wohl nicht hinlassen. Schließlich gab es ja noch die »Wunderwaffen«, an die man sich klammerte.

Bis Mitte Juli 1944 war in ganz Ostpreußen noch kein Schuß, geschweige denn eine Bombe gefallen. Den Krieg kannte man nur aus gelegentlichen Reisen »ins Reich« und aus Berichten von Soldaten und bombengeschädigten Flüchtlingen. Die Zahl derjenigen Ostpreußen, die den Einfall der Russen während des Ersten Weltkrieges miterlebt hatten, war noch groß und deren Furcht vor ihnen gering. Der russischen

Armee des Zaren waren zwar Greuelberichte vorausgeeilt, aber sie hatte sich dann als recht diszipliniert erwiesen. Außerdem war sie innerhalb weniger Wochen geschlagen und aus Ostpreußen hinausgeworfen worden.

Rastenburg (Ketrzyn). Ruinen der Bunkeranlage »Wolfsschanze«. Hier fand das letzte Attentat auf Hitler durch Oberst Stauffenberg am 20. Juli 1944 statt.

Zweckoptimismus war weit verbreitet. Vorbereitungen für eine Zurücknahme der Bevölkerung wurden vor allem nicht getroffen, weil die Reichsführung eine Panik durch die Räumung Ostpreußens – mit allen Belastungen für die Infrastruktur – verhindern wollte. Die deutschen Greuel im Osten waren wenig bekannt, zu schweigsam waren die, die hätten erzählen können, und den wenigen, die erzählten, wurde nicht geglaubt. Vor allem weil man nicht glauben wollte, was unter vorgehaltener Hand geflüstert wurde.

Es kann auch nicht ausgeschlossen werden, daß es noch eine viel scheußlichere und an Zynismus kaum zu überbietende Konzeption gab. Hitler glaubte fest an eine Kriegswende nach dem Tode Roosevelts, wenn der Nachfolger des Präsidenten die mit den sowjetischen Truppen anrückende kommunistische Gefahr für Europa erst richtig begriffen hätte. Das dann vielleicht mögliche Bündnis Deutschlands mit den Westalliierten war zu seiner fixen Idee geworden. Daß sich Menetekel, wie das von 1762, in der Geschichte nicht wiederholen, wollte er nicht glauben.

Selbst als die sowjetischen Truppen an der Weichsel standen, wurde die Bevölkerung noch nicht evakuiert.

Die im Umgang mit Fremden geübte Bevölkerung behandelte die russischen, polnischen und französischen Kriegsgefangenen in der Regel korrekt und die verhielten sich bis zuletzt ruhig. Eigentlich kein Anzeichen für eine sich anbahnende Katastrophe.

Die erste ostpreußische Stadt, in die der Krieg heimkehrte, war Tilsit.

Die erste ostpreußische Stadt, in die der Krieg »heimkehrte«, war Tilsit. Am 25. Juli 1944 griffen russische Flugzeuge die Stadt mit Bomben an und zerstörten einige Häuser und Anlagen. Dann passierte wieder nichts.

Im August 1944 feierte die Königsberger Universität, die Albertina, wie im tiefsten Frieden ihr 400jähriges Bestehen. Zur gleichen Zeit schlugen die Deutschen den Warschauer Aufstand blutig nieder und die sowjetischen Truppen sahen von der anderen Weichselseite aus zu.

Dann geschah es. Am 27., 29. und 30. August 1944 bombardierten britische Bomber die bis dahin vollkommen verschont gebliebene Hauptstadt Königsberg. Gauleiter Koch setzte erst am 30. August einen Evakuierungsbefehl in Kraft. Jetzt brach eine unvorstellbare Panik aus. Wildeste Gerüchte kursierten plötzlich in der sonst so besonnenen Bevölkerung. Die Russen hätten Ostpreußen umgangen, hieß es. Es gäbe nur noch den Weg von Pillau über das Meer und die Frische Nehrung.

Nur so ist es zu erklären, daß Trecks von Neidenburg, Osterode, Ortelsburg, Allenstein und anderen, weiter südwestlich gelegenen Orten nicht nach Nordwesten, sondern in Richtung Königsberg gelenkt wurden und die Straßen verstopften. Sie stießen dabei auf Gegentrecks und zurückflutende Armee-Einheiten. Viele zogen zurück, denn Russen waren nicht zu sehen. Andere fuhren auf Nebenstraßen, ohne Landkarte, ohne Informationen, und kamen nicht selten wieder zum Ausgangspunkt. Nur wenige hatten sich gut vorbereitet und zogen organisiert in Richtung Westen. Sie allein entgingen dem sich langsam nähernden Inferno.

Nach dem Evakuierungsbefehl brach in Ostpreußen Panik aus.

Am 16. Oktober 1944 überschritten sowjetische Truppen die Grenze zu Ostpreußen. Hinter ihnen lagen 1.500 Kilometer verwüstetes Land, verbrannte Dörfer, gehängte Partisanen, das fast verhungerte Leningrad, das dem Erdboden gleichgemachte Minsk, Massengräber ermordeter Landsleute und Millionen eigene Tote. Auch vom gebrandschatzten Warschau wußten sie, denn Stalin hatte sie ja an der Weichsel halten und zusehen lassen, wie von dem Bach-Zelewski den Aufstand niederschlug. Nur warum sie zusehen mußten, wußten sie noch nicht, und die Konzentrationslager in Polen, die kannten sie auch noch nicht, zumindest noch nicht alle.

Da überschritten sie die ostpreußische Grenze und stießen auf intakte Städte und Dörfer, auf eine für ihre Begriffe wohlhabende Bevölkerung. Der durch wirkliche Greuel und Kriegspropaganda gewachsene und geschürte unvorstellbare Haß brach hervor und richtete sich zunächst gegen alles Deutsche, vor allem aber gegen die, die vorgefunden wurden: Greise, Kinder und vor allem Frauen und Mädchen.

Als es der 4. Deutschen Armee im Februar 1945 gelang, den russischen Vorstoß bei Großwaltersdorf und Goldap für drei Wochen aufzuhalten und einen 40 Kilometer breiten Streifen zurückzuerobern, stießen sie auf apokalyptische

Greuel – angerichtet unter der Zivilbevölkerung. Goebbels persönlich nutzte die furchtbaren Bilder, um einen letzten fanatischen Widerstandswillen anzufachen. Das gelang. Wieviele sowjetische und deutsche Soldaten gerade durch diese Bilder zusätzlich sterben mußten, kann nicht gemessen werden. Doch das war nur der Anfang.

Scheinbar legitimiert durch verantwortungslose Aufrufe einiger, von Deutschenhaß zerfressener sowjetischer Intellektueller, betrachteten die verbitterten, geschundenen, in jeder Beziehung ausgehungerten Soldaten Frauen und Mädchen als ihre »rechtmäßige Beute«. Die sowjetische Armeeführung hatte keineswegs die Kontrolle über ihre Soldaten verloren. Sie ließ gewähren. Ob das Marodieren gefördert oder gar befohlen wurde, ist nicht nachweisbar.

Es gab wohl niemanden – das ist ebenfalls sicher – der nicht ein ganz persönliches Schicksal mit den Deutschen aufzurechnen hatte. Unendliches Leid und eine erbarmungslose Feindpropaganda kamen dazu, die Erinnerung an verhungerte Angehörige im belagerten Leningrad, an zerrissene Familien und verlorenen Besitz, das Gefühl von Hoffnungslosigkeit und Haß, das Wissen um zerbombte Städte und Dörfer, ermordete Freunde bei den Partisanen – und da war auch, wie in jedem Krieg und in jeder Armee, wenn sie nicht mit eiserner Disziplin im Zaum gehalten wird, die Freude am Quälen der Schwachen und Wehrlosen, am Rauben und Morden. Schutz gab es nicht. Alles war Zufall, ob man erschossen wurde oder Brot erhielt, ob vergewaltigt oder geschlagen wurde, entschied der einzelne Offizier, ja der einzelne Soldat – entschied sein persönliches Gewissen.

Opfer der eskalierenden Gewalt waren auch in diesem Krieg die Schwachen und Wehrlosen, vor allem Mädchen und Frauen.

Gegenüber diesen Exzessen behandelten die sowjetischen Truppen ihre deutschen Kriegsgefangenen im großen und ganzen korrekter.

Es gab sowjetische Offiziere und auch Mannschaften, die energisch gegen die Übergriffe ihrer Landsleute protestierten und dafür schwer zu büßen hatten. Für diese weitgehend Namenlosen soll hier der Schriftstellers Lew Kopeljew genannt sein, der seine Stimme zum lauten Protest erhob, dafür aber

Königsberg (Kaliningrad). Die Luftaufnahme zeigt das ehemalige, im Zweiten Weltkrieg zerstörte Stadtzentrum von Königsberg. Der Dom, als einziges Bauwerk erhalten geblieben, steht heute in einer Parkanlage.

degradiert und deportiert wurde. Er war nicht allein. Bilder von Brot verteilenden sowjetischen Soldaten an deutsche Kinder und Zivilisten sind alles andere als Propagandamaterial. Andere legitimierten das Marodieren als vermeintliches Recht des Siegers an den Mitträgerinnen und -trägern der Naziideologie.

Im Oktober 1944 war die Kurlandarmee umgangen worden. Einen möglichen Ausbruch verhinderte Hitler. Am 13. Januar 1945 eröffnete die 3. Weißrussische Front ihre Offensive. Sie stieß in Richtung Königsberg vor und griff die Stadt von Nordosten und Süden zugleich an. Am 21. Januar 1945 fiel Allenstein, am 26. Januar erreichten die sowjetischen Spitzen bei Tolkemit das Frische Haff. Damit war Königsberg eingeschlossen und der Landweg nach Westen versperrt.

Um Pillau und im Raum Königsberg drängten sich Tausende Flüchtlinge. Andere waren von der Front überrollt worden und versuchten, ihre Heimatstädte und -dörfer zu erreichen. Von Pillau wurden zwischen dem 25. Januar und Ende April 1945 rund 450.000 Menschen über den Seeweg nach Westen gebracht. Einschließlich der aus Danzig, Gdingen und Hela Abtransportierten gelang etwa 900.000 Menschen die Flucht über die See.

Wieviele unterwegs starben, torpediert wurden und ertranken, ist nicht bekannt.

Besonders tragisch war das Schicksal der übers Meer fliehenden Zivilbevölkerung. Schiffe wurden torpediert: Tausende ertranken in der Ostsee.

Am 30. Januar 1945 wurde die »Wilhelm Gustloff« von einem sowjetischen U-Boot torpediert. Sie fuhr abgedunkelt und offenbar im Konvoi, aber ob die drei ins Schlepp genommenen Prähme mit Frauen und Kindern dafür gehalten werden konnten, ist indes nicht sicher. Als rein ziviles Passagierschiff hätte sie aufgeblendet fahren müssen. Da das nicht so war, wurde sie torpediert und in die Tiefe gerissen. Weit über 5.000 Menschen ertranken. Am 10. Februar sank an der gleichen Stelle der Loyd-Dampfer »Steuben« mit 3.000 Frauen, Kindern, aber auch verwundeten Soldaten an Bord nach einem Torpedoschuß. Und wieder an gleicher Stelle wurde am 16. April 1945 das Motorschiff »Goya« mit 7.000 Menschen torpediert, das ebenfalls abgeblendet fuhr. Schiffskatastrophen diesen Ausmaßes mit Zivilisten an Bord waren bis dahin auch in Kriegen nicht bekannt. Endgültige Untersuchungen dazu gab es nicht. Zumindest keine internationalen.

In Kaliningrad am Schloßteich, in einer der schönsten Parkanlagen der Stadt am Pregel, steht ein schlichter Granitstein mit dem Namen Alexander Iwanowitsch Marineskos und seinen Lebensdaten 1913-63. Das war jener U-Boot-Kommandant der Sowjetunion, der all diese Flüchtlingssschiffe torpediert hatte. Ob er eine persönliche Abrechnung mit den Deutschen vornahm oder in dem Glauben handelte, es seien Militärtransporte, wer will es wissen? Der Krieg jedenfalls war fast beendet, als dadurch 15.000 Menschen, vor allem Frauen und Kinder, im Eiswasser der Ostsee ertranken. Heute weiß niemand, was in Marinesko die Entscheidung zu diesen Befehlen ausgelöst hatte. Sein früher Tod zumindest läßt erahnen, daß er mit dem Wissen um die Auswirkungen seines Handelns auch nicht leben konnte.

Am 9. April 1945 kapitulierte Königsberg, am 25. April Pillau – als letzte ostpreußische Stadt. Am 8. Mai lebten in Ostpreußen noch etwa 1,2 Millionen Menschen. Die Zahl er-

Kalinigrad
Gedenkstein für den U-Boot-Kommandanten Alexander Iwanowitsch Marinesko (1913-1963) am Schloßteich.

höhte sich bis zum Sommer noch beträchtlich. Die Zurückgekehrten erwartete ebenso Schreckliches wie die Daheimgebliebenen.

Vom 17.7. bis 2.8.1945 wurde durch die Siegermächte in Potsdam auch beschlossen, Ostpreußen dreizuteilen. Den nördlichsten Teil, das Memelgebiet am rechten Flußufer mit 2.416 Quadratmetern, erhielt Litauen. 13.502,36 Quadratmeter des nördlichen Ostpreußens mit Königsberg, Pillau, Tilsit, Insterburg und Gumbinnen kam zur Russischen Föderation. Der größte Teil mit 23.489,40 Quadratmetern, also das gesamte südliche Ostpreußen, ging an Polen – als Entschädigung für die polnischen Gebiete, die Polen bereits 1939 an die Sowjetunion abtreten mußte. Jetzt begannen im Osten Europas gigantische, bisher nie dagewesene Vertreibungen und »ethnische Säuberungen«, die übrigens nicht nur Deutschstämmigen galten.

Die Ironie der Geschichte brachte es mit sich, daß die Teilung des litauischen und russischen Teils erst nach der staatlichen Selbständigkeit Litauens 1991 und dem Zusammenbruch der Sowjetunion wirksam wurde und der russische Teil heute erneut eine Exklave ist.

Für die heute in Kaliningrad lebende Bevölkerung sind die Nachkriegsereignisse Geschichte, die nun aufbereitet wird.

Die Aussiedlung der Deutschen aus dem zu Polen gekommenen Teil Ostpreußens verlief den Umständen entsprechend und an der Vorgeschichte gemessen für die Betroffenen hart, aber nicht unmenschlich. Zwei Stunden Zeit, ein Koffer, Transport in Viehwagen. Die nachrückende Bevölkerung, die aus den zur Sowjetunion gekommenen Teilen Polens ebenfalls ausgesiedelt wurde, brachte neben den verständlichen Aversionen gegen Deutsche noch so etwas wie Mitgefühl oder Verständnis auf. Die Behörden verhielten sich weitgehend korrekt. Übergriffe blieben in engen Grenzen. Pogrome gab es keine. Den Frauen gegenüber blieben die Polen korrekt. Im russischen Teil Ostpreußens mußten die Deutschen, die geblieben waren und auf die Großmut der Sieger gehofft hatten, den bitteren Kelch bis zur Neige leeren. Sie waren Gefangene. Niemand aus dem Ausland konnte sehen, was nun geschah. Eine russische Zivilbevölkerung gab es erst ab Spätherbst 1945. Bis dahin waren die Deutschen den Militärbehörden schutzlos ausgeliefert.

Erst heute wird es möglich, das aufzuarbeiten, was in diesen Monaten, unkontrolliert von der Weltöffentlichkeit, geschah. Die einst Angegriffenen verspielten dabei ihren moralischen Anspruch und setzten sich gleich mit den Agressoren.

Für die heute im »Kaliningrader Oblast« lebende Bevölkerung ist das alles ferne Geschichte. Sie haben damit genau so wenig zu tun, wie einst die deutsche Bevölkerung Ostpreußens für das verantwortlich gemacht werden konnte, was während des Krieges in deutschem Namen geschah.

Auch das gehört noch zur Bilanz des Krieges: Von den 110.000 bis 120.000 Deutschen, die man noch 1945 in Königsberg gezählt hatte, gab es zwei Jahre später, ohne daß es zu nennenswerten Aussiedlungen kam, nur noch 25.000. Ein inmitten der Stadt, nahe des Schauspielhauses angelegtes, riesiges Massengrab, auf dem sich heute ein Sportplatz befindet, läßt die Tragik des Geschehens nur erahnen. Fast 100.000 Menschen starben in nur zwei Jahren. Seuchen oh-

Königsberg (Kaliningrad). Das einzige Königsberger Denkmal, das den Einmarsch der sowjetischen Truppen unbeschadet überstand, war das Schiller-Denkmal.

ne Medikamente, Hunger, Terror, Vergewaltigungen und Selbstmorde dezimierten die deutschen Bewohner auf schreckliche Weise.

Bis 1948 waren die letzten Deutschen aus dem russischen Teil Ostpreußens ausgewiesen. Nach dem, was in deutschem Namen zwischen dem 1. September 1939 und dem 8. Mai 1945 den Nachbarn Ostpreußens angetan worden war, ist es vielleicht verständlich, daß diese nun nicht mehr mit Deutschen in einem Land leben wollten. Wie diese Aus- oder Umsiedlung vor sich ging, ist ein anderes unrühmliches Blatt in der konfliktreichen ostpreußischen Geschichte.

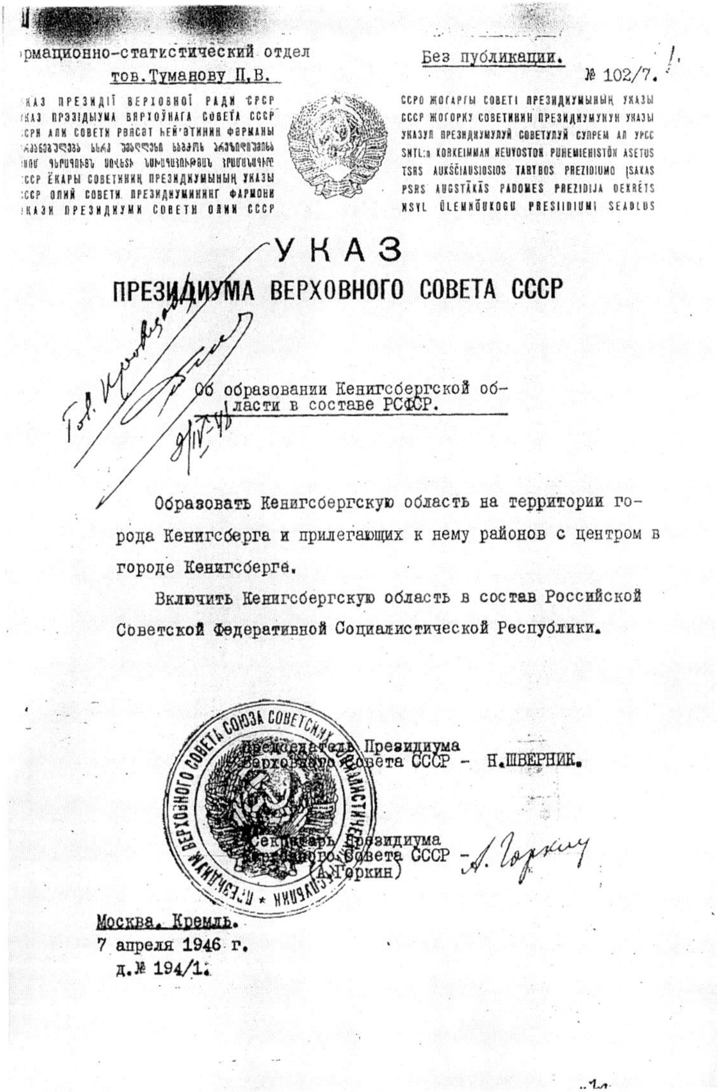

[redacted]

рмационно-статистический отдел

тов. Туманову П.В.

Без публикации.

№ 102/7.

КАЗ ПРЕЗИДІЇ ВЕРХОВНОЇ РАДИ СРСР
КАЗ ПРЭЗІДЫУМА ВЯРХОЎНАГА СОВЕТА СССР
СРИ АЛИ СОВЕТИ РӘЯСӘТ ҺЕЙ'ӘТИНИН ФӘРМАНЫ
[illegible]
[illegible]
ССР ЁКАРЫ СОВЕТИНИҢ ПРЕЗИДИУМЫНЫҢ УКАЗЫ
ССР ОЛИЙ СОВЕТИ ПРЕЗИДИУМИНИНГ ФАРМОНИ
КАЗИ ПРЕЗИДИУМИ СОВЕТИ ОЛИИ СССР

ССРО ЖОҒАРҒЫ СОВЕТІ ПРЕЗИДИУМЫНЫҢ УКАЗЫ
СССР ЖОГОРКУ СОВЕТИНИН ПРЕЗИДИУМУНУН УКАЗЫ
УКАЗУЛ ПРЕЗИДИУМУЛУЙ СОВЕТУЛУЙ СУПРЕМ АЛ УРСС
SNTL:n KORKEIMMAN NEUVOSTON PUHEMIEHISTÖN ASETUS
TSRS AUKŠČIAUSIOSIOS TARYBOS PREZIDIUMO ĮSAKAS
PSRS AUGSTĀKĀS PADOMES PREZIDIJA DEKRĒTS
NSVL ÜLEMNÕUKOGU PRESIIDIUMI SEADLUS

УКАЗ

ПРЕЗИДИУМА ВЕРХОВНОГО СОВЕТА СССР

Об образовании Кенигсбергской области в составе РСФСР.

Образовать Кенигсбергскую область на территории города Кенигсберга и прилегающих к нему районов с центром в городе Кенигсберге.

Включить Кенигсбергскую область в состав Российской Советской Федеративной Социалистической Республики.

Председатель Президиума
Верховного Совета СССР - Н.ШВЕРНИК.

Секретарь Президиума
Верховного Совета СССР -
(А.Горкин)

Москва. Кремль.
7 апреля 1946 г.
д.№ 194/1.

-1-

Befehl des Obersten Sowjets der UdSSR vom 7. April 1946 zur Gründung des Königsberger Oblasts, der später in »Kaliningrad« umbenannt wurde.

Doch all das reichte den Siegern nicht. Die Friedhöfe Königsbergs wurden eingeebnet, die Grabsteine zerschlagen, jedes Denkmal zerstört, jede deutsche Schrift an Hauswänden, Fassaden, Denkmälern abgeschlagen. Alle Kirchen wurden zerstört oder entweiht und als Lagerhäuser oder Ställe benutzt. Erhalten blieb allein das Schillerdenkmal, vor das ein russi-

Königsberg (Kaliningrad). Die Sowjetmacht sah im Schloß ein Symbol des Preußentums. Bereits 1946 wurde das nur leicht zerstörte Gebäude der Ostseeflotte zur Steingewinnung übergeben. 1955 wurde der Turm gesprengt. Trotz vieler Proteste der Kaliningrader Bevölkerung wurden die Reste des Schlosses 1967 gesprengt. Das Foto ist eine historische Aufnahme von 1935.

scher Soldat ein Pappschild in russischer Aufschrift gehängt hatte: *Das ist ein proletarischer Dichter, bitte nicht schießen.*

Noch 1969 ließ die sowjetische Parteiführung die Schloßruine sprengen. Die systematische Zerstörung der deutschen Kultur war für die Sowjetregierung so etwas wie die Verankerung ihres Rechts auf das Land und auf diese Stadt. In der »Kaliningradskaja Prawda« erschien damals ein Artikel, in dem es hieß: »*Die Schloßruine muß weg aus der Stadtmitte. An ihrer Stelle muß ein neues, lichtes und fröhliches Gebäude errichtet werden, das die Zeit, den Geist der Epoche symbolisiert.*« [30]

Osteuropa nach 1945
neue Staatsgrenzen nach den Beschlüssen der Konferenzen von Jalta und Potsdam 1945
Grenzen von 1937
FINNLAND
Lahti
Turku
Helsinki
Finnischer Meerbusen
Tallinn
Uppsala
SCHWEDEN
Stockholm
Estnische SSR
Hiiuma
Saaremaa
Pärnu
Tartu
Peipus-see
Rigaer Bucht
SOWJET
UNION
Visby
Gotland
Ventspils
Riga
Lettische SSR
Jelgava
Öland
Liepaja
Daugavpils
Ostsee
Klaipėda
Litauische SSR
Kaunas
Vilnius
zur RSFSR
Königsberg
Pillau
Danziger Bucht
Stolp
Danzig
Elbing
Köslin
zu Polen
Allen-stein
Grodno
Weißrussische SSR
Graudenz
Białystok
Bydgoszcz
Torun
Płock
Gniezno
Poznan
POLEN
Warszawa
Brest
Ukrainische SSR
Kalisz

Kaliningrad.
Dieses Verwaltungsgebäude wurde anstelle des Schlosses errichtet und ist heute selbst wieder Ruine.

So geschah es dann auch. Auf den Grundmauern des jahrhundertealten Ordensschlosses errichtete die Stadt einen riesigen Verwaltungskoloß. Er überragt alle Gebäude der Stadt. Doch er sollte nie bezogen werden. Kurz vor der Einweihung senkte sich der morastige Boden, das Gebäude riß, und heute steht wieder eine Ruine auf dem Schloßgelände. Sie verkörpert mit bitterer Ironie genau das, was die »Kaliningradskaja Prawda« 1969 forderte: Den Geist der inzwischen auch untergegangenen sowjetischen Epoche.

Das Wissen um diese Vorgänge macht es der heutigen Bevölkerung Kaliningrads schwer, ein unverkrampftes Verhältnis zur Geschichte der Region und damit eine eigene Zukunft zu finden.

H*offnung auf Normalität.* Hier endet die eigentliche Geschichte Ostpreußens. In Deutschland gelang jedem der Ausgesiedelten, der es wollte und die Kraft dazu hatte, ein Neuanfang. Denen im Westen etwas leichter als denen im Osten. Dafür haben sich die Ostdeutschen vielleicht ein größeres Stück Verständnis für die Befindlichkeiten ihrer Nachbarn bewahrt. Aber auch hier bestätigen Ausnahmen die Regel.

Der Name Ostpreußen löst heute in der materiell geprägten deutschen Volksseele ganz unterschiedliche Schwingungen aus.

Für die einen ist es immer noch das Bild einer zauberhaften Landschaft, uralter Wehrkirchen, Backsteinburgen und Ruinen – eingebettet zwischen klaren Seen, wogenden Kornfeldern und tiefdunklen Wäldern. Für sie löst der Name Wehmut aus und läßt Kindheitserinnerungen und auch einen tief sitzenden, nie ganz ausheilenden, aber nachlassenden Schmerz über tragisch Verlorenes aufsteigen.

Für andere ist es ein historisches Konfliktgebiet, das irgendwo weit hinten in Europas Osten liegen soll. Die Gefahr, daß bereits gezeigtes Interesse die Nachbarn zuerst verstimmen, danach aber auf die Idee bringen könnte, Forderungen nach harten deutschen Steuergeldern zur Sanierung irgendwelcher alter Ruinen zu stellen, ist höchst wahrscheinlich. Was bringt es? Wer Ruinen hat, soll sie sanieren. Gott sei Dank gehören sie nicht mehr uns.

Dritten allerdings gilt Ostpreußen als eine offene Rechnung, die man leider noch nicht hat präsentieren können. Aber gern präsentieren möchte.

Und bei der vierten und mit Abstand größten Gruppe der Deutschen klingt im Inneren nichts mehr nach bei Namen wie Pregel oder Memel. Politik und Schulen haben ganze Arbeit geleistet.

War es zunächst und zu lange die Ignoranz des Faktischen auf der einen Seite der Elbe und und auf der anderen das Verdrängen der nicht ins real-sozialistische Weltbild passenden Tatsachen, so scheint es heute fast zu spät, daß dieser Teil Geschichte unbefangen und sachlich aufbereitet werden kann. Begriffe wie Ostpreußen oder Königsberg scheinen eindeutig und einseitig belegt zu sein. Wer sie benutzt, steht bereits dadurch in großen Teilen der öffentlichen Meinung in der rechten Ecke. Wieder keine Zeit für eine sachliche Aufbereitung? Noch nie kam es zwischen Völkern zu einem Neubeginn, wenn unliebsame Teile der germeinsamen Geschichte durch Verdrängen »bewältigt« werden sollten.

Königsberg (Kaliningrad). Gedenktafel an den berühmtesten Sohn der Stadt: Immanuel Kant.

Bei unseren osteuropäischen Nachbarn ist Geschichte lebendig. Besonders die an den sensiblen Schnittstellen zu Deutschland. Mit Ostpreußen ist ja nicht nur die Geschichte der Deutschen über Jahrhunderte verbunden, sondern ebenso die der Polen, Russen oder Litauer. Die Zeit, in der diese jahrhundertelange historische Gemeinsamkeit geleugnet wurde, scheint vorbei zu sein.

Wie ermutigend, daß es in der vor kurzem noch für Ausländer gesperrten Stadt Kaliningrad deutliche Anzeichen einer zunehmenden Normalität im Umgang mit der Vergangenheit gibt. Da wird Kant geehrt, auf der Pregelinsel steht ein Denkmal von Julius Rupp – in Deutschland dürfte man danach übrigens vergeblich suchen. Der Standort des einstigen Wohnhauses von E.T.A. Hoffmann wird durch eine Tafel markiert. Es erscheint der »Königsberger Express«, eine Monatszeitung in deutscher Sprache, und wird ungehindert im Land und außerhalb verbreitet. Es existieren über 60 Reiseunternehmen, die Fahrten nach Ostpreußen anbieten. Man wirbt für Sprachkurse, Studienreisen und Wirtschaftskontakte, deutsch-russische Gesellschaften wurden und werden gegründet...

Das alles ist nicht wenig.

Geschichtsaufarbeitung findet allmählich auf beiden Seiten statt und wird meist getragen von dem ehrlichen Bemühen, dies sachlich zu tun. Sie ist dringend notwendig. Denn daß geschichtslose Generationen hilflos gegenüber Demagogen von links wie rechts sind, sollten wir am Ende des 20. Jahrhunderts wissen. Und nur dann, wenn wir wissen und nicht Legenden und Mythen Raum geben, können wir sicher sein, daß nicht nach Jahrzehnten oder nach Jahrhunderten, irgendwann in einer historisch günstigen Situation, neue Ansprüche angemeldet oder gar durchgesetzt werden, wie es so oft in der Geschichte Ostpreußens geschah.

Geben wir daher einer der klugen Frauen unter den Herrscherinnen, der Kaiserin Maria Theresia, noch einmal das Wort und zitieren aus dem bereits erwähnten Brief an den Fürsten Kaunitz: »*Bedenken Sie, mein Fürst, was wir vor aller Welt für ein Exempel statuieren, wenn wir um ein elendes Stück Polen oder von der Moldau oder der Wallachei unsere Ehre und Reputation in die Schanze schlagen ... darum lasse ich die Sache nicht zu, ohne meinen größten Gram zum Ausdruck zu bringen ... Wenn ich schon längst tot bin, wird man erst erfahren, was aus dieser Verletzung von allem, was bisher heilig und gerecht war, hervorgegangen ist.*«

Königsberg (Kaliningrad). Gedenktafel an den Dichter und Komponisten E. T. A. Hoffmann, der 1776 in Königsberg geboren wurde.

Quellenverzeichnis

1 Zwiedineck – Südenhorst, Gründung des preußischen Königtums Bd. II, Verlag der J. G. Cotta'schen Buchhandlung, Stuttgart 1894, S. 589
2 Zwiedineck – Südenhorst, a.a.O., S. 587
3 Klepper, Der Vater, Union Verlag, Berlin 1980, S. 389
4 Klepper, a.a.O., S. 400
5 Zwiedineck – Südenhorst, a.a.O., S. 271
6 Muschler, Friedrich der Große, Verlag F.-Wilh. Grunow, Leipzig 1925, S. 346
7 v. Köppen, Die Hohenzollern Bd. II, Verlag Carl Flemming, Glogau 1874, S. 363
8 Hahn, Geschichte des preußischen Vaterlandes, Verlag v. Wilhelm Hertz, Berlin 1895, S. 294
9 Hahn, a.a.O., S. 298
10 Der König, Verlag Wilhelm Langewiesche Brandt, Ebenhausen b. München 1912, S. 399
11 Hahn, a.a.O., S. 331
12 Der König, a.a.O., S. 433
13 v. Köppen, a.a.O., S. 506
14 v. Köppen, a.a.O., S. 507
15 v. Köppen, a.a.O., S. 460
16 Muschler, a.a.O., S. 378/379
17 Der König, a.a.O., S. 507
18 Revolution und Restauration, Proppyläen-Verlag, Berlin 1929, S. 40
19 Bismarck, Reden, Verlag Spamersche Buchdruckerei, Leipzig 1914, S. 173
20 aus »Friedensbotschaft des Präsidenten Wilson (USA) vom 8. Januar 1918«, Das Zeitalter des Imperialismus, Proppyläen-Verlag, Berlin 1933, S. 449
21 Aufzeichnungen des polnischen Staatssekretärs Szembek vom 10. Februar 1935, Deutsche Chronik 1933 -1945, Verlag der Nation, Berlin 1981, S. 148

22 Edmonds, Die großen Drei, Siedler-Verlag, Berlin 1992, S. 506
23 Knapp, Hitler – eine Bilanz, Siedler-Verlag, Berlin 1995, S. 255/256
24 Deutsche Chronik 1933–1945, Verlag der Nation, Berlin 1981, S. 320
25 Deutsche Chronik 1933–1945, a.a.O., S. 320
26 Deutsche Chronik 1933–1945, a.a.O., S. 320
27 Deutsche Chronik 1933–1945, a.a.O., S. 364
28 Eigendruck des Polnischen Konsulats, Leipzig, 28. April 1995
29 Knapp, a.a.O., S. 298
30 Gilmanov, Königsberg-Kaliningrad; Erinnerungen und Erkundungen, Verlag Greif, Witten 1992, S. 16/17

Bildquellennachweis:

Fotos (Titelfoto; S. 12, 25, 56, 60, 61, 75, 97, 100, 101, 112, 124, 131, 140, 148, 152, 153, 157, 193, 205, 218, 230, 232, 233, 237, 239, 241, 245, 248, 249) von Igor Sarembo.
Fotos (S. 37, 145, 190) von Jürgen Petry.
Fotos (S. 20, 43, 64, 67, 109, 212, 221) von Steffen Lehmann.
Fotos (S. 33, 107, 169, 209, 243) aus dem Bildarchiv preußischer Kulturbesitz.
Fotos (S. 135, 198) aus der Sächsischen Landesbibliothek, Abteilung Deutsche Fotothek.
Fotos (S. 183, 200, 242) aus dem Archiv des Autors.

Zeittafel

Geschichte Ostpreußens
Wichtige Daten der Weltgeschichte

um 1000 v. Chr. Ein Stamm der Esten besiedelt das Gebiet zwischen Weichsel und Memel.
Jerusalem wird von jüdischen Stämmen erobert und zu deren religiösem Zentrum gemacht. Saul wird erster jüdischer König.

776 v. Chr. Erste Olympische Spiele in Griechenland.

um 753 v. Chr. Gründung Roms.

um 400 v. Chr. Der Händler Pytheas aus Marseille versucht erfolglos, einen Handelsstützpunkt östlich der Weichsel zu gründen.

um 100 Tacitus und Plinius d. Ä. berichten, daß die Römer im Auftrage Kaiser Neros (13.10.54-9.6.68) Bernstein an der Samländischen Küste erwarben.
Größte Ausdehnung des Römischen Reiches.

3./4. Jh. Die Völkerwanderung berührt das Pruzzenland nicht.

313 Toleranzedikt von Mailand: das Christentum wird die dominante Religion im Westen.

330 Konstantinopel wird Hauptstadt des Römischen Reiches (Neu-Rom).

375 Römische Quellen verweisen auf den Glasum oder Glaesum genannten Bernstein vom »Mare Balticum«.

um 890 Wulfstan in Truso berichtet über die Weichsel als Grenzfluß zwischen Esten, Wenden und Goten.

bis zum 9.Jh. Wikinger siedeln entlang der Flüsse Weichsel, Memel und Pregel.

ab 900 Besiedlung des Landes zwischen Pregel und Weichsel durch Pruzzen.

Heinrich I. (der Vogler) wird deutscher König (Erstes Deutsches Reich). **919**
Sieg der Deutschen über die Ungarn unter König Otto I. **955**
Kaiserkrönung Ottos I. in Rom; Erneuerung des Weströmischen Reiches. **962**
Ibrahim Ibn Jacub nennt erstmalig die Pruzzen als Sammelbegriff für die in diesem Gebiet lebenden Stämme. **965**
Polen wird unter Miezko I. christianisiert. **966**
Das erste polnische Großreich entsteht unter Boleslaw Chrobry und zerfällt nach seinem Tode. **992**
Der Christianisierungsversuch Adalberts von Prag in Pruzzen scheitert mit dessen Ermordung. **23.4.997**
Brun von Querfurts 2. Christianisierungsversuch in Pruzzen gescheitert. **1009**
Endgültiges Schisma Rom-Byzanz: Trennung in die Römische Papstkirche und die Griechisch-Orthodoxe Kirche von Byzanz. **1054**
Erster Kreuzzug unter päpstlicher Leitung. Jerusalem 1099 erobert. **1096**
Der Zweite Kreuzzug (bis 1149) unter König Konrad und König Ludwig VII. von Frankreich. **1147**
Dritter Kreuzzug gegen Sultan Saladin; Teilnehmer waren u.a. der deutsche Kaiser Friedrich, der Angelsachse Richard Löwenherz, Philipp II. von Spanien und August von Frankreich. **1189**
Der »Orden der Ritter des Hospitals Sankt Marien des Deutschen Hauses oder der Deutschen zu Jerusalem« (Vorläufer des Deutschen Ritterordens) wird in Akkon (Palästina) gegründet. **1191**
Umwandlung des Pflegeordens Sankt Marien in den Deutschen Ritterorden in Akkon. **5.3.1198**
Thronstreit in Deutschland zwischen Staufern und Welfen; Machtvakuum. **1198**
Papst Innozenz III. bestätigt die 1198 vorgenommene Umwandlung des Ordens. **19.2.1199**
Riga wird gegründet. **1201**
Vierter Kreuzzug ins Heilige Land (bis 1204). **1202**
Der Schwertbrüderorden wird in Livland gestiftet.

1206 Stammeszusammenschluß der Mongolen unter Dschingis Khan: Ausdehnung des Mongolenreichs (bis 1335).

1209 Hermann von Salza wird Hochmeister (bis 1239).

1211 Der Deutsche Ritterorden befriedet auf Bitte Königs Andreas von Ungarn die Kumanen im Burzenland und zieht sich anschließend zurück (bis 1225).

1216 Papst Honorius III. ernennt Christian von Oliva zum Bischof von Pruzzen. Er wird von diesen vertrieben.

1218 Mongolen vernichten das Riesenreich Chowaresmin (bis 1220).

15.12.1220 Bulle des Papstes Honorius III. verleiht Privilegien und Eroberungsrechte an den Deutschen Ritterorden.

1225 Konrad von Masowien, Herzog von Polen, bittet den Deutschen Ritterorden um Hilfe gegen die Pruzzen.

1226 Staufer-Kaiser Friedrich II. bestätigt dem Deutschen Ritterorden in der Bulle von Rimini seine Privilegien.

1227 Dschingis Khan gestorben.

1230 Der Orden beginnt mit der Eroberung des Pruzzenlandes.
Hermann Balk wird 1. Landmeister des Deutschen Ritterordens in Pruzzen (bis 1239).

1231 Thorn gegründet.

1232 Kulm gegründet.

1233 Marienwerder gegründet.
Die Kulmer Handfeste wird Rechtsgrundlage.

1234 Papst Gregor IX. übergibt das Kulmerland und weitere Eroberungen dem Orden als ewigen Besitz (Bulle von Rieti).

22.9.1235 Schwertbrüderorden von den Litauern bei Soule geschlagen.

12.5.1237 Vereinigung des Deutschen Ritterordens mit dem Schwertbrüderorden zu Viterbo.

1237 Elbing gegründet.
Einfall Batu Khans in Europa.
Der Schwertbrüderorden erobert Estland.

1239 Die Festung Balga wird vom Orden erobert.
Hermann von Salza und Hermann Balk gestorben.
Landgraf Konrad von Thüringen für wenige Monate Hochmeister.

1240 Gerhard von Malberg Hochmeister (bis 1244).

Danzig erhält deutsches Stadtrecht. 1240
Braunsberg und Bartenstein entstehen.
Die Mongolen zerstören die Kiewer Rus. Sie behalten die Tributsoberherrschaft über Rußland bis 1480.
Alexander Newski schlägt die Schweden an der Newa.
Mongolen brennen Krakau nieder. 1241
Mongolenschlacht bei Liegnitz. 9.4.1241
Heilsberg entsteht. 1242
Erster Pruzzenaufstand.
Schlacht auf dem Peipussee; die vereinigten Ordensheere werden von Alexander Newski geschlagen. 5.4.1242
Ogodai (Nachfolger Dschingis Khans) gestorben. Frühjahr 1242
Der Orden erstickt den Pruzzenaufstand. 1243
Das Ordensland wird in vier Bistümer eingeteilt: Kulm, Pomesanien, Ermland, Samland.
Jerusalem endgültig vom Islam erobert. 1244
Der Ordensstaat wird kirchlich dem Erzbischof von Riga unterstellt. Beginn der Spannungen zwischen der Papstkirche und dem Orden. 1245
Päpstliche Mission des Franziskaners Carpini in Karakorum (bis 1246) gescheitert. Das Bündnis mit den Mongolen gegen den Islam kam nicht zustande.
Friede von Christburg. 1249
Gründung des Fürstbistums Ermland. 1251
Herzog Ottokar von Böhmen ergreift Besitz von Österreich.
Tatarenherrschaft über Rußland (bis 1480): Das Khanat Goldene Horde entsteht (bis 1502).
Memel wird gegründet. 1252
König Ottokar II. von Böhmen befriedet das Samland. Gründung der Burg Königsberg. 1255
Papst Alexander IV. erteilt dem Orden das Privileg, Handel zu treiben. 1257
Zweiter Pruzzenaufstand unter Heinrich Monte (bis 1273) 1260
Rudolf I. wird deutscher König (bis 1291): Beginn der Herrschaftszeit des Hauses Habsburg (bis 1806/1918). 1273
Bau der Marienburg wird begonnen. 1274
Eroberung des Pruzzenlandes abgeschlossen. 1283

1283 Erste große Einwanderungswelle aus Deutschland.

1286 Königsberg erhält Stadtrecht.

1291 Akkon wird durch die Mameluken erobert. Die Ordensresidenz wird nach Venedig verlegt.

1294 Die Dynastie der Herzöge von Pommerellen stirbt aus.
Temür (bis 1307) wird letzter Groß-Khan der Goldenen Horde.

1295 Die Mongolen treten zum Islam über.

1300 Königsberg wird Landmeistersitz.

1306 Das böhmische Königsgeschlecht der Przemysliden stirbt aus.

13.9.1309 »Erwerbung« Pommerellens (Westpreußens) durch den Deutschen Ritterorden (Soldiner Vertrag).

1309 Marienburg wird Sitz des Hochmeisters.
Blütezeit des Ordensstaates (bis 1407).

1311 Johann wird zum König von Böhmen gewählt (bis 1346). Beginn der luxemburgischen Hausmacht.

1313 Kaiser Heinrich VII. bestätigt die »Erwerbung« Pommerellens durch den Orden.

1320 Wladislaw Lokietek gründet das vereinigte polnische Königreich (bis 1795), Hauptstadt wird Krakau (bis 1596).

1323 Nach dem Aussterben der Askanier (Linien Stendal und Salzwedel) verleiht Kaiser Ludwig (ein Wittelsbacher) seinem Sohn Ludwig die Mark Brandenburg (Kurfürst bis 1351).

1326 Das Memelgebiet geht vom Schwertbrüderorden an den Deutschen Ritterorden über und verbleibt in Ostpreußen bis 1923.

1329/37 Die luxemburgischen Herrscher von Böhmen und Rechtsnachfolger der polnischen Przemysliden verzichten zugunsten des Ordens in mehreren Verhandlungen auf ihre Rechtsansprüche auf Pommerellen.

1330 Bau des Königsberger Doms (bis 1380).

1335 Im Teutschiner Vertrag wird Schlesien endgültig aus dem polnischen Reichsverband herausgelöst.

1339 Königsberg tritt der Hanse bei.
Hundertjähriger Krieg zwischen England und Frankreich (bis 1453)

1340 Kasimir III. (der Große) von Polen erobert Ostgalizien.

Friede von Kalisch. König Kasimir III. verzichtet endgültig zugunsten des Deutschen Ritterordens auf Pommerellen und das Kulmerland. **23.7.1343**

Winrich von Knipprode wird Hochmeister (bis 1382). **1351**

Allenstein erhält Handfeste. **1353**

Der Bau der Ortelsburg wird beendet. **1360**

Schlacht bei Rudau. **1370**

Verheerende Kriegszüge von Timur Lenk, der sich zum Erben von Dschingis Khan erklärt hat: alle Handelsweg nach Südost sind gestört (bis 1405).

Ordensschloß Barten gegründet. **1377**

»Friedenskaiser« Kaiser Karl IV. gestorben. **1378**

Großes abendländisches Schisma (bis 1417): Europa gespalten in zwei Papsttümer.

»Krakauer Hochzeit«. Großfürst Jagiello von Litauen wird König von Polen und Litauen (Dynastie der Jagiellonen bis 1572). **1386**

Konrad von Jungingen wird Hochmeister (bis 1407). **1393**

Der Orden erwirbt im Vertrag von Sallinwerder Schamaiten. **1398**

Der Bau der Burg von Lyck wird beendet.

Kuren wandern in das Ordensland ein. **1400**

Der Orden kauft die Neumark. **1402**

Ulrich von Jungingen (Hochmeister 1407-1410) erklärt Polen den Krieg. **1409**

Schlacht bei Tannenberg. Sieg Polen-Litauens über den Deutschen Ritterorden. Heinrich von Plauen rettet die Marienburg. **15.7.1410**

Heinrich von Plauen wird Hochmeister (bis 1413). **9.11.1410**

Erster Friede zu Thorn. Der Orden behält sein gesamtes Gebiet. **1.2.1411**

Heinrich von Plauen wird wegen seiner Reformbestrebungen gestürzt. Der Niedergang des Deutschen Ritterordens beginnt. **1413**

Jan Hus auf Konstanzer Konzil verbrannt. **1415**

Hussitenkrieg (bis 1436). **1420**

Frieden von Melnosee, in dem die ostpreußische Grenze zu Litauen endgültig bis 1923 festgelegt wird. **1422**

1439 Die Papstkirche anerkennt die Orthodoxe Kirche: Konzil von Florenz führt zur Kirchenunion; Versuch, Byzanz zu retten.

1440 Der Preußische Bund wird gegründet.

1450 Litauer wandern ins Memelgebiet ein; vom Deutschen Ritterorden gefördert.

1453 Konstantinopel von Osmanen erobert; Ende des byzantinischen Reiches.

6.3.1454 Polenkönig Kasimir IV. unterstellt mit dem »Inkorporationsprivileg« in einseitigem Akt Preußen der polnischen Lehenshoheit - unterstützt durch den Preußischen Bund gegen den Orden.

1454 Schlacht bei Konitz; Ordensheer vernichtet die polnischen Heere.

Dreizehnjähriger Krieg (bis 1466) des Deutschen Ritterordens mit dem Preußischen Bund (Ständekrieg).

1457 Putschende Söldner übergeben die Marienburg an den polnischen König.

Der Sitz des Hochmeisters wird nach Königsberg verlegt.

1464 Paul von Legendorf unterstellt das Ermland der Schutzherrschaft König Kasimir IV. von Polen.

1466 Zweiter Thorner Friede. Der Ordensstaat wird de facto Lehensgebiet Polens.

1467 Papst und Kaiser verweigern die Anerkennung des Zweiten Thorner Friedensvertrages.

1473 Nikolaus Kopernikus geboren (gest.1543).

1478/79 Pfaffenkrieg zwischen Polen und dem Orden.

1492 Kolumbus segelt nach Amerika.

Alle Juden aus Granada (Spanien) vertrieben.

1498 Herzog Friedrich zu Sachsen-Meißen, ein Vetter Friedrichs des Weisen, wird erster weltlicher Hochmeister, ohne Ordensmitglied zu sein (bis 1510).

1505 Anfänge des Transatlantischen Sklavenhandels (bis 1807/1888).

1511 Albrecht von Brandenburg-Ansbach wird Hochmeister (bis 1525).

1517 Martin Luther nagelt 95 Thesen zur Reformation an die Tür der Schloßkirche zu Wittenberg.

Reiterkrieg Albrechts gegen die Oberhoheit Polens (bis 1521). **1.1.1520**
(Noch)-Hochmeister Albrecht von Brandenburg-Ansbach trifft Luther und Melanchthon in Wittenberg. **1523**
Friede zu Krakau. Der Ordensstaat wird weltliches Herzogtum; Preußen von Polen lehnsabhängig; der Orden endgültig entmachtet. Albrecht wird erster Herzog in Preußen (bis 1568). Holländer wandern ein. **8.4.1525**
Einzug Herzog Albrechts in Königsberg. Preußen wird protestantisch. **9.5.1525**
Union Westpreußen mit Polen wird durchgesetzt. **1525**
Die Osmanen besiegen nach Bündnisschluß mit Frankreich die Ungarn vernichtend in der Schlacht von Mohacs. 1. Türkenkrieg (bis 1555). **1526**
Belagerung Wiens durch die Türken scheitert. **1529**
Reichsacht gegen Herzog Albrecht auf dem Reichstag zu Speyer. **1532**
Universität in Königsberg, die Albertina, wird gegründet. **1544**
Schlacht bei Mühlberg: der Katholische Kaiser siegt über den evangelischen Schmalkaldischen Bund. **1547**
Iwan IV. (der Schreckliche) Zar in Rußland (bis 1584): einigt Rußland durch Expansion und Terror.
Tilsit erhält Stadtrecht. **1552**
Augsburger Religionsfriede. **1555**
Hugenottenkriege in Frankreich (bis 1598) **1562**
Triester Konzil: Die Katholische Kirche beginnt mit der Gegenreformation. **1563**
Durch polnische Kommissare wird mit Gewalt eine neue Landesverfassung in Preußen in Kraft gesetzt. **5.10.1566**
Albrecht Friedrich (Sohn von Herzog Albrecht) - nicht regierungsfähig - wird zunächst unter Vormundschaft der »Oberratsstube« Herzog (bis 1608). **1568**
Polnischer Reichstag in Lublin erkennt das Erbrecht der brandenburgischen Hohenzollern in Preußen an. **1569**
Ende der Jagiellonen in Polen. **1572**
Markgraf Georg Friedrich von Brandenburg-Ansbach-Jägerndorf fordert in Königsberg seine ihm lt. Krakauer Vertrag zustehenden Erb- und Vormundschaftsrechte ein. **9.11.1573**

1573 Polen wird zur Adelsrepublik (Rzeczpospolita) mit Wahlkönigtum (bis 1795).

1577 Georg Friedrich von Brandenburg-Ansbach wird Regent in Preußen (bis 1603).

1578 Auf dem Reichstag zu Warschau wird Georg Friedrich vom polnischen König Bathory als Regent mit dem Land Preußen belehnt.

1596 Warschau wird die neue Hauptstadt Polens.

1599 Kurfürst Johann Friedrich von Brandenburg und Markgraf Georg Friedrich schließen den Unteilbarkeitsvertrag zu Gunsten Brandenburgs (Geraischer Hausvertrag).

1601/02 In Königsberg bricht die Pest aus (12.000 Tote).

1604 Beginn des schwedisch-polnischen Erbfolgekrieges.

1605 Kurfürst Johann Friedrich von Brandenburg erlangt von Polen die Übertragung der Vormundschaft und Regentschaft in Preußen (bis 1608).

1608 Kurfürst Johann Sigismund von Brandenburg wird Regent in Preußen (ab 1618 Herzog). Personalunion mit Brandenburg.

1609 Böhmischer Majestätsbrief: Keine Gegenreformation in Böhmen.

1613 Kurfürst Johann Sigismund tritt zum Kalvinismus über.
Die Dynastie der Romanows kommt auf den russischen Zarenthron (bis 1918).

1618 Der Prager Fenstersturz führt zum Böhmischen Aufstand und zum Beginn des Dreißigjährigen Krieges (bis 1648).

1619 Kurfürst Georg Wilhelm Herzog in Preußen (bis 1640).

1626 König Gustav Adolf von Schweden besetzt Pillau in Preußen und baut Pillau und Memel zu befestigten Hafenstädten aus (bis 1629).

1640 Der Große Kurfürst, Friedrich Wilhelm von Brandenburg, wird Herzog in Preußen (bis 1688); zur Belehnung und Huldigung kam es 1641.

1648 Westfälischer Friede.
Kosakenaufstand gegen Polen (bis 1654).

1654 Russisch-polnischer Krieg (bis 1667).

1655 König Karl X. Gustav von Schweden im Krieg mit Polen (bis 1660).

Tatareneinfall in Ostpreußen auf Anforderung Polens.	**1656**
Vertrag von Labiau. Anerkennung der preußischen Souveränität und des Ermlandes durch Schweden.	**20.11.1656**
Vertrag zu Wehlau; Anerkennung der preußischen Souveränität durch Polen; Verzicht Preußens auf das Ermland.	**29.9.1657**
Friede zu Oliva; allgemeine Anerkennung der Souveränität Preußens.	**3.5.1660**
Huldigung des Großen Kurfürsten durch die preußischen Stände in Königsberg.	**1663**
Friede von Andrussow: Smolensk und Kiew kommen zu Rußland.	**1667**
Johann III. Sobieski (bis 1696) wird der letzte polnische König eigener Dynastie.	**1674**
Schlacht bei Fehrbellin. Schwedisches Heer durch Brandenburg-Preußen vernichtet.	**1675**
Siege des Großen Kurfürsten über Schweden.	**1678/79**
Friedensverhandlungen in St. Germain; Rückgabe der Eroberungen an Schweden.	**29.6.1679**
2. Belagerung Wiens durch die Türken durch Entsatz von Sobieski gescheitert; Niedergang des Osmanischen Reiches; Österreich wird europäische Großmacht.	**1683**
Ca. 20.000 französische Hugenotten wandern in Preußen ein (infolge der Aufhebung des Ediktes von Nantes).	**1685**
Kurfürst Friedrich III. Herzog in Preußen (bis 1701).	**1688**
Peter I. (der Große) Zar in Rußland (bis 1725).	**1689**
Friede von Ryswick.	**1697**
Kurfürst Friedrich August I. von Sachsen wird als August II. König in Polen (bis 1706; 1710-1733).	
Leopold von Anhalt-Dessau erfindet den »eisernen Ladestock« und führt den Gleichschritt in der preußischen Armee ein.	**1698**
Der Nordische Krieg (bis 1721). Expansion Rußlands ins Baltikum.	**1700**
Bürgerkrieg in Polen, Polen verwüstet.	
Rußland führt den Julianischen Kalender ein.	
Friedrich III. krönt sich in Königsberg zum König Friedrich I. in Preußen (bis 1713).	**18.1.1701**

1703 König Friedrich I. besetzt die Stadt Elbing und gliedert sie Ostpreußen an.

1704 Stanislaus Leszcynski wird polnischer Gegenkönig (bis 1709) zu August dem Starken.

1708 Pest in Preußen; ganze Landstriche entvölkert (bis 1711).

1709 Sieg der Russen bei Poltawa: Leszcynski ausgeschaltet. August II. wird wieder König von Polen.

1710 Rußland erobert die baltischen Staaten und wird Nachbar Ostpreußens.

1713 Friedrich Wilhelm I. (Soldatenkönig) wird König in Preußen (bis 1740).

St. Petersburg wird neue Hauptstadt Rußlands (bis 1919).

1714 Beginn des Retablissements (Wiederaufbau/Neubesiedlung) Preußens.

1715 Preußen tritt in den Nordischen Krieg gegen Schweden ein.

1717 Allgemeine Schulpflicht in Preußen eingeführt.

1721 Friede von Nystadt. Ende des Nordischen Krieges. Rußland ist Großmacht, Machtvakuum in Polen, polnische Verfassung aber garantiert.

1723 Gründung der litauischen Deputation.

1724 Thorner Blutbad.

Immanuel Kant in Königsberg geboren (gest. 1804).

1725 Friedrich Wilhelm I. vereinigt die drei Städte Altstadt, Kneiphof und Löbenicht zu Königsberg.

1730 Johann Georg Hamann in Königsberg geboren (gest. 1788).

1732 Gründung des Gestütes Trakehnen.

Einladungspatent des Königs an die Salzburger Religionsflüchtlinge; 20.000 Einwanderer.

1733 Tod König Augusts II. von Sachsen und Polen: Nachfolger August III. von Sachsen und Polen (bis 1763).

1740 Friedrich II. (der Große) König von Preußen (bis 1786).

1. Schlesischer Krieg (bis 1742).

1741 Gründung der »Königlichen Deutschen Gesellschaft« in Königsberg.

1742 Friedrich II. läßt Maulbeerbäume in Ostpreußen anpflanzen (für Seidenproduktion).

1744/45 2. Schlesischer Krieg.

Friedrich II. verbietet das Bauernlegen.	**1748**
500-Jahrfeier in Königsberg.	**1755**
Siebenjähriger Krieg (3. Schlesischer Krieg); (bis 1763).	**1756**
Einmarsch der Russen in Ostpreußen bei Polangen.	**Ende Juni 1757**
Schlacht bei Groß Jägersdorf.	**30.8.1757**
Okkupation Ostpreußens durch die Russen (bis 1762).	**1758**
Schlacht bei Kunersdorf.	**12.8.1759**
Zarin Elisabeth gestorben.	**25.12.1761**
Separatfrieden Rußland und Preußen.	**5.5.1762**
Ermordung Zar Peters III.	**Juli 1762**
Friede von Hubertusburg: Preußen europäische Großmacht.	**15.2.1763**
August III. von Polen gestorben.	**1763**
Stanislaus Poniatowski, russischer Kandidat, letzter polnischer König (bis 1795).	**1764**
1. Teilung Polens: Teile Weißrußlands, Litauens zu Rußland; Ost-Galizien, Londomerien, Zips zu Österreich; Ermland, Westpreußen, Kulmerland zu Preußen.	**1772**
Huldigung des preußischen Königs auf der Marienburg durch Ständevertreter der wieder erworbenen Gebiete.	**27.9.1772**
Die Provinzen Ostpreußen und Westpreußen werden vereinigt.	**1773**
Die spätere Königin Luise von Preußen geboren.	**10.3.1776**
Amerikanische Unabhängigkeitserklärung.	**1776**
Ausbruch der Französischen Revolution.	**1789**
Verfassung des 3. Mai in Polen: Konstitutionelle Erbmonarchie.	**1791**
Einmarsch russischer Truppen in Polen.	**1792**
Luise heiratet Friedrich Wilhelm III. von Brandenburg-Preußen; wird später Königin von Preußen (bis 1810).	**1793**
2. Teilung Polens: Rest Litauens und Weißrußlands, westliche Ukraine, halb Wolhynien, Podolien zu Rußland; Danzig, Thorn, Posen, Gnesen, Kalisch, Czenstochau zu Preußen.	**16.4.1793**
3. Teilung Polens: Polen existiert als Staat de facto nicht mehr; Emigration von Polen nach Frankreich.	**März 1795**
Provinz Neuostpreußen wird aus polnischen Gebieten gegründet.	**1795**
Friedrich Wilhelm III. wird König von Preußen (1840).	**1797**

17.10.1797	Friede von Campo Formio.
1798	Besuch des Königspaares in Königsberg. Triumphaler Empfang.
1799	Staatsstreich Napoleons: Konsulat bis 1804.
9.7.1802	Friedrich Wilhelm III., Königin Luise und Zar Alexander treffen sich in Memel. Beginn der persönlichen Freundschaft zwischen der Königin und Zar Alexander.
1803	Hannover wird von Franzosen besetzt.
1804	Napoleon krönt sich zum Kaiser.
12.2.1804	Immanuel Kant gestorben.
1806	Die napoleonischen Kriege greifen auf Ostpreußen über. Als einzige Festungen kapitulieren die ost- und westpreußischen Silberberg, Danzig, Kolberg und Graudenz nicht. Bildung der ersten Freicorps in Ostpreußen. Ende des ersten Deutschen Reiches; Zusammenbruch Preußens, Rheinbund unter französischer Vorherrschaft (bis 1813).
7.-8.2.1807	Februar-Schlacht bei Preußisch-Eylau (1. Niederlage Napoleons).
7.-9.7.1807	Friedensverhandlungen zu Tilsit.
1807/08	Stein'sche Reformen.
1808	Herzogtum Warschau (bis 1813).
1808/09	Der König verlegt seinen Amtssitz nach Ostpreußen (Memel, Königsberg).
24.11.1808	Freiherr vom und zum Stein entlassen.
1812	Napoleons »Große Armee« zieht durch Ostpreußen nach Rußland. Große Schäden durch Requirieren und Marodieren. Niederlage der Napoleonischen Armee in Rußland.
30.12.1812	General York schließt Konvention zu Tauroggen.
28.2.1813	Bündnis zu Kalisch zwischen Preußen und Rußland.
17.3.1813	Verordnung über die Organisation der Landwehr.
27.3.1813	Preußen erklärt Frankreich den Krieg.
1813	Völkerschlacht bei Leipzig: die vereinigten Armeen der Russen, Österreicher und Preußen besiegen die französische Armee; Sachsens König als Verbündeter Napoleons während der Schlacht verhaftet.
1814	1. Abdankung Napoleons, 1. Pariser Friede.

Schlacht bei Waterloo. 2. Abdankung Napoleons. 2. Pariser Friede. Wiener Kongreß: Heilige Allianz | 1815
Tod Alexanders I. von Rußland (Zar seit 1801). Dekabristenaufstand. Nikolaus I. wird Zar (bis 1855). Erstarken der Reaktion. | 1825
Ost- und Westpreußen werden zur Provinz Preußen vereinigt. | 1829
Julirevolution in Frankreich (Novemberrevolution in Polen bis 1831). | 1830
Verbot der Sklaverei in England. Deutscher Zollverein. | 1834
König Friedrich Wilhelm IV. wird in Königsberg gehuldigt. | 1840
Erste Wirtschaftskrise in Europa. | 1847
Aufnahme Ost- und Westpreußens in den Deutschen Bund. | 11.4.1848
Preußen und Dänemark im Krieg. | 1848
Bürgerlich-demokratische Revolutionen in mehreren europäischen Ländern (Europäische Revolution). | 1848/49
Bau der Ostbahn (bis 1860). | 1849
Königsberg erhält Eisenbahnanschluß. | 1853
Krimkrieg beendet (seit 1853/54). | 1856
Vereinigung von Moldauen und Walachei zu Rumänien. | 1859
Krönung König Wilhelms I. in der Königsberger Schloßkirche. | 18.10.1861
Bauernbefreiung in Rußland: Krise des Zarenreiches. | 1861
Bismarck wird preußischer Ministerpräsident. | 1862
Polnischer Januaraufstand. | 1863
Deutscher Krieg: Sieg Preußens über Österreich. | 1866
Norddeutscher Bund unter Vorherrschaft Preußens gegründet (bis 1871). | 1867
Der Suezkanal wird eröffnet. | 1869
Deutsch-französischer Krieg (bis 1871). Rom von Italien besetzt (Ende des seit 756 bestehenden Kirchenstaates, als dessen Rest exixtiert nur noch der Vatikan-Staat). | 1870
Reichsgründung: 2. Deutsches Kaiserreich (bis 1918). Pariser Kommune. | 1871
Teilung der Provinz Preußen in Ostpreußen (Hauptstadt Königsberg) und Westpreußen (Hauptstadt Danzig). | 1878

1878	Sozialistengesetze in Deutschland (bis 1890).
1881	Alexander II. von Rußland (Zar seit 1855) ermordet: Pogrome im ganzen Land.
1882	Anfänge des Zionismus.
1888	Ende des Transatlantischen Sklavenhandels (seit 1505).
1889	II. Internationale: 1. Mai wird Demonstrationstag.
1901	Eröffnung des Königsberger Seekanals.
1903	Spaltung der Sozialdemokratischen Arbeiterpartei Rußlands in Bolschewiki (Lenin) und Menschewiki.
1904	Russisch-japanischer Krieg (bis 1905).
1905	Allenstein wird Regierungsbezirk. 1. Russische Revolution (bis 1906, niedergeschlagen).
1907	Anglo-russische Verständigung über Persien und Afghanistan.
1912/13	1. und 2. Balkankrieg.
1914	Attentat von Sarajevo: Erzherzog Franz Ferdinand von Österreich durch Serben ermordet.
1.8.1914	Ausbruch des Ersten Weltkrieges.
14.8.1914	Russen fallen in Ostpreußen ein.
17.8.1914	General François schlägt Russen bei Stallopönen.
19./20.8.1914	Schlacht bei Gumbinnen; durch General von Prittwitz abgebrochen.
26.-30.8.1914	Schlacht bei Tannenberg. Vernichtung der russischen Narew-Armee durch Hindenburg und Ludendorff.
Ende Aug.1914	Schlacht an den Masurischen Seen. Russen ziehen sich aus Ostpreußen zurück.
7.-21.2.1915	Masurische Winterschlacht; schwere russische Verluste.
28.3.1915	Russische Soldaten verlassen Ostpreußen endgültig.
1915	Ludendorff erfindet die Tannenberg-Legende.
1917	Russische Revolution: Februar- und Oktoberrevolution. Kriegseintritt der USA.
1918	Waffenstillstand. Ende des Ersten Weltkrieges. 2. Polnische Republik (bis 1939)
28.6.1919	Versailler Vertrag: tritt ab 10.1.1920 in Kraft.
1919	Weimarer Republik (bis 1933): Ebert Reichspräsident (bis 1925).
1920	Volksabstimmungen und Gebietsabtretungen in Ost- und Westpreußen (bis 1923).

Gründung des Völkerbunds.	1920
Kapp-Putsch in Deutschland.	
Sowjetrussisch-polnischer Krieg: »Wunder an der Weichsel«.	
Rapallo-Vertrag.	1922
Faschismus in Italien.	
Sowjetunion gegründet.	
Litauen annektiert das Memelgebiet.	**1923**
Inflation in Deutschland.	
Memel-Statut unter litauischer Oberhoheit.	**1924**
Lenin gestorben.	
Hindenburg wird Reichspräsident.	1925
Deutschland wird in den Völkerbund aufgenommen.	1926
Staatsstreich Pilsudskis in Polen.	
1. Fünfjahresplan in der Sowjetunion: Kollektivierung der Landwirtschaft. Enteignung und Vertreibung der vermögenden Bauern - genannt Kulaken.	1929
Beginn des Stalinismus.	
Hitler wird Reichskanzler (bis 1945). Beginn des Dritten Reichs.	1933
Roosevelt wird USA-Präsident (bis 1945).	
Deutsch-polnischer Nichtangriffspakt wird geschlossen.	**26.1.1934**
Polen kündigt das Minderheitenschutzabkommen mit Deutschland.	**13.9.1934**
Beginn der »Säuberungen« in der Sowjetunion.	1934
Röhm-Putsch in Deutschland.	
Wehrpflicht, Aufrüstung Deutschlands.	1935
Spanischer Bürgerkrieg (bis 1939).	1936
Volksfront in Frankreich (bis 1938).	
Achse Rom-Berlin.	
Antikominternpakt.	
Anschluß Österreichs ans Dritte Reich, Münchner Abkommen.	1938
Staatsvertrag Deutschland/Litauen über Rückführung des Memelgebietes wird unterzeichnet.	**22.3.1939**
Deutsch-russischer Nichtangriffspakt wird unterzeichnet.	**23.8.1939**
»Reichsprotektorat Böhmen und Mähren« (bis 1945).	1939
Hitler-Stalin-Pakt.	

1.9.1939	Überfall auf Polen: Ausbruch des Zweiten Weltkrieges (bis 1945)
1941	Deutscher Überfall auf die Sowjetunion.
1943	Schlacht bei Stalingrad.
	Sturz Mussolinis.
25.7.1944	Erster Bombenangriff auf Ostpreußen; leichte Zerstörung in Tilsit.
Aug. 1944	400-Jahrfeier der Königsberger Universität Albertina.
27.-30.8.1944	Bombenangriff auf Königsberg; Zerstörung der Innenstadt.
30.8.1944	Gauleiter Koch erteilt Evakuierungsplan für Ostpreußen.
16.10.1944	Sowjetische Truppen überschreiten die ostpreußische Grenze.
20.7.1944	Attentat auf Hitler in der Wolfsschanze bei Rastenburg.
1944	Invasion der Westalliierten in der Normandie.
	Warschauer Aufstand.
21.1.1945	Allenstein gefallen.
26.1.1945	Sowjetische Truppen erreichen das Frische Haff; Königsberg ist eingeschlossen.
30.1.-16.4.1945	Torpedierung der Flüchtlingsschiffe »Wilhelm Gustloff«, »Steuben« und »Goya« durch sowjetische U-Boote; 17.000 Tote.
9.4.1945	Königsberg kapituliert.
25.4.1945	Pillau kapituliert als letzte ostpreußische Stadt.
1945	Kapitulation der deutschen Wehrmacht: Ende des Dritten Reiches (seit 1933).
	Atombomben auf Hiroshima und Nagasaki: Kapitulation Japans: Ende des Zweiten Weltkrieges (seit 1939).
17.7-2.8.1945	Potsdamer Konferenz.
Aug. 1945	Dreiteilung Ostpreußens durch die Siegermächte mit anschließender ethnischer Säuberung von Deutschen.

Kartenregister

Danksagung

Mein Dank geht an Herrn Helmut Richter und Herrn Prof. em. Dr. Martin Erbstößer, die sich der Mühe unterzogen haben, das Manuskript gegenzulesen sowie an Frau Renate Florstedt, die die undankbare Aufgabe hatte, es zu lektorieren.
Mein besonderer Dank gilt Frau Marion Klepzig, ohne deren Fleiß und Akribie das Buch nie geschrieben worden wäre.

Inhalt